燃烧的火凤凰

2008年3月欢送徐桂芬出席全国人大会议

2013年3月徐桂芬在第十二届全国人民代表大会上投下神圣的一票

2012年9月徐桂芬敲响酱卤行业第一股

2012年8月上市路演徐桂芬与高管合影

2010年4月欢送徐桂芬出席全国劳模表彰会

2010年9月城运会上徐桂芬参加全城接力

2013年3月成立煌上煌爱心基金会

徐桂芬和煌上煌希望学校的孩子们在一起

2008年5月煌上煌向四川汶川灾区捐款100万元

2003年煌上煌10周年，徐桂芬和创业老员工在一起

2015年8月新厂搬迁仪式徐桂芬和员工合影

2013年3月在煌上煌20周年晚会上徐桂芬和员工合影

恩爱夫妻，创业伴侣

从下岗女工到煌上煌掌门人的传奇之路

燃烧的火凤凰

徐桂芬

赵天云◎著

江西人民出版社
Jiangxi People's Publishing House
全国百佳出版社

序一

徐桂芬的企业家精神

近日，收到《徐桂芬：燃烧的火凤凰——从下岗女工到煌上煌掌门人的传奇之路》书稿，徐桂芬女士托我为书作序。出于对徐女士夫妇的敬重及煌上煌公司发展历程的了解，我欣然应允。

这是一部充满炽热情感和磅礴气势的人物传记，作者以细腻的笔触和平实的风格，全景式叙写了徐桂芬女士人生成长的历程，翔实再现了她自强不息、拼搏奋进的事业发展之路，真实感人，可读可鉴。

我在南昌市委、市政府工作期间，按照市委安排，挂点帮扶的企业一直是煌上煌。我见证了徐桂芬女士和她创立的煌上煌，是如何一路风雨、一路艰辛，一路坎坷、一路拼搏，一路开拓、一路高歌，由下岗后创办煌上煌烤禽社，到全市知名企业、全市重点企业，再到上市公司。可以说，我见证了她人生事业中那段充满了艰辛磨砺的极不平凡岁月。

煌上煌能够成长、成功，是徐桂芬女士作为优秀企业家，她有着先进的经营理念、科学的管理方法，清晰的发展思路，坚忍的意志品格。她还有一个好丈夫——褚建庚先生。他们是一对恩爱夫妻，模范夫妻，他们携手创业、一起打拼，珠联璧合、琴瑟调和。

煌上煌的发展壮大，对社会是有贡献的。她为下岗职工树立了榜样，为广大企业提供了借鉴，为南昌财政贡献了税收，为千百家庭解决了就业，为困难群体奉献了爱心，为众多养殖户打开了财路。

什么是人生的意义？什么是事业执着的力量？什么是人生的广度与厚度？在徐桂芬女士的这部传记中，这些都给人深刻的启迪深思，给人巨大的激励力量。这些也恰是这部传记最深层的价值所在。

徐桂芬女士身上的这种精神，在今天被高度凝练为企业家精神。在江西乃至全国企业界，徐桂芬女士自强不息的个性品格、创造创新的商业智慧、心怀大爱的商道品格，不仅广为人们所熟悉，而且鲜明体现了赣商“厚德实干、义利天下”的特质。

今年恰逢改革开放四十周年。40年间，民营企业从无到有、从小到大，书写了风云激荡的传奇。而在改革开放进程中涌现出的一大批优秀企业家，他们身上的精神特质，已成为中国改革开放、中国市场经济、中国传统文化、中国时代精神的重要组成部分，是我们时代发展和社会进步的重要动力。

今年也是煌上煌创立二十五周年，在这样重要的时间节点，徐桂芬女士传记的出版更具特别的意义。

这部传记，既是她书写的人生事业传奇，也是对人生梦想不懈追求奋斗的一次深情回顾，更是她勇立时代潮头的真实写照。

是为序。

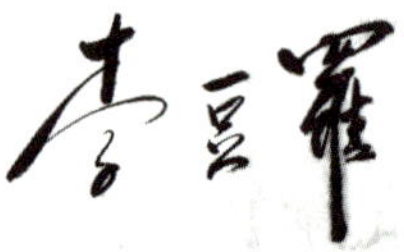

2018年12月1日

序二

创业改变女人命运，幸福是奋斗出来的

我通宵达旦一口气看完女作家赵天云为成长在红土地上的我国知名女民营企业家徐桂芬写的传记《徐桂芬：燃烧的火凤凰——从下岗女工到煌上煌掌门人的传奇之路》，让我平静的内心有了莫名的感动。这种感动，源于作者通过准确、生动有趣的文字所叙述的精彩故事和动人情节，不仅让我们看到了一位创富女英雄的神奇，而且让我们看到一代在改革开放大潮中涌现出来的时代精英。

作者凭着她女性特有的细腻和优美的文笔写作，表现独特，语言清新淡雅，如一条清澈的小溪滋润着读者的心田，写得很美，写得真切感人，写得真好，无论文字描述，还是故事情节，都真实记录和全景式再现了徐桂芬这位伴随改革开放 40 年成长起来的新时代女性波澜壮阔的人生；再现了她自食其力、白手起家的巾帼风采；再现了她经过 25 年的艰苦创业和奋力拼搏将一只煌禽卤鸭做到成功上市的心路历程；再现了她努力把煌上煌这家中华酱卤食品企业打造成为百年品牌、百年老店和百年传承的伟大壮举！

一鸭一世界，一鸭一民生，一鸭一凤凰。徐桂芬，一个名不见经传的弱女子，一个 43 岁的下岗女工，一个普普通通的家庭妇女。她用勤劳的

双手，用25年艰辛、25年坎坷、25年磨难、25年心血打拼、25年勤劳智慧成就了自己，成就了家喻户晓的煌上煌上市企业。

《徐桂芬：燃烧的火凤凰——从下岗女工到煌上煌掌门人的传奇之路》一书，叙述独特，像金庸武侠小说中描写“小龙女”式来描绘当代创富女英雄徐桂芬，她天生一副侠肠傲骨，铁血丹心，读后动人心魄，令人陶醉，回味无穷……其故事情节跌宕起伏，一环紧扣一环，一幕紧连一幕，悬念重重，高潮迭起，扣人心弦，像读古代章回小说一样令人欲罢不能，连连叫绝。

其描写精妙至极，其叙事完美至极，令人叹为观止，真不愧为一本新时代创业改变女人命运的好书！真不愧为一本拼搏成就女人的好书！真不愧为一本奋斗幸福女人的好书！真不愧为一部新时代女民营企业家创业奋斗的赞歌！可喜可贺，可读可用，可赞可颂。

新时代创富女英雄——徐桂芬，

一个有血有肉，

一个有情有爱，

一个自立、自信、自尊、自爱、自强，

一个拖不垮、打不倒、压不怕，

一个一言九鼎、一诺千金，

一个敢作敢为、敢想敢干、敢爱敢恨、敢闯敢拼的徐桂芬跃然纸上，栩栩如生！

感人至深，催人奋发！

她用人格魅力和母性本然，成了一位创富女英雄，成就了一代煌上煌人，用生命和汗水抒写了中国女民营企业家传奇，抒写了煌上煌的昨天、今天、明天，与其说徐桂芬成就了煌上煌，倒不如说改革开放时代和煌上煌成就了徐桂芬！使她成为中国改革开放千千万万下岗工人尤其下岗女工再就业、再创业的杰出代表，成为新时代创业女性的典范与楷模！

“千淘万漉虽辛苦，千锤百炼始成金。”徐桂芬深知，作为女人都要有自尊心、自信心，都要独立自主、自食其力、自强不息。她懂得，女人要生存，只有靠自己双手去打拼。她深窥自己的心，而后发觉女人创造的一切奇迹都在你自己。老子说：“江海所以能成百谷王者，以其善下之，故能为百谷王。”百川之所以汇集江海，因为它善处下游地位，所以能成为百川之王。这正是自信与谦卑的写照。所以徐桂芬常说：“只要我们有自信心，它就会激发我们的生命力量，这种力量如同火，可以焚烧困难，照亮智慧。人不能失去自信，否则生活的重担就无法挑起，前进的路上就会寸步难行，心中的希望就会暗淡无光。自信对我们的生活非常重要，我们的事业、我们的爱情、我们的生活、我们的工作，不管是哪一个领域自信都是无比重要的。”

自信给人以力量，给人以快乐。我们生活的每一天，我们前进的每一步，都是在帮助别人又被别人帮助，服务于别人又在被别人服务的过程中来度过，正是有了自信，人们才充满了睿智，你和我的心中才升腾起无限的希望。

自信的女人，最美丽，最幸福，最富有。

自信，是创富英雄徐桂芬成功的第一秘诀。

自立的徐桂芬，坚韧不拔，奋发有为，自食其力，白手起家；

自信的徐桂芬，攻无不克，战无不胜，精诚所至，金石为开；

自尊的徐桂芬，不卑不亢，忍辱负重，宁为玉碎，不为瓦全；

自爱的徐桂芬，自知不自见，自爱不自贵，自知之明，珍惜名誉；

自强的徐桂芬，火中凤凰，劫后余生，重整旗鼓，再造辉煌！

作者赵天云匠心独运，恰巧用十二章三十六小节来描写、来展现徐桂芬创业全过程，可畏用心良苦，恰到好处。

首先，十二，为地支纪年法，即子、丑、寅、卯、辰、巳、午、未、申、酉、戌、亥的总称，又称十二支。中国古代用十二地支纪时、纪月。其次，三十六，为计策兵法。如知己知彼，百战不殆；不知彼而知己，一胜一负；

不知彼，不知己，每战必殆。如走为上策，一变应万变，水无常形，人无长势等。

作者巧妙运用十二章三十六节这两个吉祥数字来说明徐桂芬年复一年、日复一日、没日没夜奋斗在创业路上，来充分展示徐桂芬永不言弃、永不言退、永不言败的创业奋斗精神，她争分夺秒，只争朝夕，在斗中求进，在败中求赢，在闯中求胜，在商海将三十六计兵法运用自如，驾轻就熟，成为现代商战中足智多谋、智勇双全的新女性、新女英雄！

也许，书里不是每一章节都感人，但是她的真实、真诚、真切、苦难和美丽，以及独一无二的叙事方式和特色，种种创业传奇事迹，会让我们毫不犹豫地走进书里，走近徐桂芬，走向煌上煌成长的那片神奇的红土地，同呼吸，共命运，携手前行。

最后，我要为新时代创富英雄徐桂芬奋斗拼搏精神点赞！要为煌上煌百年酱卤世家老店点赞！也要为作者赵天云精心撰写的《徐桂芬：燃烧的火凤凰——从下岗女工到煌上煌掌门人的传奇之路》一书而喝彩！

周幸福

2018 年 12 月 1 日凌晨于心远斋

目录

第二章
铿锵玫瑰，锋芒毕露的辣妹子

第三章
初试牛刀，开创煌上煌举步维艰

第六章
造福一方，带动农民致富

第七章

上市之路，五年漫漫新征途

第八章

破冰之旅，乘风破浪再启航

第九章
至暗时刻，决战“武功山”！

第十章
风云再起，“合味原”的前世今生

第十一章
真人本色，“铁娘子”的侠骨柔肠

第十二章
未来之战，幸福是奋斗出来的

前言

徐桂芬的“煌上煌之梦”

2012年9月5日，在深圳证券交易所大厅，身穿红色上衣的徐桂芬将系着红绸带的小锤子高高地举过头顶，使出全身力气敲响了悬挂在前方的上市宝钟。煌上煌——这个从南昌绳金塔下艰难走出来的小作坊，在商界女强人徐桂芬的运筹帷幄下正式挂牌上市。至此，中国酱卤肉制品领域第一股煌上煌隆重诞生！

从一个不足八平方米的小门店，发展到全国几千家连锁店；从创业初期几个人，发展到群英汇聚的上万名员工；从酱鸭为主的单一食品，发展到一百多种风味独特的产品；从单纯的食品加工业，发展到今天以畜禽肉制品加工为主业，涵盖农牧种养业、房地开发产业、油茶加工业、酒店餐饮及温泉度假旅游、海外投资、工业旅游及文化等几大支柱产业。关于煌上煌的掌门人徐桂芬，这个在江西家喻户晓的风云人物，她当年在南昌绳金塔开店时与同行竞争的故事，甚至连南昌市的“的哥”都能娓娓道来。

这个煌上煌的领军人物到底是个什么样的女人？她是如何一步步创办煌上煌的？作为叱咤商界的女强人，她经历了哪些跌宕起伏的人生？她是如何靠当年的“一只鸭子”打天下，把一只小小的卤鸭做到全国闻名遐迩？作为拥有上百亿身家的上市公司董事局主席，她过着怎样的生活？

……

带着诸多的疑问，我萌发了写一本关于她的书的想法，让那些喜爱煌上煌食品和希望了解她的人，去看到她那鲜为人知的“冰山一角”。无论她是一个怎样的女人，过着怎样的生活，她的精彩故事和人生经历都能够给那些渴望成功、追求梦想的人一些借鉴和思考。

在写本书之前，我对煌上煌并不太了解，对煌上煌的掌门人徐桂芬更是雾里看花。初次与徐桂芬打交道的人很难将她与一家偌大的上市公司董事局主席联系起来，这分明就像是一位热心肠的“邻家大姐”。

她说话从来不会拐弯抹角，只要开口讲话那就是直奔主题、就事论事，一般不了解和不熟识她个性的人，多少都会有些一愣一愣的“怯场”，感觉不太容易接近。但是，当你真正地走近她的生活，慢慢地与她相处，这才发现，在她看似刚硬的女强人背后，却有着一颗古道热肠般细腻、敏感，善良的心。

在煌上煌的食堂里，看到她与员工们一同津津有味地吃着公司的“大锅菜”；在江西商会活动中，看到她与女企业家们欢聚时，刚一进门就被热情的姐妹们包围问长问短的温情场面；在恒茂小区，街坊邻里都对她为小区居民挺身而出大加赞赏；在她家里时，看到她跟普通家庭妇女一样挽起袖子麻利地下厨房炒菜；看到她在讲到已故员工关群、范旭英时眼眶里饱含的泪水和真情流露……

做事雷厉风行，说干就干；说话直来直去，从不拖泥带水；性格率真豪爽，能屈能伸；敢爱敢恨，奖罚分明。我的脑海里一遍遍地浮现出徐桂芬和煌上煌的点点滴滴……

在煌上煌早年刚开创时，徐桂芬的父母以及兄弟姐妹们齐上阵，每天起早贪黑地在店里帮忙；在煌上煌起步发展时，徐桂芬的父亲经常带着儿子、外甥穿梭在肉联厂和洪城大市场，进货、卸货；徐桂芬的母亲则带着外孙褚剑每天数着一堆营业收入到半夜，有时候睡着了醒了接着又数；在煌上煌稳步发展时，徐桂芬的丈夫褚建庚放弃了国企的铁饭碗全力去支持妻子，在漫长的“拉锯战”中，面对妻子及父母对加盟连锁的不理解和误会时，褚建庚顶着压力委曲求全，最终开辟了煌上煌连锁加盟的先河；在煌上煌最艰难的时期，一路跟随徐桂芬创业的范旭明，为了不影响生产，没日没夜地在车间拼命苦干，因一氧化碳中毒在医院里抢救了几天几夜才从死神手中捡回了一条命；在煌上煌开辟深圳市场时，彭四新在几年内搬了五次厂房，每一次搬厂都累得精疲力竭；在开拓福建市场时，毛碧霞连续十几天几乎不眠不休地守在店面推销产品，双手肿得像包子；在煌上煌搬到小蓝经济技术开发区时，刘春花因遭遇头部重创，即使额头仍缠着带血的绷带也主动要求去帮忙；在煌上煌对外扩张建厂房时，徐新亮带着糖尿病常年奔波在外，风餐露宿，有道不尽的苦痛与辛酸；还有供应部史木秀，为企业把关得罪了很多供应商；还有专卖店店长们，遇上节庆日没有和家人吃上一顿团圆饭……

还有很多的煌上煌人为了企业竭尽全力，放弃了与家人团聚的时间，日夜奋战在各自的岗位上。其中，每个人的背后都有一个有关煌上煌的感人肺腑的故事。

上市公司副总经理章启武，在儿子出生不满一岁时去深圳开拓市场，为了不占用上班时间，每个月回南昌时乘坐晚上的卧铺车，回家看了儿子后第二天再乘当天的卧铺车赶回深圳。在得知父亲患肺癌后，章启武没能每天守在父亲身边尽孝，直到父亲临终前的最后一个月才回到南昌。

上市公司营销中心副总监李军，就像驰骋在广东“疆场”的一员大将，带领着他的“煌家兵团”辗转各地开拓市场，广州、东莞、珠海、汕头……把一片片的“荒地”变成了“绿洲”，斗志昂扬的他从不知疲惫。

“合味原”总经理何烨，在 2017 年的除夕夜，送走最后一批客人已是深夜十二点多，望着空荡荡的大厅，她一个人坐在冰冷的酒店大厅，忍不住泪水长流。每逢佳节倍思亲，但选择了这个行业，就注定每年的三十晚上只能形只影单地度过。

曾经是徐桂芬的司机，如今在“武功山”担任后勤保障部总监的高帅，把老板对他的赏识当成动力，工作尽心尽责、干劲十足。在给徐桂芬开车的几年间，高帅每天耳濡目染，从徐桂芬那里学到很多为人处事及经商的经验，从一个司机成长为“武功山”后勤保障部的领导者。高帅最感谢的，就是徐桂芬对他的栽培。

……

这一幕幕“煌上煌人”的故事在我脑海中闪过：“是什么力量让他们这么拼命？”

带着种种疑问，我走进了煌上煌，在生产车间，在加工厂房，在集团公司，在食堂宿舍，在“煌大”屠宰厂，在“合味原”酒店，在“武功山”温泉开发公司……我甚至忘记了自己的作者身份，融入他们的悲欢离合、酸甜苦辣之中。在采访中，那些跟随着煌上煌一路艰辛走到今天的老员工们，有更多的感触和体会，因为他们和煌上煌的感情是那么深、那么真。

在采访彭四新的时候，当聊到煌上煌在深圳搬厂的艰难时，电话那头传来了：“小赵，我现在浑身麻木……”

接着，彭四新再也说不下去了，电话那头传来了她难以抑制的抽泣声。在采访毛碧霞的时候，聊到宜春市场的开张时，坐在对面的她几次都忍不住直掉眼泪……在煌上煌，这样的老员工不计其数，有的在煌上煌工作了十几年，还有的退休离开后依然经常回来看看，也有的“几进几出”煌上煌。

在采访了一个个“煌上煌人”之后，我终于释怀了，这是怎样的一种情感投入啊？为什么徐桂芬能成功？为什么煌上煌能走到今天？这不正是因为在徐桂芬的身后，有一批批像她这样愿意投身到这场轰轰烈烈事业之中的“煌上煌人”吗？在徐桂芬的带领下，大家顽强拼搏，艰苦奋斗，风雨共进，才使煌上煌从无到有，由小到大，由弱到强，共同抒写了一部中国民营企业跌宕起伏的辉煌创业史。

徐桂芬的创业史离不开煌上煌，更离不开她身后这些可敬的人，他们拥有一个共同的名字——煌上煌人。这本书不仅是写徐桂芬一个人的传奇故事，也是记载了煌上煌从创业之初的举步维艰到成功上市的发展史，是一个中国民营企业在改革开放 40 年中成功发展的历史见证！更是徐桂芬等煌上煌人以自身梦想的实现为中国梦的梦想成真不懈拼搏的真实写照！

在徐桂芬身上，还有一种对待任何事情都全身心投入的精神令人钦佩。在采访的过程中，她从早上九点到下午五点，除了中途吃饭耽误了十几分钟，其余时间一直在努力地回忆和讲述，连续几个小时都不休息。别说是她这个年纪的人，就连年轻人都感到自叹不如，身体有些吃不消。但从她的眼神中，始终能看到闪烁着智慧和坚定的目光，丝毫看不出半点的疲惫之意。

回顾煌上煌二十五年的风雨之路，可以说，徐桂芬的成功不是偶然，连采访这样的小事情她都全力以赴去对待，还有什么事情做不好呢？所以，可以肯定地说：煌上煌的成功，是在徐桂芬的带头下，流泪、流汗，一步一步吃苦耐劳、脚踏实地干出来的！

在她身上，拥有着常人难以企及的“敢想敢干、坚韧不拔、愈挫愈勇、永不言败”的拼搏精神，这不正是一种煌上煌精神吗？！在这种精神力量的带动下，才创造了煌上煌今天的传奇故事，把一只小小的鸭子做到了上市，做到了全国闻名遐迩，做到了使上万名的下岗工人实现再就业，做到了为社会奉献爱心几千万元，做到了让上万农户形成了共同致富的产业链……徐桂芬把一只小小鸭子的价值做到了极致！

煌上煌的发展史，也是改革开放40年来中国民营企业奋斗与发展的一个缩影。在这个创业时代，中国涌现出一批批像徐桂芬这样的企业家，他们前赴后继在改革的浪潮中踏上创业征途，在实践中去探索民营企业的发展之路，促进中国民营企业走上了快速的发展道路。

改革开放40年，正是无数像煌上煌这样的优秀企业共同推动着中国经济的发展和进步。而每个优秀企业成功的背后，在推动改革开放四十年的伟大进程中，都燃烧着沸腾的青春和热血，为中国经济写下了浓墨重彩的一笔。时代造就了一代创业英雄，创业英雄推动着时代的灿烂辉煌！

经历风雨，才有传奇。徐桂芬——这个在江西红土地上成长起来的女企业家，究竟有着怎样的家庭背景和奋斗历程？在煌上煌辉煌的背后，她经历过怎样的脱胎换骨般的艰难蜕变？如果你对当今中国这样一位充满传奇色彩的女企业家感兴趣，就请翻开这本书，让我们一起去开启一扇梦想与智慧之门，一字一句、一页一页，和我们一起去感受她倾情演绎煌上煌的精彩故事。

赵天云

2018年5月16日于深圳前海

引子

一个“梦想”开始的地方

你不得不承认，宇宙中有一种神奇的力量。这种力量，或存在于一枚精雕细琢的雪花中，或存在于一朵盛开鲜花的花蕊中，这就是天工造化的力量。同样，这种力量，也存在于人的心智中。人的心智，可以构思出来别人无法想象的东西，而这种构思，最初被简单地描绘为“梦想”。

这是一个女主角的“梦想”故事。

现在，我们的这位女主角正站在自己偌大办公室的窗户边眺望着外面的风景。从明亮的玻璃窗放眼望去，正对着的是煌上煌正门口坐北朝南的两个硕大的石狮，两边是郁郁葱葱的树木和草坪，一些树木上挂满了沉甸甸的果实，翠绿的草坪上，几朵金黄色的野菊花在太阳的照射下格外耀眼，一朵朵金色的小花傲然挺立、迎风招展……此番美景，位于江西省南昌市煌上煌食品公司总部，而站在窗口看风景的女主角，就是煌上煌集团的掌门人——徐桂芬。

现在正值午休时间，煌上煌园区广播里传来企业之歌《煌上煌与祖国同辉煌》：有一段征程充满风霜，有一段岁月激情飞扬，有一个故事八方传诵，有一个传奇世代流芳……

徐桂芬站在五楼办公室窗前，一切美景尽收眼底。然而，有那么一刻，站在这里，听着熟悉的音乐，看着眼前这一番熟悉的美景，于无声中延展，从她的心底突然生发出一种恍然如梦的感觉。

这个“梦”，徐桂芬已经整整做了二十五年！

二十五年前，她曾是南昌市食品公司的一个下岗女工；二十五年间，她曾担任十一届、十二届全国人大代表，第八届、十一届全国妇女代表大会代表、江西省人大代表、江西省政协常委，担任过两届全国工商联执委、两届全国工商联女商会副会长、两届江西省工商联副主席、两届的江西省女企业家商会会长等社会职务。

二十五年前，她开了一家小小的卤鸭店；二十五年间，她曾先后荣获全国、省、市“劳动模范”；全国、省、市“五一劳动奖章”；全国、省、市“三八红旗手”;全国、省、市“光彩事业奖章”和中国扶贫开发典型人物、全国巾帼建功标兵、中国优秀企业家、中国百名杰出女企业家、全国杰出创业女性、全国优秀中国特色社会主义事业建设者、改革开放30周年江西省“十大杰出建设者”等荣誉称号。

二十五年前，她从一个炉子、一口铁锅、一辆三轮车、一个门店开始张罗；二十五年后，她把祖传的豫章褚氏“酱鸭”这个小产品做成了享誉全国的大品牌——煌上煌。把一个小小的卤菜店扩张为遍布全国的3000多家连锁店，并且成功引导企业上市，进入全球化发展的高速道。

二十五年，弹指一挥间。

徐桂芬还记得，曾经回城待业时，她是个喜欢“做梦”的女孩。看完电影《阿信》后，她就设想自己是阿信；在街角看见一对年轻夫妻用铁桶烙烧饼，她就设想假如自己也能有这样的机会，该怎样去经营。遇见新事物，她常常会由此及彼地想：“假如，我有这样的机会，我就会……”

然而，“梦想之神”对徐桂芬似乎特别吝啬，只给予了她一只小小的鸭子。

有句名言这样说：“你所能想到的一切，只要你坚信，都能够被你实现。”这个规律的实质就是：想到和得到之间，还有一个做到！

二十五年前，面对梦想之神给予自己的这一只小小的卤鸭，徐桂芬格外珍惜和感恩，她从此开始了自己艰苦卓绝的圆梦之旅。

风雨二十五年，曾经孱弱的小小烤禽店的闸门被徐桂芬小心翼翼地打开后，自由的水流就开始延续起来，它顺势而行，集涓为流，终于有一天，这股昔日的细流，倏忽间便轰然成势，挺立成了响当当的煌上煌品牌。

徐桂芬还清晰地记得，那是在2007年，时任国务院总理温家宝视察煌上煌集团，总理语重心长地嘱托自己："要为农业产业化和再就业多做贡献，多创造一些就业岗位，带动更多的农民搞养殖业，增加农民收入。"徐桂芬郑重地点点头。事隔十年，徐桂芬继续扩张煌上煌加盟连锁，用"互联网+"战略结合线上线下，去努力实现"百年老店"的辉煌梦想。

从绳金塔下一家名不见经传的烤禽店，到目前多元化的综合性规模大企业，煌上煌在徐桂芬以及所有"煌上煌人"的艰苦奋斗下，已经实现了上市的最初梦想。

煌上煌的上市，在于将小小的卤鸭打造成走出南昌、走出江西、走向全国市场，积聚无形力量华丽绽放的品牌。

然而，所有的成功都不是一蹴而就的，也并非上天格外眷顾。在这华丽绽放的背后，作为煌上煌掌门人的徐桂芬，付出的心血是常人难以想象的，我们只知道，这么多年，在徐桂芬的身上，一直积攒着如同九天凤凰浴火重生般的力量!

本书真实讲述了从徐桂芬出生到创办煌上煌、煌上煌每一步的艰辛发展历程和幕后的重大决策、所面临的困境和挑战，以及那些让人泪流满面的煌上煌故事、那些让人热血沸腾的煌上煌精神、那些在黑暗中的希望之光……

徐桂芬百折不挠的人生经历，和无数伟大创业者的经历一样，是那种可以被搬上银幕、写进小说，可以每看一次都让人唏嘘不已、重燃激情，属于当代民营企业家真实版的"中国阿信"的故事……

第一章

特殊年代，
激情燃烧的苦难岁月

20 世纪 50 年代，初生的中华人民共和国，孕育着的希望还看不到鲜嫩的叶芽，所到之处满目疮痍，一切都在宣告从零开始。生长在这个年代的人，从一出生似乎就注定了要笼罩着一层苦难色彩。徐桂芬，正是出生在这个年代。

1951 年，在百废待兴的中国大地上，先后出生了几位后来在企业界和影视界叱咤风云的传奇人物，包括地产大佬王石、著名导演张艺谋和徐克，以及传奇作家史铁生。同样历尽苦难的史铁生，在后来的作品中这样写道："微笑着，去唱生活的歌谣，不要抱怨生活给予了太多的磨难，不必抱怨生命中有太多的曲折。大海如果失去了巨浪的翻滚，就会失去雄浑；沙漠如果失去了飞沙的狂舞，就会失去壮观；人生如果仅去求得两点一线的一帆风顺，生命也就失去了存在的魅力。"

这句话也映照着徐桂芬的人生轨迹，尽管苦难伴随着年幼的徐桂芬，但是，从懂事时起，她就开始了面对苦难迎头而上，唱着生活的歌谣踏上勇往直前的生命征途……

一、少小尽识世间冷暖

徐桂芬出生于经商世家，虽然只是小本生意，但在那个百废待兴的苦难年代却是一家人的生活来源。然而，随着“文化大革命”的开始，新中国开始了十年浩劫的蹉跎岁月，徐桂芬的一家从此陷入了狂风暴雨般的动荡时代……

出生南昌，三代经商

在今天江西省南昌市西湖区金盘路小街，解放之初，这里曾经开有一家小小的米店，这家米店的男主人名叫徐国记，是徐桂芬的爷爷。徐桂芬的爷爷是个孤儿，能闯善干，从老家乡下罗家集到南昌市，经过奋力打拼，逐渐经营起了一份小小的米店。

到了徐桂芬的父亲徐士斌这一代，兄妹十人，徐士斌排行老大，是家里的长子。长兄如父，由于爷爷徐国记没有文化，家里的重担落在读过几年私塾的长子徐士斌身上。徐士斌很讲义气，不仅帮着家里分担重任，还供养弟弟读书。也许是受父亲的影响，徐士斌结婚后在南昌三交通路，也就是现在的南昌火车站附近，也开了家夫妻米店。徐士斌遗传了父亲的经商天资，靠这家小小的米店维持着一家人的生计。

1951 年农历十月，就在这个小小的米店后坊，一个新的生命诞生了。这是个女孩，并且是这家的第四个孩子。从出生之日起，这个尚在襁褓中的小女孩从来就没有尝到过母乳的甘甜，由于比她早出的一岁多的哥哥也需要母乳喂养，徐桂芬的母亲因为重男轻女，只把母乳用来喂养徐桂芬的

徐桂芬的爷爷奶奶、叔叔姑姑合影

哥哥。徐桂芬的二姐一生下来就送给别人做童养媳。如果不是出生在新社会，这个小女孩也会被送走，这个小女孩就是徐桂芬，一个日后雷厉风行、说一不二的上市企业掌门人。

然而，当时这个襁褓中的小女孩，长得又瘦又小，被父母取名“丁丁”。“丁丁”，在南昌俗语中谓之以“小”的意思。

丁丁一出生，为了让她不跟哥哥分食奶水，母亲喻九芝就开始四处托人物色奶妈。经过邻居介绍，找了一位乡下奶妈在家里带，后来就商议把丁丁带到了乡下奶妈家去抚养。

徐桂芬的奶妈因家庭成分被定为“富农”，实则家里一贫如洗。当时徐桂芬母亲并不知情，经奶妈回忆，由于历史成分原因家里很穷，仅有一床破棉絮，丁丁经常饿得双手乱抓，把盖在身上的棉絮抓得四处乱飞，不要说吃糖吃奶，奶妈可以腾出来照看丁丁的时间也是少之又少。

后来有好心人把这种情况告诉远在城里的喻九芝，喻九芝心地善良，虽然听说奶妈家很穷，女儿丁丁放在那里会被饿死，但喻九芝对奶妈一家

徐桂芬与奶奶合影

仍很同情。因奶妈自己的孩子夭折，家里一贫如洗，营养跟不上，奶水也不够，喻九芝没有嫌弃奶妈家贫穷和成分不好，也未把女儿丁丁接回家，只是托人给奶妈家送来白糖和米糕等吃穿用品。为了给奶妈补充营养，让丁丁有奶吃，喻九芝还给奶妈送来猪脚等食品补充营养，并经常寄信以洗衣服为借口要奶妈回城里加餐补营养，以此缓解奶妈家的经济状况。

作为当时正在开夫妻米店的母亲，能让孩子们吃顿饱饭都是莫大的奢望，那时的丁丁又如何能理解呢？其实，喻九芝是个苦命的女人。

喻九芝与徐士斌结婚五年，都未能生育。直到第六年才接连生了两个女儿，这在重男轻女的年代自然引起了婆婆的强烈不满。婆婆就把喻九芝的第二个女儿，也就是徐桂芬的二姐，送到南昌县东新乡颜家村做了童养媳。徐桂芬印象最深的是，每次去二姐家走亲戚，大清早出发，要到傍晚才能返回。每次遇到狂风暴雨的天气，徐桂芬都抱怨父母为什么这么狠心，把二姐送到那么远的地方。如今，母亲去世了，二姐家已经发生了翻天覆地的变化，成为南昌市最繁华的商业区之一，二姐一家人过着幸福的生活。

在生下徐桂芬之后，全国已经解放了，正好碰上童养媳回娘家的号召，否则徐桂芬也做了童养媳，从而改变她一生的命运，也许就没有后来煌上煌的故事。在接连生下两个女儿之后，喻九芝又相继生下了两个女孩、四个男孩，家里的生活更是捉襟见肘。

1952 年 3 月，“土改”之后，在“公私合营”的热潮中，徐士斌积极响应号召，走上了公私合营的道路，被分配在国营米店上班。喻九芝也被分配在大集体土杂店工作。夫妻二人靠微薄的工资勉强支撑一家人的生活。虽然出生于经商世家，在那个普遍生活水平低的年代，仅靠夫妻俩的工资并不能给一家人带来很好的生活。庆幸的是，徐桂芬继承了父亲的经商基因，这在她逐渐长大成人之后，则开始慢慢地显山露水。

而在当时，徐桂芬以为母亲对自己冷酷，半岁被接回南昌父母身边后，直到有一天突然发生了一件事，这才改变了她对母亲的误解，生平第一次体会到了这份“迟来的母爱”，而这母爱却让人那么心酸……

蹉跎岁月，母爱如歌

作家萨克雷写道：“在孩子们的口头心里，母亲就是上帝的名字。”事实上并非完全如此，在不同的环境、不同的时代，孩子对母爱的认识有时候是与天性有所背离的。在徐桂芬还是孩子的时候，渴望母爱的幼小心灵，是不足以理解母亲的难处和苦衷的。或许，是因为从小被送到奶妈家，或许是因为家里的孩子太多，在还未成人的那段日子，年幼的丁丁心里常常有这样一个困扰，总觉得自己在家中没有地位，得不到更多的父母关爱。

那段日子，父母每天都忙于生计。生活的压力让父亲的脾气暴躁，动辄打骂孩子们。为了生活奔波的母亲甚至都没有时间多看丁丁一眼。尽管父母这样操劳，一家人依然填不饱肚子，年幼的丁丁也开始负担起一些照顾弟妹的责任，帮助母亲做零散的家务活。而后来发生的一件事，让从奶妈家回来的徐桂芬第一次感受到母亲对她的关爱。

一天，生病的徐桂芬答应带吵闹的弟弟们去找妈妈。因为离得很近，她把一个弟弟背在背上，用一只手扶着，另一只手把另一个弟弟夹在腰间，带着两个弟弟去母亲上班的店铺。

没想到，刚刚走到母亲上班的店门口，却因为体力不支突然一头栽倒在地上不省人事，两个年幼的弟弟见状，也开始哇哇大哭起来。

正在店里忙碌的喻九芝，看到女儿晕倒在地，连忙抱起女儿急切地大喊："快来人帮忙呀。"

隔壁理发店的师傅见状，飞奔过来，在徐桂芬的"人中穴"上按了几下，等徐桂芬慢慢地苏醒过来之后，才知道是因为天气太热中暑了。

徐桂芬醒过来后，一眼就看到母亲惊慌的脸上挂满了泪滴，嘴里还在一遍遍地呼唤着徐桂芬的乳名："丁丁崽呀……"

此刻，看到母亲泪水涟涟的急切的面容，徐桂芬觉得好慈祥，好温暖。回到家后，母亲还买了鸡蛋糕，并叮嘱女儿好好休息。正好五婶来串门，得知徐桂芬生病后，也买了半斤饼干放在徐桂芬的枕头边上。

这次意外晕倒让年少的徐桂芬体会到一种从未有过的幸福："看来，妈妈还是心疼我的，不是不爱我。"那时的徐桂芬天真地想，生病多好呀，可以不用带弟妹们，也不用做家务，还有蛋糕、饼干吃。更重要的是，能体会到母亲对自己的那一份关爱和温暖。

对父母来说，手心手背都是肉，八个孩子八张嘴，要养活这些孩子，在那个物资匮乏的年代实属不易。然而，对于生活的艰辛徐桂芬一家还能克服，但是来自全国的浩劫却把这一家人推向了无边的苦海……

危急关头，挺身而出

徐桂芬十五岁的时候，一场史无前例的"文化大革命"开始了。在新中国成立前做过小本生意的父亲自然难逃厄运，被造反派认为资本家关进了牛棚。母亲作为"黑五类"家属带着六个小孩被下放到喻村的一个大队。从此，一家人的生活发生了翻天覆地的变化。

因姐姐已出嫁，徐桂芬在家中的女孩里是最大的，她和哥哥成了家里的主劳动力。在徐桂芬的记忆中，还留着这样一个画面：在没下放的那段日子，常常有人到徐桂芬家里来"大扫荡"，长驱直入，也不打招呼，想搬什么就搬什么，想砸什么就砸什么，前后被抄了四次家。家里的古董、金戒指等一些值钱的东西都被抄走了。后来，甚至连家里稍微像样点儿的一个四条腿的长木凳也被拿走了，屋里仅剩下一张破床和一张破饭桌，最后可以说是家徒四壁。

最可怕的远不是物质的贫乏，徐桂芬依然清楚地记得，父亲被关入牛棚后，有天夜里突然狼狈地回到了家里，进门后的第一句话就是："你们都还好吧？"

兄妹几个人面面相觑地看着父亲，谁都不敢吱声。

"我有可能要离开这里。"父亲说这句话的时候眼神中有些惊慌。

"你去哪里呀？"徐桂芬问道，语气中有些责怪的意味儿。她单纯地以为都是因为父亲，家里才变成现在这样。

"我要到山里去……"父亲深深地看了看女儿，欲言又止。那个时候，徐桂芬根本不理解父亲的难处，她更不知道父亲这次偷偷回来，其实是想跟孩子们告别后逃跑。可是，他又怎么能对眼前面黄肌瘦、衣不遮体的孩子们说实话呢?

徐士斌被关进牛棚后，吃尽了各种苦头，万念俱灰的他屡次想逃跑。那时不谙世事的徐桂芬，又怎能理解父亲的苦衷呢?

"爸爸要到山里去当土匪吗?难道爸爸不要我们了？"徐桂芬冒出这样的想法是有原因的。因为父亲关心国家政治，经常与隔壁邻居在深夜收听台湾电台的广播，这在当时是不允许的。这个事曾被徐桂芬发现过，她以为父亲是"坏人"。而这次父亲离开之后,因逃跑不成功,又被关进了牛棚。

当再一次见到父亲时，场景更让徐桂芬揪心。这一次，父亲是被几个造反派押回家的。

那是一个盛夏的七月。那一天，徐桂芬正在家里忙碌着，作为三姐，照顾几个弟妹们和繁重的家务活已让她不堪重负，一抬眼，就看到父亲低着头站在家门口，破旧的衣服湿漉漉地贴在身上。她刚想跑上前去，却又看到父亲身后还跟着一群造反派，年少的徐桂芬一下子傻了眼，她不知道父亲又犯了什么罪。

原来，造反派逼徐士斌交出"变天账"，因为没坦白交代便被抓去"游斗"。当走到彭家桥上时，万念俱灰的徐士斌不想再被造反派批斗，趁人不注意"扑通"一声跳进河里，想趁机逃跑。造反派捞起了被水呛得奄奄一息的徐士斌，一边押着他在岸上继续批斗，一边高喊口号："徐士斌畏罪自杀，罪该万死。"并押他回家交出藏在家中的"变天账"。

"徐士斌，你要老实交代，账本到底放到哪了？"一个"造反派"大声问道。

“造反派”们个个如凶神恶煞般，年少的徐桂芬远远看着父亲，既心疼又害怕，不知道又要发生什么事。

这时，父亲抬起头，看了一眼站在对面的女儿丁丁，低声问道：“‘变天账’就是那个抄家清单，你知道放在哪儿吗？”

徐桂芬愣了一下，看到父亲神色紧张，连忙急中生智淡定从容地回答：“什么‘变天账’？你是说那张抄家的清单么？早被我一把火烧了，留着它给你翻天呀？”

也可能是苍天有眼，连徐桂芬自己都不知道当时怎么会反应得这么快。红卫兵见状，也没抓住什么把柄，料定一个小女孩也不会撒谎，只好让徐士斌挂着牌子站在门口的板凳上，让附近男女老少都来批斗，然后悻悻押着徐士斌离去。

离开之前，父亲回过头深深地看了女儿一眼。徐桂芬知道，父亲的这一眼，饱含了太多的情感。不舍，无奈，辛酸……还有对女儿已经长大的欣慰。

无论是从身体上还是心理上，徐士斌都承受了太多的苦难和折磨。作为一个父亲和家里的顶梁柱，他舍不得离开妻子儿女们，更因为自己被打成“资本家”给一家人带来灾难而深感无能为力。有一次，被批准回家一次的徐士斌正在骑自行车，因为没有主动跟着红卫兵喊口号，被人用扫帚挡住去路从自行车上重重地摔下来，当时还是“沙石路”，被摔下来后，徐士斌的半张脸都被碎石和沙子磨破了皮，满脸都是血，一张脸肿得像馒头。父亲难得回趟家，好不容易回来吃一顿饭却被摔得头破血流……

那段苦涩的岁月，在徐桂芬的心底留下了不可磨灭的痛。

那时，徐桂芬不仅要照顾家里，还经常去牛棚给父亲送生活用品，看到父亲和四叔穿着麻布袋裤子，不是在蹬三轮车，就是在干重活卖苦力，徐桂芬的心似滴血般刺痛，泪水时常伴着她度过一个又一个的不眠之夜。

如今回忆起来，父母那段日子所受的煎熬和苦难，更是他们这些不谙世事的孩子们那个时候难以理解的。

也曾记得，父亲被抓走的当天晚上，母亲抹着眼泪一个人跑去找父亲，却被告之不允许见面。无奈之下，母亲在父亲被关押的墙外整整哭了一晚上。那一夜，守在墙角的母亲该是怎样的心碎难熬啊！再难熬，日子还要过，家里还有几个尚未成年的孩子等着呢，母亲只能悄悄地把眼泪擦干，艰难地支撑着这个家。

由于受父亲牵连，母亲很快从广益昌店调到离家非常远的郊区龙王庙上班，每天起早摸黑。每当徐桂芬做完了一天的家务活，牵着弟妹到火车站广场去等母亲下班回来的那段日子，是让她最期待，最幸福的时刻。

夜幕中，孩子们看见疲惫的母亲骑着一辆破自行车远远地过来，便会欢呼雀跃地向着母亲奔跑过去。这时候，母亲总是把最小的弟弟抱上车的后座，再让稍大一些的弟弟站在脚踏板的一边，然后推着车子一路欢声笑语地往家走。跟在自行车旁边的徐桂芬一边听着弟妹跟母亲叽叽喳喳地“汇报”，一边不时用手揉揉干了一天家务活劳累的身体，但心里还是甜滋滋的。

此情此景，永远镌刻在了徐桂芬的记忆深处……

一家人披星戴月地走在回家的路上，孩子们脸上洋溢着与母亲重逢的兴高采烈。这一幕温馨的画面，是那段苦涩日子里徐桂芬唯一感到最快乐的幸福时光。在后来的日子里，每每遇到苦难时，徐桂芬都会从记忆中把这一幕温情场景拿出来细细地品味，那浓浓的亲情啊，是足以相伴一生的温暖。

这种短暂的温暖却并未持续多久，生活又一次次地把徐桂芬一家抛向冷酷的深渊，为了让弟妹们活下去，一个大胆的想法在徐桂芬的脑海里酝酿着……

二、不屈的青春岁月

往事不堪回首，那一幕幕的悲欢离合、酸甜苦辣，迫使徐桂芬不甘向命运低头和屈服，她开始挑战自己的命运，没有机遇，就要去创造机遇。

火车站的卖茶姑娘

幸福时光总是转瞬即逝，晚上和母亲一起回家的快乐时光总是短暂的。每当回到家里，一家人还有一堆迫切需要面对的生活问题，没有可以充饥的食物、没有可以御寒的衣服被褥……这一切都需要钱。父亲关牛棚没有工资，仅靠母亲早出晚归挣到的那份少得可怜的生活费，对于这一大家子人来说只是杯水车薪。

从小就喜欢“做梦”的徐桂芬，整天都在梦想着生财之道。因为母亲早出晚归，上班的地方离家非常远，根本无暇顾及孩子们的生活。为了让弟妹们充饥，徐桂芬经常到火车站周围去“搜索”食物。小商小贩们丢弃的西瓜皮、冬瓜皮，火车站货运车厢倒掉的萝卜干……捡回来洗干净做成菜，都是弟妹们“可口”的食物。

然而，有一件事犹如钢针般扎得徐桂芬的心好疼。徐桂芬的家就住在火车站附近，她经常带着弟妹们在火车站附近玩耍。一次，她耳边突然传来一阵嘈杂的声音，只听见有人说，这个小女孩真可怜……她回过头一看，发现一个骨瘦如柴的小女孩正在垃圾筒捡一块没啃干净的西瓜皮吃，而这个小女孩不是别人，正是自己的妹妹。

徐桂芬当时觉得很丢脸，上前去重重地打了妹妹一巴掌：“你怎么这么馋，捡别人吃过的东西。”

打在妹妹的脸上，却似钢针扎在自己的心里，一个强烈的念头冲击着她：“一定让年幼的弟妹们填饱肚子，要活下去，要赚钱！”

生活的艰辛磨炼了小小年纪的徐桂芬，她比同龄人更加敏锐、更加聪明、更加大胆。

1966年盛夏，红卫兵开始全国“大串联”行动，所到之处乘火车免票、吃饭免费。一时间，四面八方的红卫兵向火车站汇聚。与全国各地火车站的情形一样，南昌火车站也是每天人潮如织，火车站每天都是黑压压的人群。

在用心打量潮涌般的人群过程中，徐桂芬发现，烈日下的人们口渴难耐，买冰棒吃不解渴，并且，一根冰棒两三分钱对于很多人来说舍不得。徐桂芬家离火车站很近，于是，她有了卖凉茶的这个念头。

一个胆大妄为的想法产生了：“这大夏天的，多热呀！这么多人一定会饥渴难耐，我何不卖凉开水来赚钱贴补家用呢？”

这个大胆的念头一冒出来，让她感到从未有过的兴奋。在那个时期，没有多少人敢去做生意，连摆摊卖茶叶蛋都不允许。说干就干，徐桂芬在家烧了一壶开水，等开水冷却后提着水壶，拿着碗到排队的人群中去叫卖。

“卖茶嘞，一分钱一杯。”这是徐桂芬第一次做生意，她一边壮着胆子吆喝，一边穿梭在人流中。不一会儿，一壶凉开水就卖完了。第一天收工后，徐桂芬和弟妹们开始一张张地数着被揉得皱巴巴的白天卖水赚来的一分钱、两分钱……没想到这一天下来居然赚了一角多钱，每天买菜的钱就不愁了。

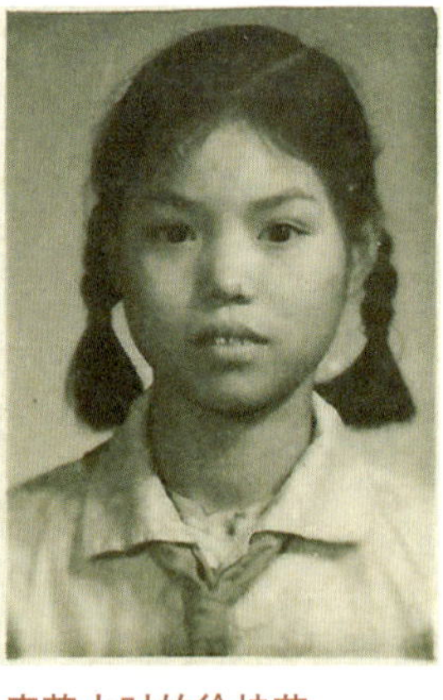

卖茶水时的徐桂芬

从那时起，南昌火车站总会出现一个扎着牛角辫，略显稚气的姑娘，一手提水壶，一手拿茶碗，在人群中卖凉开水。车站人群密集处时时可见她瘦弱的身影。一碗两碗、一分钱两分钱……每天也能赚几角钱。别看钱少，在那个年代，一家人填补饥饿的肚子和维持生计就全靠这几角钱了。刚开始，徐桂芬拿着水壶到排队的人群中去卖凉开水，但家里要干的活也很多，弟妹们也要照看。再后来，看到火车站排队的旅客都排到自家门口了，就索性在家门口摆起了“凉茶亭”。

徐桂芬在家门口摆个破桌子，找了几个破茶杯，把家中一些能用的瓶瓶罐罐都翻了出来。因为父亲喜欢喝茶，家中居然还找出了一点剩余的茶叶，这简直太惊喜了！她让妹妹守着茶水摊子，那些排队的旅客就自己上门买凉茶喝，而徐桂芬就去半里路外的水亭去挑水。

那时，徐桂芬每天一大早到半里路外的水亭去挑水，她人瘦却力气大，水桶与人差不多高，一担担满满的水压在孱弱的肩膀上，日子久了，压出一道深紫色的痕迹。虽然感觉累和痛，但在她心底始终有一个念头支撑着：只要能让一家人填饱肚子活下去，哪怕多苦多累都要坚持。其实，早在上小学时，她就把平日里搜集来的“小人书”以每本一分钱的价格出租给班上的同学看，用积攒的微薄的零花钱给弟妹们买糖果吃。

这段苦难的岁月，磨炼了徐桂芬在逆境中求生存的坚强意志，也使她的经商天赋初见端倪。一直牵挂着孩子们的徐士斌回家后，得知女儿通过卖凉茶使得一家人熬过了最艰难的这段日子时，感到由衷自豪，他预感到自己这个女儿将来会有很大的出息。

与“共大”擦肩而过

1968 年，徐桂芬突然接到了一个通知：南昌四中通知她随着学校迁到奉新，去上当时的江西共产主义劳动大学奉新冶城分校（简称：奉新冶城共大）。

由于徐桂芬当时在南昌四中报名后没上两天课学校就停课了，再加上家庭成分不好，弟弟妹妹和家务活也需要她去打理，就一直在家做家务，也没有机会再走进学校读书。因此，看到这份通知，徐桂芬感到一种前所未有的欣喜，一直以来，她为了帮衬家里，上学常常是三天打鱼，两天晒网，现在终于有机会去上学了。哪怕是到再远的农村，她都愿意去，再也不想在家里过做家务、带弟妹、卖凉茶的生活了，更渴望校园生活，渴望走进教室与同学们共同学习、共同劳动。

一心想着可以去上“共大”的徐桂芬心里乐开了花，上学是多么令人向往呀。于是寄信给住牛棚的父亲。可是，父亲回信中说的一番话，彻底地断送了徐桂芬的希望：“你去上学要带被子，家里只有一床被子，你带走了，家里没有被子怎么办？你去上学家里少了劳动力，弟弟妹妹们谁来照顾？”

一语惊醒梦中人。徐桂芬的心里“咯噔”一下，知道自己的希望和梦想要落空了。那时候，家里真是穷得只剩下一床被子，她这一走，家里的活谁干？她是家里的主要劳动力，这个家根本就离不开她，父亲说得也在情理之中。

徐桂芬又哭又闹吵了几天，但最终胳膊扭不过大腿，只好放弃了这次难得的学习机会。看到自己的同学都背着被褥行李高高兴兴地步行到奉新冶城共大上学，她的内心感到很失落，知道已经永远失去了这次难得的上学机会。“共大梦”仅做了一个月就昙花一现般地凋谢了。

徐桂芬（前排中）与小学同学毕业留影

1968 年 12 月，就在徐桂芬将凉茶生意经营得有声有色时，家里又遇到了一场“浩劫”。

这一年，随着城市知识青年“下乡上山运动”的热潮刚过，全国又开始了“城镇居民下放”运动。

所谓的城镇居民下放运动，主要将一些城市居民全家陆续下放到农村去落户。而这些城镇居民，都是由家庭成分不好的“黑五类”等家庭组成，有的是被批斗的家庭，有的是被打成“牛鬼蛇神”的人家。

好在后来政策进行了调整，城镇居民下放户家中与知青年龄相仿的子女，可以比照下乡知青享有同等待遇。如此一来，徐桂芬后来的身份，就是一名下放到农村插队落户的“知青”了。

这一年，正好“下放”也接近尾声，徐桂芬一家原本可以不去农村，然而，街道的人民公社今天来人把家里的电表卸掉，明天又有人把家里的路封掉，并且人民公社的人还扬言要押徐士斌到深山老林去劳改。这些人隔三岔五来家中“骚扰”。万般无奈之下，喻九芝只好带着几个孩子，托熟人介绍到离奉新县城比较近的一个乡村安家落户，一家人不得不被“下放”到离县城有几十里路的奉新县赤岸公社历付大队喻村。

这意味着，徐桂芬一家将失去在城市生活的机会，要到农村去插队落户和“接受改造与教育”，与当地农民一样，过着在土地里劳作谋生的生活。

命运弄人。这次没能跟随学校前往“共大”学习，而且在城市里的日子也没有延续几天，这一道指令，除了还在牛棚中的父亲，徐桂芬一家人被下放到更遥远的喻家村，户口很快也从城市变迁成了农村。

这一年的寒冬腊月，一家人恋恋不舍地离开了一贫如洗的家，来到了小村庄安家落户。

还记得刚到农村时走进公社分的土坯房的情景。当时，徐桂芬好奇地看着土坯房那厚实的泥巴墙，不但没有感到难过，反而感到很新奇，因为当时在城里住的是木板房，每到冬天北风呼啸，屋里就直吹冷风。碰到下雪天，屋外下大雪，屋内下小雪，经常睡到半夜被冻醒，起床后抖掉被子上的一层雪花，一床破被子被几个孩子扯来扯去。遇到下雨天，屋里到处漏雨，经常要用盆盆罐罐来接雨水。所以，看到公社分的土坯房后满怀欣喜地对母亲说：“这房子比家里的好多了，我们住到不漏雨的房子了。”

母亲只是勉强从嘴角挤出一丝笑意。那时候的徐桂芬不知道“下放”意味着什么。等待她的，将是比在城里更为艰苦的农村生活。

紧接着，公社接待的同志安排徐桂芬一家饱餐了一顿。一盘咸菜炒腊肉，一盘干鱼，一盘萝卜干，还有干辣椒酱和锅巴粥，徐桂芬觉得更开心了：“原来，农村的日子比城里好多了，还能吃饱饭呢。”

那香喷喷的可口饭菜让她至今回味无穷。然而，这一切只是开始，随之而来繁重的农活，让一直生长在城里的徐桂芬始料不及……

不屈不挠的“犟妹子”

三天之后，这种“吃饱喝足”的待遇没有了，徐桂芬开始了早出晚归的“农村妹子”生活。被“下放”到农村的那一年，徐桂芬正值十七岁的花季年龄。

每天早上，徐桂芬跟当地农民一起下地干活，而跟她同龄的一些下放知识青年却可以想出工就出工，不想出工就不去劳动。可徐桂芬不行，她要赚工分养家糊口，几个弟妹们的生活需要她照料，徐桂芬一天不下地劳动，就没有工分，家里就没有粮食吃。除了下地种田，空闲的时候还要去自留地锄草种菜。

“下放”的日子，徐桂芬像一个健壮的农村劳动力一样干农活，翻田、插秧、耕禾、收割、挑牛粪……天生丽质的她皮肤白皙，一双又白又嫩的腿经常被水田里的蚂蟥咬得鲜血直冒。

水田里的蚂蟥有时把徐桂芬咬得跳起来，刚开始她发现蚂蟥牢牢地吸在了腿肚子上，就拼命去硬抠，这种做法往往适得其反，蚂蟥反而变本加厉咬住不放，被蚂蟥叮吸的地方就会流血甚至溃烂。最可怕的是旱蚂蟥，又叫草蚂蟥，只有火柴棍那么大，黑色，两头着地，一拱一拱地爬行，只要人往草地上一站，立刻从四面八方围拢来，叮上人时没有感觉，等发现时它已吃饱跑掉了。

有一次，徐桂芬在田里干活，看天气不热，便把草帽摘下来放在地边，等劳动完没细看就戴上了。谁知里面藏了一只草蚂蟥，后来发现时，已经把她的额头叮得鲜血直流。

收割稻子时，徐桂芬刚开始挑五十斤的稻谷，后来慢慢增加到一百多斤在田埂小路上走，稍不留神就会闪到腰。而牛粪，是牛圈里长期浸压于牛粪便中的稻草，一担就达一百多斤，要将牛粪直接挑到水田里去。脚踩在稀泥田里，肩上挑着上百斤的重担，每走一步都很吃力。

还有在烫脚的水田里插秧，一双白嫩的脚被水田淤泥里的碎石磨得满是水泡。为了不落后于人，徐桂芬把水泡挑破后不顾钻心的疼痛又踩到淤泥里，她生怕人家说自己是“资产阶级的小姐”，干起活来非常卖力。

在繁重的劳动重荷中，徐桂芬始终紧咬牙关坚持着，即使身体再不舒服，也从不轻易喊累。有好几次她因过度劳累而昏倒在田间地头，但短暂休息后，徐桂芬又依然拼命地劳作。

体力透支的徐桂芬终于再也撑不住了，在干活时经常感到力不从心，看到别人挑一百斤都走得很快，而骨瘦如柴的她挑三十斤才能咬着牙勉强下山，挑五十斤腰都直不起来，当地农民见状就嘲笑她是“城市的娇小姐，享惯了福”。

个性好强的徐桂芬为了不让人看笑话，每次就尽量多挑一点。

长期繁重的农活，徐桂芬的腰肌受了损，经常累得直不起腰，好像是得了什么重病。即便这样，她也不在意，干起活来仍然很拼命。

徐桂芬从小营养不良，生得又瘦又小，到了女孩子发育的青春期也没有补充到什么营养，身体状况非常差。到农村之后，有半年时间都没来例假，而作为女孩子的徐桂芬当时并没把这当回事儿。

母亲喻九芝却记挂在心，经常给生产队反映说这样的苦干硬干，担心女儿的身体吃不消，因为徐桂芬曾几度晕倒在田里，每次被身边的人唤醒后，只是稍微休息一会儿就又接着开始劳动。当时的徐桂芬也从来都没想过自己的身体是不是出现了什么问题，更没有想过这样拼命地劳动会给自己的身体健康留下什么隐患。

除了每天上山砍柴做饭，还要贮存过冬的干柴，到了三伏天，太阳刺得徐桂芬连眼睛都睁不开，田里的水被晒得像开水一样烫，即便是这样，都必须下田干活。小腿也经常被田地里的蚂蟥咬得鲜血直流。干完繁重的农活，还经常直接用山上冰冷的泉水洗脸洗脚。这些都给徐桂芬的身体埋下了病根。每当劳累了一天夜深人静的时候，徐桂芬就会忍不住顾影自怜，感到绝望，认为自己一辈子就待在农村了。

徐桂芬的积极表现大家都看在眼里，也给村里人留下了好印象。三个月后，在一次公社评比中徐桂芬被评为“活学活用积极分子”，并被隆重推选到公社和县里去开会。

记得到公社开会时，大家带上板凳和米，八个人坐一桌，每桌四个菜，菜里还有零星的肉丁。紧接着，生产队又派她到县里去开三天会，这次不用带板凳和米了。让她印象深刻的是，开会这三天不仅不用下地干活，还有美味可口的饭菜，这使她感到非常骄傲和自豪，干起活来更拼命了。

徐桂芬（左一）下放期间和姐妹合影

“下放”的时候，村里规定一天只能吃早餐和中餐两顿饭，喻九芝为了不让最小的两个儿子挨饿，偷偷地在家烧火煮面条，生怕烟囱里冒出烟被别人发现。那时，按村里规定成分不好的家庭是不允许吃晚饭的。在农村的那段岁月，一家人能够吃饱肚子的日子是少之又少，更不要说吃肉了，但是偶尔也有例外的时候，不过那次例外来得有些惊心动魄。

徐桂芬的妹妹当时在村里负责放牛。一天晚上，妹妹赶着牛群回村子时经过一座石桥，怎么也没料到有一头牛的腿卡在石缝里扭断了骨头。妹妹吓坏了，哭着跑回家告诉母亲这个可怕的消息，试想，放牛的孩子怎么可能赔得起一头牛呢？这下把一家人都吓坏了，不知道怎么办才好，惶恐不安地在家里等着一场暴风雨的降临。

可是等到第二天，村里居然放出消息说可以领牛肉，那头受伤的牛被宰了，全村每户、每人都可以去领半斤肉。原来，村里有个不成文的规矩，只要牛不能耕地了，就将牛肉分给全村每家每户。幸福来得如此不可思议，全家人都大喜过望。徐桂芬连忙去村里开开心心地领到了三斤牛肉。

然而，幸运之神并不是每次都会眷顾这胆战心惊的一家人。

后来，有一年临近春节，村队长拿个高音喇叭通知村民每人去领半斤猪肉，全村人都去排队等候分猪肉。因为有了上次分牛肉的事，徐桂芬和上次一样，也高兴地早早就去排队等候。等到了徐桂芬跟前，负责分猪肉的民兵队长就以徐桂芬家是“牛鬼蛇神”成分不好为理由不分猪肉给她。

原来，村里有个人也是“下放”的，是开理发店的。他得知徐桂芬的父亲从牛棚放出来后每个月还有三十元工资，并看到徐士斌经常给家里带东西吃就眼红嫉妒，偷偷向生产队打了小报告。所以，不管徐桂芬怎样据理力争，都不给她家分猪肉。

要强的徐桂芬被气哭了，回到家告诉了母亲，深知其中缘由的母亲含着泪劝女儿说："丁丁，像我们这样的人家，唉！认命吧……"

母亲的这句话反而激起了徐桂芬的犟劲儿："我们这样的人家就应该逆来顺受？父亲有罪，儿女无罪，我每天不都在拼命劳动么？既然是按人口分肉，说到天边这肉也该分给我们。这太不公平了！我就不信世上没有讲理的地方。"

徐桂芬越想越委屈，越想越气愤，最后决定到县城去讨个说法。

她瞒着家人，一个人骑着自行车往县城赶去。到县城去要经过一座坟山，平时她一个人是绝对不敢走这条小路的。面对眼前的坟山心里不由得发毛了，小时候听到老人们讲的那些鬼故事，一幕幕地浮现在眼前。徐桂芬愈想愈害怕，真想打退堂鼓不去县城了。但是回去吧，又实在咽不下这口气。就在犹豫的时候，由于害怕加上心急，徐桂芬没握紧扶手，一下子从自行车上摔了下来，好在坟地到处杂草丛生并没有摔伤，却被吓出了一身冷汗，一直等到有人经过时，她这才机灵地趁机和别人一起穿过了坟山。

一路跌跌撞撞狼狈地过了坟山，终于赶到县城，找到了奉新县革命委员会上山下乡办公室。

"我是来告状的。"一推开办公室的门，徐桂芬就火急火燎地说。

当时接待徐桂芬的是个和蔼的中年人："别着急，慢慢说。"

当这个中年人听完事情的来龙去脉后，善意地告诉徐桂芬："你先回家，我们答应你，一定会调查处理此事。"

徐桂芬半信半疑，骑上自行车又往回赶，回去的路上还是要经过那座坟山，而且这会儿天色已经暗了下来，没有什么人会这么晚路过此地，怎么办？这回徐桂芬一咬牙，骑着自行车一个人飞速地冲过坟地。等从县城回到家时，天已经黑了。

第二天，村里来人到徐桂芬的家，很客气地说猪肉已经分完，请她们收下两元一角钱，按当时的肉价可买三斤猪肉。喻九芝一下子愣住了，这简直是天方夜谭，她根本就不敢相信自己的耳朵。

当母亲知道这是女儿一个人跑到县城去据理力争的结果时特别高兴，就像女儿被评为"活学活用积极分子"一样，为有这样的女儿感到骄傲和光荣。

这件事锻炼了徐桂芬的勇气和胆量，并开始以加倍的热情和十足的干劲儿投入到农村的劳动中，同时也暗自下定决心："以后我要更拼命地干活，好好表现，让妈妈放心，给家里争光。"

这件事虽小，但却让徐桂芬明白了一个道理：遇到不公平的事就要去找讲理的地方，面对困难往前冲，而不是一味地忍气吞声。只要认准了是对的，就要努力去争取。

这件事，造就了她在遇到不公平的待遇时，敢于面对和挑战。这在日后创办煌上煌的艰难时刻，在商海中摸爬滚打、几番沉浮、历尽磨难的徐桂芬，从当年的小姑娘一步步地经历了千锤百炼，一次次地从容应对着。正是这一次次的狂风暴雨和巨浪冲击，把徐桂芬和煌上煌推向了浪潮之巅。

不过，当年十七岁的徐桂芬并不知道未来何去何从，她只想每天能吃饱饭，能多挣点工分，能去县里开表彰会……然而，"病魔"在此时却悄然而至，差点夺去这个花季少女的生命……

三、“病魔”来袭

“死亡”两个字，对徐桂芬来说仿佛是那么遥远，当病魔来得如此猝不及防时，她这才切身地体会到对死亡的恐惧与无奈。在“死神”面前，一切都显得那么苍白无力，于是开始了与病魔的顽强较量。

“难道我会死吗？”

徐桂芬在农村“下放”时，曾有几次晕倒在田里，不过每次都很快地缓过劲来，也没有引起任何人的重视。而在这之后，她更加拼命地劳动，可后来发生的一件事儿，却让她第一次感受了病魔的痛苦和无奈，也使得她两次与“死神”擦肩而过。

有一次，不知是吃坏了肚子还是受了凉，病发时，徐桂芬肚子痛得一口水都不能喝，睡在床上直打滚，母亲把女儿送到大队医务所去看病，医生也查不出什么毛病。看到女儿一个星期没吃东西，人都奄奄一息了，就把女儿背到县城医院去检查。这一检查，才知道得了“钩虫”病。

在医院吃了打虫药以后，徐桂芬顿时感觉好多了，因为一个星期都没怎么吃东西，自然感到饥肠辘辘。在县城看完病后回家的路上，母亲知道女儿最喜欢吃面条，就花九分钱在国营饭店里买了一碗素面条。清汤素面上零星地撒着葱花，徐桂芬一口气把面条吃得精光，感觉特别满足和幸福。这种感觉，只有在“下放”之前才能感受到。“下放”之前，徐桂芬的母亲为了补充奶水，经常等孩子们晚上都睡着了以后，偷偷地叫醒徐桂芬起床烧煤球炉，然后煮两碗胡椒面，母女俩一人吃一碗。

当天母女俩赶了一天的路去县城看病，粒米没进，所以才会感到面条是那么美味可口。而母亲那时候饿着肚子心疼地看着女儿一口气吃完，自己甚至连面汤都不舍得喝一口。

或许是青春的岁月让人难以忘怀，以至于现在徐桂芬即便是身家上百亿，但还是最爱吃面条，一碗青菜鸡蛋面她也能吃得津津有味。

在“钩虫”病好了之后，病魔就不断跟着她。干活时，经常有人对她说：“桂芬，你现在怎么了，头发又枯又黄，还掉头发？”

正值青春花季的徐桂芬也没有太在意，一直以来都对自己的身体没在意。这次，病魔终于如洪水猛兽般排山倒海地向她袭来……

一天下午，正在油菜地里干活的徐桂芬又晕倒了，她想喊人，喉咙却发不出声音，想站起来，腰部却一阵阵地剧痛。虽然头脑很清醒，但却只能虚弱地躺在地上。其实，徐桂芬在当天早上起来时就感觉身体难受，腰间像针扎般地疼痛，但她没吱声，硬挺着往田里走。不是不想休息，而是怕别人说她是“资产阶级小姐”，更舍不得那几个工分！但是，这次晕倒和以往不同，她眼前一黑，就栽倒在田里。

这一幕，恰巧被在一旁干活的几个妇女发现。妇女队长见徐桂芬双目紧闭，呼吸微弱，苍白的脸上没有一丝血色，焦急地说：“快，桂芬病得不轻，要赶快送医院！”

可是，当时的农村交通很不方便，妇女队长只能背着徐桂芬一路走走停停，不到一里的路程，妇女队长艰难地走了一个多钟头才到达。

至今，徐桂芬一直对这位妇女队长念念不忘：“是她给了我第二次生命，让我学会了施人以爱的做人道理，我永远都不会忘记她。”

后来，为了表达当年的救命之恩，徐桂芬还特意带着礼品，专程去看望这位当年风华正茂的妇女队长。

那次腰部剧痛让徐桂芬整夜无法入睡，母亲以为女儿是因为没吃早饭又累又饿才导致晕倒，因为那天出工没有吃饭。而在这之前，女儿也经常晕倒，等缓过劲来就没事儿了。喻九芝把女儿送到大队医务所，医生看了一下说是吹了冷风，又叫人给徐桂芬扎针。再后来，又说是中了邪气，这样又耽误了一段治疗时间，徐桂芬此时已被折腾得骨瘦如柴不成人样了。

母亲见女儿病情没有一点好转，又把女儿背到县城去看病。而这一次，徐桂芬没有上一次得“钩虫”病那么“幸运”。没想到，这一检查，竟然是患了：肾盂肾炎。

“你女儿得了急性肾炎，这种病如果治不好，就会转成慢性肾炎，后果不堪设想。”

当徐桂芬听到医生对母亲说这番话时，一种从未有过的恐惧感瞬间传遍全身：“难道得这个病会死吗？”

那是二十世纪六十年代末，医学技术并不发达，一般人都以为得这个病后果非常严重。

喻九芝连忙给丈夫写了一封信，告知了女儿的病情。那时，徐士斌虽然还没有摘掉“帽子”，但是，每天可以骑着三轮车到外面去进货。得知女儿病情后，他经常去看望生病的女儿，并让女儿把化验单和病历都保存好，这些病历和化验单也成为徐桂芬后来顺利回城的依据。

由于农村医疗条件有限，徐士斌也担心女儿的病情加重，正当他千方百计想办法收集女儿的病历和资料为回城治病做准备时，庆幸的是，正巧徐桂芬的七叔迫切需要一个靠得住的人来帮忙照看孩子。因为早就了解徐桂芬为人踏实能干，正是合适人选，就来找徐士斌商量，说每个月给五元零花钱，并承诺：一定能把徐桂芬的病治好，她可以一边帮忙带孩子，一边治病。

这当然是两全其美的好事情，父亲当即答应了七叔的请求。徐桂芬就来到七叔家，一边带孩子、做家务，一边治病。

对于从小就帮母亲照看弟妹的徐桂芬来说，这点小事自然不在话下，可是因为身体有病，每天繁重的家务活还是让她有些吃不消。但“死神”的逼近，犹如在徐桂芬的身体里埋下一颗定时炸弹，让她感觉恐惧和无奈。徐桂芬产生一个强烈的念头，那就是：要战胜病魔、要活着。虽然在亲戚家带孩子也很辛苦，但值得庆幸的是，徐桂芬的病一天天在好转。

因祸得福，回到南昌

1972 年，徐桂芬终于因病被父亲接回了南昌，和父亲一起回到了金盘路爷爷曾经开米店的老家。

这之后，为了给女儿治病，母亲以此为由想方设法也回到南昌，一家人可谓是“因病得福”。

经过了在农村的一千多个日日夜夜之后，徐桂芬和父亲先回到了位于南昌的家里，看着这个从小长大的地方她百感交集，这里留下了太多昔日的印迹，往日的一幕幕场景浮现眼前……

父亲被押送回来的情景，一家人挤在一张被子里过冬的场景，和兄弟姐妹们一起玩耍的情景……在经历过农村劳动的艰苦日子后，当此时再次站在家门口，徐桂芬觉得以前的场景似乎都已云淡风轻。喜欢做梦并爱设想未来的她这时想了很多。

想起“下放”的时候，七岁的妹妹经常天不亮就提着小篮子偷偷出村庄，去县城卖家里舍不得吃的鸡蛋，换取一些油盐酱醋贴补家用；想起弟弟一个人在农村时，骑着自行车顶着风雪在从农村回南昌的路上被冻得昏倒在了雪地里，正好被一个路过的货车司机发现捡回了一条命。直到现在，还没有找到这位救命恩人……往事如昨，不堪回首。

徐桂芬（左一）回城与知青分别时留影

1973 年 5 月，母亲终于落实政策，回城恢复工作。这一年，徐桂芬已经二十二岁了，远远超过了国家政策规定的回城年龄。

好在当时生产队也出了病情证明，再加上父亲平时让女儿保存病历凭据，要求女儿每个星期必须去看病，看了病才有记录。那时，徐桂芬不理解父亲的用心良苦，等到母亲落实政策后，这个病历非常重要，成为徐桂芬患病的重要依据。因病特殊，这才千方百计回到南昌，成为城里的待业青年。

往事历历在目。但是，摆在面前最迫切需要解决的还是随之而来的一系列生存问题。

在农村，还可以靠劳动挣工分换取一些养家糊口的米粮。回到城里，面对一贫如洗的家，又该如何生存呢?

省吃俭用卖苦力

回城后，喻九芝在恢复工作期间，为了生存，在丁公路洪城大厦门口卖茶叶蛋维持生计，二十二岁的徐桂芬也开始自食其力在城里找工作。恰逢此时，徐桂芬的姑父介绍她去南昌市湾里区做临时工，每个月能赚二十元的工资。二十元，这在当时简直是一个天文数字！徐桂芬自然不会错过这个赚钱的大好机会。

在根本就没弄清楚“临时工”是做什么工作的情况下，一心想赚钱的徐桂芬也没跟家里人商量，擅自做主离开七叔家，前往湾里区去报到了。

到了湾里区上班才得知，说是做“临时工”，其实就是在建筑工地干活，说白了就叫“卖苦力”，这种活女孩子一般很难吃得消。而且，之前所谓的每个月二十元钱，实际拿到手的仅仅只有一半。因为徐桂芬是通过劳动公司介绍去的，劳动公司每月要扣除其中的十多元钱。

即便这样，每月也能有十多元钱。徐桂芬一咬牙决定留下来。建筑工地的活又苦又累又繁重，搬砖、装卸石块、扛水泥……这哪是一个弱女子能干的活呢？更何况还是一个病人？那段日子，因为大病初愈身体很弱，干活力气自然不如健康人，所以经常受到工友们的排挤，工友们心中对徐桂芬不满，认为跟她一起干活会怠工，甚至有时还故意用铁锹把沙土撒到她身上。之后，徐桂芬不得不放弃了这份工作。

后来，劳动服务队又安排徐桂芬进了湾里拉链厂，这回终于不用扛重物卖苦力了。“拉链厂”的工作似乎要比工地上轻松许多。然而，事实并非如此。

那时，因“拉链厂”是按计件数量多劳多得来获取报酬，徐桂芬为了给从乡下回来的弟弟买一件军棉袄，省吃俭用、起早贪黑地玩命干活。在每天晚上十二点钟收工回到宿舍后，劳累了一天的她拖着疲倦的身体，开始一张张数着余下不多的饭菜票，计算着能否熬到月底。到了月底发工资这天，徐桂芬终于用攒够的 8.8 元钱给弟弟买了一件军棉袄。

那个年代，几元钱就是一个月的生活费。

让徐桂芬记忆犹新的是，有一次她刚领了二十元工资在身上还没捂热，结果在公交车上却被扒手偷了，她简直要崩溃了，这可是一个月辛苦赚的血汗钱呀！母亲得知后，不但没有责怪女儿，反倒安慰徐桂芬，并给了女儿一个月的生活费。二十元，在当时是一笔不小的数目。

聪慧的徐桂芬擅于学习和钻研，在“拉链厂”工作从刚开始一天能加工一万条拉链，到后来随着技术的娴熟，她一天能加工两万条拉链，比其他人都能干。那段日子，为了能赚到更多的钱，她拼命工作，每天像机器一样地连轴转，从早上一直工作到晚上十二点还舍不得去休息。可就算昼夜不停地工作，最多也只能赚二十元，但这种高强度的劳动对于原本就很虚弱的身体是致命的打击。

一天早上，徐桂芬起床后去厂房附近上厕所，刚站起来踉踉跄跄走了几步就昏倒了，这是当年在“下放”时落下的病根。当时情形十分危急，身边一个人也没有。不知道过了多久，有位种菜的大妈路过此地，发现了躺在地上的徐桂芬。大妈使劲地摇醒了徐桂芬，并着急地问道：“你家住哪里？是做什么的？”

虚弱的徐桂芬此时连说话的力气都没有，扬了扬手，努力地向“拉链厂”的方向指了指。

大妈急忙跑到“拉链厂”去叫人，大家七手八脚地把徐桂芬抬到宿舍休息。后来，又有好几次徐桂芬都因体力不支而昏倒。开公交车的五叔得知此事后，特意从厂子把侄女接到家里，烧了一大碗红烧猪脚给徐桂芬补身体。那碗香喷喷的红烧猪脚在那个苦难年代是多么弥足珍贵，如今回想起来，都让徐桂芬难以忘怀。

俗话说，大难不死，必有后福。经历过这几次的死里逃生的徐桂芬后来真的“必有后福”吗？苦难的生活之后并未给她后来带来多少恩宠，“命运之路”是靠自己走出来的，幸福生活也是靠自己去奋斗得来的。

造化弄人，不愿向命运屈服和妥协的徐桂芬，这一次面对的困难和挑战，居然是自己的父亲！父女之间爆发的冲突，要从徐士斌给女儿安排的婚事开始讲起……

第二章

铿锵玫瑰，
锋芒毕露的辣妹子

穷则思变。逆境中的人往往更加懂得和珍惜自己所拥有的一切。在那个饱受苦难和贫穷煎熬的年代，徐桂芬并没有像那个年代的很多普通女孩子那样，成长为一个循规蹈矩、唯唯诺诺的“乖乖女”。

父母之命，媒妁之言，在无力抗争世俗束缚的境遇下，徐桂芬与父亲之间的隔阂愈来愈深。因不甘屈服“命运”的安排，她与父亲的积怨终于爆发了，正是这场斗争，彻底改变了徐桂芬的命运。

一、命运多舛的青春

男大当婚、女大当嫁，转眼徐桂芬到了谈婚论嫁的年纪。每天只顾拼命劳作的她对于自己的终身大事压根没有精力去考虑。而此时，徐士斌却在背地里为女儿物色了一位退伍军人……

因婚事与父亲结怨

时光荏苒，岁月无情。就在徐桂芬到了出嫁年纪时，父母也开始考虑女儿的终身大事。在农村“下放”时，父亲就希望女儿能到南昌郊区农村生活，当时下放的村庄上有几个青年也想与徐桂芬谈恋爱，父亲担心女儿在奉新山沟农村嫁人后，这辈子就永远不能回城。因为在当时的状况下，想要从农村回到城市简直是异想天开。

为了女儿能嫁到南昌郊区回城，徐士斌自作主张，帮女儿从十多个人选中挑了一个曾经在越南打过仗，并且是吃“商品粮”的退伍军人。这个军人有退伍证，并有残疾证明，照顾家属回城的理由充分。父命难违，徐桂芬只有被迫与这个退伍军人在父亲的单位宿舍见面。

见面那天，徐桂芬偷偷地躲在蚊帐里往外看，看到这个退伍军人很老实，连相亲都要父亲陪着，但却不是自己喜欢的类型，说什么也不肯答应。虽然明白父亲是为自己好，如果嫁给这个退伍军人，起码今后能生活在南昌郊区，比在奉新农村好。

任凭父亲苦口婆心地百般劝说，徐桂芬就是不答应这门婚事。这下惹恼了父亲，他气得大发雷霆，经常深更半夜把女儿从被窝里揪出来指着鼻子训斥："如果你不同意，就把你赶到外面去。"

当时正值冬天，外面下着大雪，徐士斌只不过是想吓唬女儿，哪想到徐桂芬当了真。每当看到父亲为她的婚事操劳憔悴了很多，心就软了，虽然心想总不能为了回城嫁给一个不了解、不熟悉、不喜欢，没有"爱情"的人吧，但在父亲时常的恐吓和"拉锯战"中，徐桂芬也只好委曲求全假装答应了这门亲事。

也许是穷怕了，徐士斌一心想让女儿嫁个城里人，虽然他的表达方式简单粗暴，但是内心其实也是希望女儿将来的生活有依靠，不再受贫穷的苦。徐桂芬也明白父亲的苦心，可是婚姻大事又怎么能这么草率呢？她对这个退伍军人虽然充满敬意，但却没有一点谈婚论嫁的"爱情"，女儿家的心思父亲又怎么能理解呢？

与此同时，父亲也了解女儿倔强的个性，又找来堂哥和叔叔给女儿做工作。这下徐桂芬终于找到可以倾诉的人了，便一股脑儿把自己的想法跟堂哥和盘托出。堂哥听后，非常理解她的想法，毕竟现在解放了，不像过去旧社会是父母包办婚姻，堂哥当即就答应帮徐桂芬去说服父亲。之后，徐桂芬的六婶也来劝徐士斌不能让女儿成为"牺牲品"。最终，还是母亲喻九芝写信劝丈夫说，如果你再这样逼丁丁，丁丁说结婚的那天晚上，就是她结束生命的时候。

原来，在写信之前，徐桂芬回农村跟母亲长谈了几个小时，一直谈到了深夜。谈到对这个退伍军人的感受，谈到对父亲的同情，考虑婚姻确实是自己一辈子的大事，不愿意嫁给一个与自己没有感情基础的人。并跟母亲说："我宁愿嫁到山沟里找一个有感情的人，也不愿嫁到城市找一个没有感情的人！如果父亲非要我嫁给那个人，结婚那天就是我结束生命的那一天！"

看到女儿如此坚决，徐士斌终于妥协了，决定从此不再干涉女儿的婚事。考虑到之前人家提亲还送了几个咸蛋、粽子、包子和扇子等，这些东西最多价值三十元钱不到，但是徐桂芬父亲还是东拼西凑主动赔付给了对方七十元钱，总算把这桩婚事退掉了。性格好强又要面子的徐士斌对此事很歉疚，因为他曾拍着胸脯跟对方保证说，我女儿的婚事由我做主，结果女儿却死也不答应。

七十元钱呀，这在当时可不是一笔小数目，相当于两个月工资呀。因为这件事，徐士斌更憔悴了。想起当年父亲为自己的婚事煞费苦心，徐桂芬也很心疼父亲，但父亲为此事经常无事生非故意找茬，让她的怨气与日俱增。

退婚之后，徐士斌总觉得对不起人家，对女儿也一直耿耿于怀，常常冷语相对，动辄打骂。即便有人再上门给徐桂芬提亲，也被父亲给挡在了门外。那段日子，徐士斌常常有意无意地用尖酸刻薄的话语数落女儿，终于有一天，父女俩的“战争”爆发了……

义无反顾，离家出走

退婚后的那段日子，徐桂芬经常被不讲道理的父亲训斥，感到生活过得很压抑郁闷。

回城后的一天中午，徐桂芬和妹妹又吵架了，父亲不管三七二十一指着徐桂芬无理地指责训斥。徐桂芬心里明白，父亲是对自己不满，看她不顺眼。受了委屈后，徐桂芬“旧仇新怨”一起涌上心头。原本回城后没有工作靠家里吃饭就不是她的个性，如今不仅每天家务活全包，还要受父亲隔三岔五地找茬子。

“我的命怎么这么苦，每天干这么多活，还要受父亲的气。”被父亲责骂后的徐桂芬愈想愈难过。

想起父亲每次和朋友喝茶聊天到半夜，徐桂芬还要烧水沏茶到半夜，等到他们聊天尽兴之后才能去休息；想起每天操持家务，照顾弟妹，却没有得到父亲一句关心的话语；想起每天有事没事都被父亲责骂，想死的心都有了……总之，徐桂芬对父亲积怨已深，觉得父亲就是故意和自己作对，生活的压力和凄惨的命运让徐桂芬感到很迷茫，感到自己的苦日子没有尽头。

徐桂芬一心想报复父亲，宣泄自己对父亲的不满和怨恨。在一次和妹妹吵闹被父亲训斥之后，徐桂芬不由自主地顺手拿起床前的锤子，猛一甩手，就听见“哐当”一声炸裂般的巨响……

徐桂芬把父亲平时舍不得喝的约十斤浸了人参的酒瓶给打碎了。紧接着，一阵浓烈的酒味弥漫在整个房间，隔壁房间传来父亲如雷的吼叫声：“你打碎了我的酒，断了我的酒禄，今天我要你的命！”

父亲的怒吼声把徐桂芬给吓懵了。

正好徐桂芬的大姑在家作客，大姑一看情况不妙，赶紧冲上前挡在父女二人中间，一边劝哥哥不要生气，一边骂侄女胆大包天，并使眼色让徐桂芬快跑。直到现在，徐桂芬都很感激大姑，那天若不是大姑在场，肯定免不了要挨父亲的一顿暴打。

徐桂芬瞅了一眼早已气得脸发白的父亲，心想今天不走就是死路一条了，便慌忙丢下手中的锤子撒腿就向屋外跑去……

回到乡下，渴望独立

仓皇离家的徐桂芬在夜里徘徊，又冷又饿举目无亲，眼看天色越来越暗，她的心揪成了一团。突然，徐桂芬脑袋里闪出了一个人：奶妈。

记得下放之前，每年春节，奶妈会接徐桂芬去农村小住几天，自从“下放”后离开南昌，徐桂芬就再没去过奶妈家，这次走投无路就想到了去奶妈家。但徐桂芬也有所顾虑：“现在计划经济吃不饱饭，都是凭米票吃饭的，如果到奶妈家去，奶妈会收留我吗？”不管怎样，先去了再说。

奶妈在南昌市郊区，看到干女儿来投奔很高兴，可当听干女儿说是离家出走的，奶妈也有些担心。后来，奶妈偷偷地给徐桂芬的母亲捎了口信，说干女儿在自己的家里，让徐桂芬的母亲不要担心。

回城后的徐桂芬

而喻九芝在没收到信之前，找了一个算命先生测卦说女儿已跳河死了，她以为女儿真的死了，整天以泪洗面。收到奶妈的来信之后，心里的一块石头这才落了地。然而，喻九芝既高兴，又担忧，高兴的是女儿没有死；担忧的是女儿如果回到家里战争又要爆发。回家是不可能的，再加上徐桂芬的年龄也不小了，喻九芝只好委托奶妈帮女儿找个好人家嫁了，别再受苦，否则回到家里，父女俩又要水火不容。

奶妈听徐桂芬的母亲这么一说，也就放心了。于是，徐桂芬在奶妈家住了下来。

在奶妈家的那段日子，徐桂芬每天都主动帮着做家务。洗衣、做饭、绣花、织毛衣、做布鞋……徐桂芬做事很勤快利索。恰逢春节来临，心灵手巧的她还将奶妈家闲置的线手套、破烂毛衣拆掉，给奶妈全家每人织了一件漂亮的毛线衣。

在干家务活时，徐桂芬也时常想到自己悲凉的家庭。家里穷得揭不开锅，每天挨打受骂，干不完的繁重家务活，身体又因重病差点断送了性命……如今，更是有家难回。尽管那时她希望自食其力的愿望非常强烈和迫切，但却因为当时要割“资本主义尾巴”，所以她的经商才能根本无法发挥出来。徐桂芬每天忙碌着帮奶妈操持家务，心底却是无奈和焦灼的。

而奶妈对这个能干的干女儿赞誉有加。每天去地里干农活，张口闭口谈论的都是自己的干女儿。夸干女儿是如何聪明能干，心灵手巧……奶妈的这些话，引起了同村一个女生产队长的留心，她不仅从侧面打听徐桂芬的情况，还亲自到奶妈家悄悄地去探实情，发现奶妈所言确实不假。在这个生产队长的眼里，徐桂芬不但人长得白净漂亮、大方得体，干起活来更是手脚麻利。

在一次干农活时，这个生产队长主动接近奶妈，把自己儿子褚建庚的情况介绍给奶妈，希望奶妈能从中牵线搭桥。

对奶妈来说，这仿佛就是天上掉馅饼的好事情。此话怎讲？因为以前奶妈的家庭成分不好，没什么人搭理她，现在家境比较富裕、高高在上的生产女队长居然主动讨好奶妈，还要跟自己攀亲家，奶妈自然感到受宠若惊。

再说小伙子人不错，家虽住在农村，但却是城市户口，还在国营单位上班，干女儿嫁给他也不吃亏。并且，等事成之后，生产队长承诺送一块的确良布料给奶妈作为聘礼。

生产队长和奶妈一拍即合。奶妈就把这件事先跟徐桂芬的母亲说了，并安排徐桂芬和褚建庚见面。在大家交口称赞下，再加上徐桂芬也想找一个机灵的小伙子，觉得褚建庚很能干、聪明，考虑到自己目前的处境，就同意了这门亲事，决定两人先相处一段时间。

可是，一心想让女儿嫁到城市的徐士斌得知此事后，会同意这门婚事吗？父女俩的矛盾能化解吗？

二、命运转机

吃苦耐劳是徐桂芬最大的特点，无论在哪里，无论做什么，她都非常用心。命运之神总会青睐能干勤快的人，没想到会在奶妈家收获了爱情。

嫁到农村，喜结良缘

经过半年的相处，徐桂芬发现褚建庚果然如村里人所说，无论哪家的姑娘嫁给他，都会幸福的。褚建庚非常孝顺，他体谅母亲和嫂子干活辛苦，每天下班把家里前院后厅打扫得干干净净；每天他利用业余时间帮助父亲编篓子到半夜；每逢星期天，褚建庚天不亮就背着菜篓，串街走巷去企业的职工宿舍售卖，以此赚点钱来贴补家用；他还与父亲每年在大年三十晚上冒着风雪挑着一担萝卜到城里去卖，当时手脚都冻得像红萝卜，就是为了赚点钱回来买年货……褚建庚的能干和勤快在村里有口皆碑。

1987年徐桂芬与丈夫褚建庚在人民公园合影

通过了解，徐桂芬动心了，也产生了好感，觉得自己如果嫁给褚建庚也值得。再加上现在住在奶妈家也不是长久之计，也需要有一个属于自己的家，在当时她也没有更多的选择和出路。那时，几乎没有城里的姑娘愿意嫁到农村，只有农村的姑娘千方百计地嫁到城里。

但徐桂芬觉得嫁到农村无所谓，只要夫妻二人能吃苦耐劳，日子也会越过越好。

婚期订在 1975 年 12 月 28 日。在结婚之前，褚建庚就送给徐桂芬一块瑞士英纳格手表，一辆 26 型永久牌自行车。这在当时农村是很“稀罕”的奢侈品。

12 月 28 日这天,全村人沸沸扬扬奔走相告:“城里的姑娘嫁我们村了。”大家所说的这个城里姑娘正是徐桂芬。

记得在出嫁的头天晚上 10 点多钟，忙碌了一天的徐桂芬被母亲叫到房间：“丁丁，你把手洗干净，明天你就要出嫁了。”

因徐桂芬家也准备了六桌酒席，她从早到晚一直洗洗涮涮忙个不停，一双手被冻得裂开了血淋淋的口子。母亲心疼地握着女儿的手，想到明天女儿就要出嫁了，既高兴，又难过。随后拿出一盒贝壳状的“蛤蜊油”细心地为女儿擦上。此刻，徐桂芬心里也是如五味瓶一般酸甜苦辣一起涌上心头：“我终于要结束做女儿的辛酸了。”

徐士斌虽然为女儿离家出走的事还在生气，但是看到女儿要出嫁了，气也就消了。在见过未来的女婿之后，他对这个女婿也挺满意，再加上徐桂芬的年龄大了，徐士斌也就默认了女儿这门亲事。因家里仅剩的一点钱给徐桂芬的哥哥娶了媳妇，所以家里再也拿不出一分钱。母亲找人借了五十元钱，给女儿买了一瓶香水，一对小花瓶，一对枕头、一对枕套，再把一只下放带回来的樟木箱，一床棉被等一些零零碎碎的东西给女儿当陪嫁。

那个年代，结婚大都是骑自行车去接亲，而褚建庚深知徐桂芬嫁到农村来不容易，为了不让她失望，让她感到嫁到农村也很值得，接亲当天，褚建庚请了三辆吉普车，在操场上摆了六十桌酒席。那时村里人一般办酒席都很简单，每桌只是四道菜，但褚建庚家摆了六道菜。

记得当时谈聘礼的时候，徐桂芬的父母开价 180 元，结果褚建庚的父母好说歹说就还到了 160 元。因为按照当地风俗，聘礼双方要讲价，越讲价就寓意着家庭兴旺。为这事，徐桂芬觉得很没面子。其实，160 元在当年也是数一数二的高价聘礼了。

出嫁这一天，是徐桂芬二十四年来最风光的时刻。

她穿着一件托人在上海买的红棉袄和一条藏青色的裤子，脚穿一双牛皮鞋，这是她结婚之前穿过的最好的衣服。褚建庚家更是喜气洋洋，亲朋好友纷纷前来道贺，那场面在农村里是绝对的气派！中午喝喜酒的时候，新郎新娘要给来宾一一敬酒，当时徐桂芬不肯去敬酒，因为她的手冻裂处一直在出血，不想被来宾们看到。好在徐桂芬当女儿的辛酸即将过去，郎才女貌的般配也在村子里被传为佳话，新的生活也从这一天宣告开始了……

好事连连，招上“普工”

俗话说，好事成双。结婚之后，徐桂芬可谓喜事连连。先是嫁到了如意郎君，之后又欣喜地发现自己怀孕了。正当她沉浸在孕育新生命的喜悦中时，1976 年 3 月，笼罩中国大地的十年浩劫终于结束，十年没招工的局面解冻了，这让还是待业青年的徐桂芬兴奋不已。如果能顺利地招工，就意味着有了铁饭碗，朝思暮想的工人身份就可以实现，最重要的是可以实现一直以来渴望自食其力的梦想。

可是“幸运之神”也不是那么轻易就降临在她头上。当时，政策规定，25 岁是普工，25 岁以下是学徒工，学徒工每月工资要比普工少 12 元钱。这一年，徐桂芬刚满 24 岁，与限定年龄仅相差一岁，这怎么办？最后徐桂芬想到了一个办法：改年龄。那时户籍管理制度尚不完善，并没有严格的户籍登记表，有的父母甚至都不记得孩子的准确出生年月，修改年龄并没有受到任何质疑。徐桂芬到派出所顺利地把年龄改大了一岁，以父亲所在单位的名义，在一百个人竞争菜场一个“普工”的指标中如愿以偿。

这个指标也是父亲拼命争取过来的。通过核审被幸运地招为“普工”后，徐桂芬被分到蔬菜公司工作，成为一名令人羡慕的国家正式大集体编制工，圆了铁饭碗的梦想。

但是将要面对的问题不仅仅是工作这么简单，第一天上班，徐桂芬被分配到羊子巷菜场分店，而当时，她家住在上海路郊区较偏远的地方。

来之不易的工作让徐桂芬格外珍惜，干起活来也非常卖力。每天早上四五点起床后先骑着自行车去菜场卖菜，卖完了菜再骑着三轮车到农场去送菜。繁重的体力劳动让体质虚弱曾得过肾炎，并且还有孕在身的徐桂芬经常晕倒。因为担心怀孕的事被人发现会开除，也不敢让人知道自己有孕在身，只能硬撑着坚持上班。然而，经常晕倒的徐桂芬还是引起了菜场一位女班长的注意。女班长是个心地善良的人，得知情况后，出于同情，特意照顾徐桂芬以后不要再蹬三轮车了，并允许徐桂芬坐在门口的小凳子上卖菜。

为了不丢掉工作，徐桂芬每天依然挺着大肚子坚持卖菜，经常有好心人指着她忙碌而臃肿的身影说："那个女人可能快要生了，不能让她坐在小凳子上卖菜了。"

对别人的议论徐桂芬都不管不顾，她只有一个念头，不管再苦再难也要坚持卖菜，这份来之不易的工作绝对不能丢，直到快生产的当天，正在卖菜的徐桂芬坐不住了，到了晚上十点多钟回到家，徐桂芬坐在褚建庚自行车后面，赶到省妇幼保健院待生孩子……

"鸟枪换大炮"

经过两夜一天 36 小时的生产，1976 年 10 月 6 日，徐桂芬的长子褚浚出生了。新生命的降临无疑给这个家庭带来了很多欢笑，但家里的生活也更加拮据。褚浚出生的那一天，正赶上党中央粉碎了"四人帮"，产房外人民广场群众敲锣打鼓异常热闹。

因为徐桂芬的营养跟不上，褚浚从生下来就没有吃到母乳，靠吃奶粉长大。刚满五十六天产假，徐桂芬不得不回菜场上班。公公婆婆看到儿媳妇来回奔波，夫妻二人两地分居太辛苦，就让褚建庚的姐姐腾出楼上一间八平方米的小房间，让徐桂芬一家三口暂且住下。房间虽小，但离菜场很近，走路只需十分钟的路程。姑姐比徐桂芬大十六岁，像妈妈一样关心着徐桂芬一家，她不仅借房子给徐桂芬夫妇住，还帮着带小孩，让徐桂芬夫妇感激不已。

这个仅有八平方米的小阁楼只能勉强放下一张床，一些简单的生活用品也只能塞在床底下，一些挂衣柜、五斗桌等在乡下也没法去搬。在如此狭小窘迫的状况下，徐桂芬心底就开始冒出一个强烈的念头：一定要有自己的房子！

可是，夫妇俩都是拿固定工资的，就算二人再努力，每个月拿到手的还是那么一点钱，即使夫妻俩的工资合在一起都难以维持生活，还谈什么房子？！那个年代没有关系，哪有公租房住呢？

徐桂芬记得，当时南昌老福山地段有一栋房子要卖一千二百元钱，她很想买下来，可手上没这么多钱。因母亲是“上山下乡”回城的第一批个体户，手上有几万元钱，徐桂芬就问母亲借钱，但喻九芝重男轻女的思想比较严重，怕把钱借给女儿，女儿这一辈子都还不清，不同意借。徐桂芬心里虽然埋怨母亲，但在丈夫面前还总为娘家说好话，总之是“女是一枝花，有事两边遮”。

因为没借到钱，老福山的那栋房子没买成，徐桂芬的“房子梦”也破碎了。两年之后，徐桂芬的小儿子褚剑出生了，她想拥有自己房子的愿望更强烈了。

恰逢此时，丈夫的姐夫告诉徐桂芬说，他朋友有一间空房子可以借给徐桂芬一家居住。这可把夫妻俩高兴坏了！搬家那天，徐桂芬兴高采烈地把乡下的家具搬到借来的“新房”，折腾了一天累得筋疲力尽。可是没想到第二天，家里就来了两个气势汹汹的不速之客，说这是他们家的房子，要把徐桂芬一家人赶出去。

原来，这两个不速之客是这家房主的母亲和妹妹，这家房主在母亲和妹妹不知情的状况下将房子借给了徐桂芬，母女俩得知后强烈反对，生怕房子借出去以后要不回来，当即跑来寻衅滋事，要求徐桂芬一家马上搬出去。

就这样，徐桂芬一家仅住了一个晚上就被赶了出来，所有的生活用品都被搬到了门外马路上。看着零散堆在马路上的这些家居物品，强忍内心屈辱的徐桂芬夫妻俩暗自下定决心：一定要赚钱，要脱贫致富，要有自己的房子住！

被赶出来后，一家人只能又搬回到姑姐的八平方米的小阁楼居住。

直到有一天，夫妻俩偶然发现，在小阁楼的隔壁空了一间约十七平方米的房子。这家房主是个上海人，在江西省体育馆当钢琴老师。这个老师在单位上有房子，很多人想借他这间十七平方米的房子，可这位老师都懒得搭理，徐桂芬夫妇自然也想借他的房子。

为了能借到房子，褚建庚只要一看到这个老师回来，就主动上前帮他提东西，或帮他修理自行车……总之，帮着干一些力所能及的事。最后，这位老师被褚建庚的真诚打动了，双方达成协议后，就把这间十七平方房子的使用权转给了徐桂芬夫妇，徐桂芬夫妇为表示感谢，还送了一块毛料布给他，并给了 180 元钱。

搬进新家的第一天晚上，徐桂芬在屋里摆了一张吃饭的桌子，还摆了床和衣橱，并搭了个小阁楼给两个儿子住。想到一家人再也不用挤在八平方的小房间了，那种心情不言而喻，内心感到特别幸福满足："这才像一个家的样子嘛。"

用徐桂芬的话来说这是拥有的一个"鸟窝"。也许是穷怕了，她时常幻想：什么时候能够拥有一套大房子，让孩子们有更大的空间学习和玩耍呢？

时来运转，褚建庚有个朋友在房管局工作，正巧那时房管局开发公司在建公房，可是房管局却为钢筋不够导致停工而发愁。而褚建庚和单位领导关系很好，就跟领导商量转让了几吨钢筋给房管局，帮房管局解了燃眉之急。房管局的领导对褚建庚非常感激，楼房建成后，房管局领导将一套三室一厅和一套一室一厅的公租房子指标批给了褚建庚。后来，卖掉了一室一厅的房子，留下一套大的自己住。这下，徐桂芬可谓一扫当年因为没房住被赶出来所受的屈辱了。

仅两年时间，徐桂芬从一无所有到八平方米的小阁楼，到十七平方米的"鸟窝"，再到拥有了一套三室一厅的房子，终于实现了梦寐以求住大房子的愿望，真正地走出了住房困境。直到 2017 年，徐桂芬才恋恋不舍卖掉此房，毕竟是他们人生第一次有了自己大房子的见证。

就在徐桂芬一家拥有了自己的房子时，工作上的意外变动点燃了她内心渴望脱贫致富的炽热火焰，中国迎来了前所未有的改革开放，小商小贩们如雨后春笋般地涌现在大街小巷……

三、人穷志不穷

做任何事情都要有信心。一旦下定决心，就一定要把这件事做好，这是徐桂芬不服输的个性。遇到困难不要怕，要学习克服困难，由“外行”变“内行”。正是因为有着战胜困难的勇气，徐桂芬才敢于砸掉铁饭碗，走上了独立门户的创业之路。

为了生计，晒猪肉皮

1979年的一天，徐桂芬和往常一样去单位上早班，但这一天却不同寻常。蔬菜食品公司领导把徐桂芬等二十多名职工召集在总店食堂，请大家每人吃了一碗肉皮炒辣椒面后说：“因蔬菜公司和食品公司分成了两家公司，今天欢送你们走上新的工作岗位，你们到了新的岗位要好好工作。”

“新的工作岗位？”徐桂芬在蔬菜公司工作了三年，对菜场工作和环境都已很熟悉，和同事之间也产生了深厚的感情，此刻，突然就要告别工作了三年的地方，大家都有些依依不舍，很多人还忍不住掉下了眼泪。

在敲锣打鼓中，二十多名职工乘坐货车从蔬菜公司来到了食品公司，在食品公司开完会后，大家就各奔东西去新的岗位工作。徐桂芬被分配到食品公司肉食中心店下属绳金塔地段的一个门市部，也就是现在的煌上煌的总店，在那里工作了近一年时间，又被调到南莲路肉食品禽蛋商店当了营业员，卖蛋、卖鸡、卖猪下水，卖香肠……总之，每天忙得不亦乐乎。

1983年，徐桂芬再一次被调回了肉食品公司绳金塔地段的门市部工作，当看到有个同事每月都定期到银行去存钱时，徐桂芬非常羡慕，想到

1976年徐桂芬（后排右一）与蔬菜公司同事分别时合影

自己就那么一点工资，每月不到十号就要向别人借钱，于是暗暗下决心：要利用业余时间去寻找商机，要赚钱改变家里贫穷的状况。

当改革开放的春风吹遍祖国大地时，一直在寻找机会的徐桂芬就像当年发现凉茶商机的那个小姑娘一样，经商的天赋开始慢慢地显现，一个现象引起了她的注意。肉食品公司有个拆骨猪肉专柜，每天都有几个老头到专柜来收猪肉皮。处处留心的徐桂芬就问他们，收猪肉皮干啥用？这一问才知道赣州人经常到南昌来收购猪肉皮。

“赣州人收猪肉皮做什么用呢？”这在喜欢琢磨的徐桂芬脑子里形成了一个大大的问号。经过市场调查徐桂芬得知，赣州人很喜欢吃肉皮晒干再炸成的泡泡肉皮，每逢佳节都把猪肉皮作为上等菜。这个发现让她兴奋不已，感到这是一个巨大的商机。意识决定行动，这可是个不容错过的好机会。可是，徐桂芬又犯愁了：“没钱收购猪肉皮怎么办？到哪去借本钱呢？”

由于上次想买房子在母亲那里借钱碰了“钉子”，这次徐桂芬就打算向丈夫的一个朋友借钱，而丈夫的那个朋友还没有成家，手上的钱是准备结婚用的。那个朋友以前在外地工作，是褚建庚托人把那个朋友调回南昌。当徐桂芬找那个朋友借钱时，对方还以为徐桂芬借钱是来“敲竹杠”，就没同意。正当徐桂芬因借不到钱急得像热锅上的蚂蚁时，徐桂芬的妹妹把这件事跟母亲说了，可能母亲觉得上次女儿买房没借钱有点过意不去，就借给了女儿250元钱。

也就是这250元钱，让徐桂芬开始踏上了经商之路，在当时她不知道，从收购猪肉皮的那天起，一个更伟大的事业在前方等着她去开创。

收猪肉皮并不是件容易的事，常常一整天在外面奔波，挨饿受冻遭人白眼时有发生，让她苦不堪言。但是这一切，在徐桂芬眼里都不是困难。吃苦她不怕，只要有钱赚，再苦再累也觉得很开心。一想到赚了钱能让家人生活过得更好，浑身就有使不完的劲。

第一年辛苦下来，居然赚了500元钱，第二年又拿出第一年赚的钱做本钱，一下子又翻了一倍，赚了1000多元钱，徐桂芬赶紧还了母亲250元钱。到后来，由于徐桂芬晒的猪肉皮又干又好，常常有人主动找上门来订货。与此同时，她还带动家里的亲戚们也来晒猪肉皮赚钱，而街坊邻居们看到徐桂芬晒猪肉皮赚到了钱，纷纷效仿。一时间，南昌市大街小巷处处都能看到竹竿上晒着的猪肉皮。

市场风云变幻莫测，猪肉皮的市场很快供大于求，徐桂芬的生意日渐惨淡。第一年是找上门来放订金；第二年是供不应求；第三年就惨淡经营，销售不出去了，而恰恰是第三年徐桂芬增加了产量。怎么办？徐桂芬脑筋一转：“赣州人可以来南昌收猪肉皮，我们也可以将猪肉皮送到赣州去销售呀。”

这一想法让徐桂芬振奋不已，她连忙催丈夫先去赣州考察市场。褚建庚天生就是一个市场营销的好手，那时还没有网络，信息流通也没有现在这么快，但他第一站就想到了去赣州食品公司。很快，丈夫从赣州传来喜讯：“有多少要多少，但对方有个条件，一定要开发票。”

记得夫妇俩第一次去赣州销售猪肉皮时，联系了一家省食品公司拉家禽的送货车。因为那个年代在职职工不能私下去跑运输赚钱，否则会被开除，头天晚上，夫妻俩把晒干的几十麻袋猪肉皮从二楼扛下来偷偷地先装上车，等第二天早上天蒙蒙亮出发，天黑时才到达了赣州。至今回忆起来，

20世纪90年代初在母亲的食杂店徐桂芬和母亲合影留念

徐桂芬都会忍不住说："这个司机真是个好人，路上还请我们吃了两顿饭。"

到了赣州销掉猪肉皮之后，徐桂芬最担心的就是钱能不能到账。记得当天晚上，徐桂芬还偷偷去会计家，想送些小礼品，但是会计很有原则，坚决不收。

徐桂芬见状也只好作罢，带着一颗悬着的心回到南昌。当时，母亲是个体户，有发票和账号，徐桂芬把母亲的账号和绳金塔门市部发票交给了对方。没想到，第二天夫妻俩还没到家钱就已经到账了。在晒猪肉皮的那几年，其中的艰辛和苦涩滋味徐桂芬深有体会，晒制的过程中，一双手被磨得打起了血泡，在寒冷的冬天手上被冻得裂开口子。从制作到销售、从装车到卸车、从南昌到赣州……这些苦难都成为她人生一笔宝贵的财富，为日后创办煌上煌埋下伏笔。正如曾国藩所说，人生没有白走的路，每一步都算数。而晒猪肉皮，仅仅只是创业的一个开始……

别出心裁，制作肉馅

随着国家商品逐步放开，计划经济时代已经一去不复返，肉票、粮票、油票等慢慢地退出了历史舞台，猪肉市场也已达到了饱和状态，没有过去那么畅销了。肉食品公司领导见徐桂芬利用业余时间晒猪肉皮赚了钱，觉得她很有经商头脑，就让她带着两名职工到外面去自谋生路，想办法在一天时间卖掉一头半冻猪。

徐桂芬和店里另外两名同事关系挺好，听领导这么一说当即答应下来："没问题。"其实，她和另外两名同事蒋小妹、万木根，每天在领导"眼皮子"底下工作，早就想到外面去赚钱。并且，这两个同事看到徐桂芬晒猪肉皮赚了钱，都打心底里佩服，也愿意和她一起去大干一场。大家一拍即合成立了以徐桂芬为首的"三人小组"，并开始动起了脑筋："怎么才能销掉这一头半冻猪肉呢？"

这其中，万木根姑姑的家住在孺子路，就租了这个店面，但他姑姑家离菜场有一段路，单靠这个店面来销售猪肉肯定不行。而万木根的父亲在宰牛场当厂长，曾经也做过饺子馅，这给了徐桂芬一个新的思路："仅靠卖猪肉很难销售，要做与别人有差异的产品，不如，咱们来卖饺子馅吧。"

每天下午，大家解冻猪肉。万木根负责搬，徐桂芬和蒋小妹负责分类剔猪肉，把剔好的猪肉让万木根的姑姑帮着绞馅。那时，徐桂芬看到万木根的姑姑为了赚取两元的手工费，黄豆大的汗珠不停地从额头上冒出，非常辛苦。而"三人小组"更辛苦，每到半夜两点钟，就开始分工合作热火朝天地忙碌起来，一直忙到天亮。

天刚亮，徐桂芬和蒋小妹跟打仗一样赶紧骑着三轮车到市场上去卖。时间长了，顾客都知道这个店有饺子馅出售，都会自觉地排好队等着他们的到来，一般上午十点饺子馅就全部卖光了。这一结账，除了每天上交的钱以外，每人还能赚到几元钱，大家别提多高兴了。在改革开放初期，人们对赚钱的概念还很模糊，有的人对邓小平的政策理解不深，以为赚钱就是犯错误。但是，徐桂芬那个时候就知道，只要完成上交任务，剩余的钱就是自己的。那时只要开动脑筋、能吃苦耐劳，摆个地摊都能赚到钱。

在徐桂芬的带领下，大家不仅每天能卖掉一头半冻猪，还到肉联厂月台上去领冻鸡、冻鸭、冻猪肝、冻猪下水等拿到菜市场去卖。上午没卖掉，下午就沿着大街小巷去吆喝卖掉。冷冻肉食品在解冻的时候重量还会增加，也就能多赚三四元钱。总之，在过秤的时候只会多不会少，一天下来可以多赚五六元钱；即便这样，因当时每月的工资不到一百元，所以大家仍然拼了命去干。

每当夜幕降临，劳累了一天的徐桂芬晚上八九点钟骑着三轮车在回家的路上，饿着肚子累得筋疲力尽，她心里想着赶紧吃饱肚子躺床上这下就舒服了。看到那些下班后拿个扇子悠闲坐在门口乘凉的人，从心底发出感叹："如果我能像他们这样，就是天底下最幸福的人了！"

那时候的人们总觉得小商小贩到处乱卖东西是违法的，是要割"资本主义尾巴"的。

一天早上，徐桂芬和蒋小妹正在菜场卖猪肝，结果被工商逮住罚了二十多元钱，等罚完款做完笔录后已到了中午，又累又饿的徐桂芬两人就在龙王庙的一家小店吃了点东西，但眼看着三轮车上的冻猪肝快化冻了，情急之下，只好央求小店老板把冻猪肝先暂时存放在冰柜。等两人吃完午饭稍做歇息后，下午又拿出去卖，直到天黑才回去。而万木根一个人在屋里焦急地等待，站在门口望穿了眼，也不知道她们俩在菜场到底发生了什么事。时至今日，徐桂芬每每回想起此事，仍然倍感辛酸。类似这样的情况时有发生，那个年代，想赚点钱真的很不容易。

看到徐桂芬的"三人小组"不仅完成了任务，还赚了钱，有的同事就眼红嫉妒了，向领导打小报告说他们赚"黑心钱"。领导于是把"三人小组"给解散了，三人又开始吃"大锅饭"。可这"大锅饭"的日子没过多久，徐桂芬来之不易的"铁饭碗"却差点被领导给"砸"了……

辗转湖南，学做香肠

从小徐桂芬就善于学习思考。直到今天，她都认为：只要有恒心，铁棒磨成针。只要肯学，没有学不会的东西。

"三人小组"被解散后，蒋小妹和万木根都得到了分配，仅徐桂芬一个人没有被分配。为啥？原因很简单：她能力太强了。为了不给自己带来危机感，哪个门市部容得下比自己能力更强的人？！虽然没有被分配，可徐桂芬哪里是个闲得住的人呢？既然得不到分配，索性把目光瞄向别处。

众所周知，湖南是腊香肠的故乡，曾经在肉联厂做过香肠配料工，对商机有着敏锐嗅觉的徐桂芬马上想到，南昌人都很喜欢吃腊香肠，如果到湖南去找人学习香肠的工艺制作，或者将湖南的香肠拿到南昌来卖，岂不是可以赚到钱吗？她再次约上蒋小妹和万木根，“三人小组”又集合了，相约一起到湖南去考察。

经过一天的奔波，三人在晚上七点左右到了湖南。一下火车立即被满街的香肠吸引：太好了！这腊香肠果然在湖南很“跑火”（注：南昌话，意思为生意红火）。火车站附近随处可见推着三轮车卖香肠的商贩，一排排色泽鲜亮的香肠让人垂涎欲滴。

大家很高兴，一下火车就买了七十斤香肠，到了傍晚就一起去火车站附近馆子里吃饭，这馆子里也到处是香肠。这让徐桂芬兴奋不已不由得感叹：“看来湖南真是香肠的故乡。”晚上，大家虽然感到很疲惫，但是也舍不得住旅店，就住进了五元一个床位的地下室里。可到了半夜，徐桂芬就感到喉咙里如火烧般难受，整个嗓子哑了，发不出声音。为啥呢？是上火了。原来，这香肠虽然好吃，却是“猪婆肉”做的，这下了仔的母猪肉火气大，自然是火上加火了。

折腾了半晚也睡不着觉的徐桂芬开动脑筋，这么好吃的香肠，到底是怎么烘制的呢？如果能学会香肠制作技术，自己在南昌制作，不就能节约成本多赚点钱嘛。第二天大清早，大家就开始行动，准备去偷学做香肠的技术。先来到一辆载着香肠的三轮车前，徐桂芬试探性地问摊主：“大叔，我们想买一百斤香肠，你这有这么多货吗？”

“我没这么多货，要回家去弄。你们在这等吧。”

徐桂芬一听，正中下怀，那不就可以去看他做香肠，偷学技术了吗？“我们不在这里等，跟你到家里去等。”

三人跟着摊主前往火车站附近摊主的家中。在路上，徐桂芬和蒋小妹坐在三轮车的两边，当车子路过煤厂的时候，突然翻车了，两人被摔在煤堆里面弄得一脸煤灰，哭笑不得。

到了摊主家里，徐桂芬顾不上擦洗脸上的煤灰，她的眼睛就像“摄像机”，耳朵成了“录音机”，而嘴巴、鼻子、脑袋、心脏加起来就是一台精密的“电脑”。她装作不经意地边看边问，了解香肠的配料，“扫描”熏烤制技术……把整个制作流程全都一一“贮存”在“脑子硬盘”里。仅几个钟头，摊主就把一百斤香肠给熏制好了。

等拿到一百斤熏烤制好的香肠，已是傍晚，大家兴高采烈地正准备乘火车赶回南昌去卖。当她正赶往火车站的途中，香肠就凉了，变得湿漉漉的，与之前买的70斤一比，显然就是没有烘干。徐桂芬是个火爆的急性子，这个时候急得眼泪都快掉下来了：“我们这么大老远过来，辛辛苦苦赚点钱容易吗？居然遇上了‘黑心摊主’。”

三人索性一不做、二不休，扛起这一百斤香肠又折回去找这个“奸商”理论，吵着要求退货。这个摊主当然不肯退钱，但也承认是因为时间关系导致香肠没有烘干。三人不依不饶坚持要求退货，摊主那边的人越围越多，最后吵到了当地派出所。本来担心派出所的人会向着本地人，没想到派出所的警察见徐桂芬等是外地人，就让摊主把钱退给了他们。

接过退回来的钱后，一走出派出所的门口三人撒腿就跑。好汉不吃眼前亏，三十六计，跑为上策！徐桂芬担心那些本地人不放过他们，万一被暴打一顿怎么办？

直到跑出一公里路大家才敢停下稍做歇息。从南昌乘火车到湖南，再去摊主那买香肠，后来又跑回去退货，然后到派出所去讲理，还要背着到湖南刚下火车买的七十斤香肠……这一来二去折腾了两天两夜，三人都已疲惫不堪。

为了省钱，三人买了晚上十二点的站票，半夜就用报纸打地铺睡在过道上，直到第二天下午四五点钟才腿脚麻木地回到南昌。一下火车，三个人揉着红肿的双眼，刚出站就迫不及待地到天灯下的露天菜场开始吆喝：“香肠哎！湖南正宗的香肠嘞！”

值得庆幸的是，这个时间正好是菜市场人流最多的时候，不一会儿工夫，七十斤香肠就被卖光了，大家也累得瘫倒在原地一动也不想动了。去湖南这一趟下来，徐桂芬盘算了一下，除去路费和成本开支正好赚回了“开销”。这第一次倒卖香肠真可谓是：惊心动魄！

这之后，徐桂芬又带着姐姐和弟弟去湖南贩香肠，每周来回奔波，早上去湖南进货，第二天傍晚回南昌卖。每次都像打仗一样累得筋疲力尽。

因为从火车站到菜市场有一段距离，香肠太重一次性拿不动，大家就像蚂蚁搬家一样，走一段路停一下，再把香肠移到另一个地方，吃尽苦头。而每趟也就只能赚十几元钱。

再后来，徐桂芬就开始尝试在自家厨房做香肠。那时，她做的香肠总是还没有出炉就被周边人提前预订了，每炉能赚五十元钱，因为香肠的熏制和火候有关，所以她经常半夜守着炉子到天亮。

那段日子，为了赚钱徐桂芬没日没夜地拼命苦干，有时累得骨头都像散架了一样。不过，再苦再累，只要美美地睡上一觉，浑身就又有使不完的劲。然而，好景不长，看到徐桂芬赚了钱，周边的小商贩们又开始眼红了，都开始纷纷效仿。这样一来，生意自然也大不如从前，每况愈下，一天不如一天了，只好又开始寻找新的商机。

性格决定命运。徐桂芬天生好强，无论做什么事情，都走在别人的前面，比别人做得更好。看到大家纷纷效仿熏烤制香肠并且市场已滞销，她知道该是自己收手的时候了，而她的经商天赋和创新思维也已经崭露头角："要让人家永远跟在我后面学！"

走火入魔学算盘

机会总是垂青努力者。正当徐桂芬的香肠生意每况愈下的时候，正巧单位的核算员快生孩子，领导一时也找不到合适的人选，就临时找到没被分配的徐桂芬，看能不能顶上去。

这可是个美差呀！可是，徐桂芬也有顾虑。核算员要做表格，会打算盘，可读书时没有学过打算盘……自己能行吗？便把这事跟父亲说了，父亲的一番话，顿时让她打消了所有顾虑。

"你要想出人头地，就必须拿得起、放得下，粗活细活都能干，才是一块好料，领导才会赏识你。你看你爸，即使被关牛棚，领导还要用我，因为我会做账呀。不管分配到哪去，站到哪个柜台，哪个柜台就生意兴隆，甚至连卖萝卜、豆干都生意'跑火'。你要想成大器，必须样样都在行，都精通，就不怕人家排挤你。无论领导让你干什么，你都能干，领导才会重用你。"

父亲的话让徐桂芬陷入了沉思。是呀，自己一心只想赚钱，却很少学习充电。只要肯学习，有什么学不会的呢？！父亲在旧社会读过私塾，曾经在布店当过伙计，也懂核算，后来开过夫妻米店、做过小生意，也可算得上是“算盘高手”，连母亲也是父亲培养的。目前离正式上班还有一个月的时间，能不能在这一个月之内学会核算？

徐桂芬内心还是有点想打退堂鼓。父亲知道后，从柜子里拿出一个平时用的旧算盘，交到女儿手中：“只要想学，没有什么学不会！”

父亲成了女儿的“核算老师”，接过父亲交给她学打算盘的“九九口诀表”，加减乘除全套上，开始了疯狂操练。

整整一个星期，徐桂芬一天到晚就背口诀，在洗衣、做饭时都不忘拿出来背，甚至在洗手间、在梦里满脑子都是“九九表”，真可谓达到了如痴如醉的程度，家人都说她学算盘学得“走火入魔”了。在学算盘期间，父亲看到徐桂芬这么刻苦都于心不忍，就会让她停下来休息下。父亲见亲戚朋友，经常表扬女儿学得快，接受能力强。

制表格，打算盘，做财务报表……仅仅一个星期徐桂芬已经基本掌握了核算的技巧，顺利成为营业部的核算员。

做核算员必须要做到公平、公正，并且还要兼职分配猪肉。以前经常有员工因分配猪肉不公平争来吵去，甚至引发打架等事端。分配猪肉这件事情要真做好，不仅要有思路还要有魄力，一般人也不容易摆平。看似一个简单的事情，但要做到公平公正，就一定要拿出一个好方法。

徐桂芬想了一个“绝招”，把猪肉好坏部位平均搭配，并贴上号码标识再抽签分配，这样就会更加公平。虽然这样有些麻烦，无形中也增加了自己的工作量，但依然坚持这么做。这样一来，员工们都很满意，知道徐桂芬是不会开“后门”的，对她越来越信服。这为她日后被推选为门市部的小经理打下了基础。

没过几个月，当核算员每个月固定的一点工资并不能让徐桂芬满足，她主动找到领导，说要去卖猪肉。正好，以前那个核算员休完产假回来，也想继续回到核算岗位，徐桂芬就顺水推舟：“你来当核算员，我去卖猪肉。”

这时，徐桂芬摇身一变，又变成一个卖猪肉的营业员。早上天不亮起来把猪肉分类剔好，等天亮了就在店门口指定的地方把摊铺搭好，那些顾客因为信服徐桂芬，全都一拥而上到她的摊点买，因为徐桂芬会根据顾客的需求把肉分成大小不一供顾客挑选，不一会儿工夫猪肉就全卖光了，每天能赚几元钱。等结完账，徐桂芬就美滋滋地回到家里。每天早上卖完猪肉后，先把两个儿子送到幼儿园，之后便开始做家务。

卖猪肉虽然赚不到很多钱，但是也能养家糊口，几年下来，徐桂芬的手头上还有了结余的钱，于是在老家盖了两栋房子，直到现在这栋房子还在出租。盖完房子，手头上还结余一万多元，这也为徐桂芬今后创业打下了基础。按说这小日子越过越红火，房子和工作都有了，不再借钱过日子了，徐桂芬可以安心地做一个贤妻良母，继续过着每天早上卖猪肉的生活。没想到，命运之神再次把她推向了一个更高的平台……

当上门店小经理

徐桂芬的能力得到了大家的认可，领导对她的工作也很满意，非常看好这个“苗子”。由于原来的门店经理工作能力不足，企业开始走向承包经营自负盈亏的经营模式，领导调整了门店管理人员，在大家的推选下，徐桂芬当上了食品公司门市部的小经理。

当了门市部的小经理后，徐桂芬整天满脑子想着为店员谋福利，创造经济效益。那时，每斤猪肉补贴两分钱，但要凭调拨单才能领到政府补贴，如果到肉联厂批发就没有这个补贴。为了谋取更大的利益，徐桂芬带领店员不辞辛苦到乡下肉食品站去杀猪。每天下午三点出发，到第二天凌晨四点多钟回到营业部后，把领到的猪肉分发到肉贩子们的手中，然后再拿到各市场去卖。这样一车猪肉可以赚三四十元钱。等把这些流程做完了，就到了第二天中午，回家稍做歇息紧接着又出发。那段日子，徐桂芬带领大家起早贪黑，披星戴月。在她的带领下，门市部的经济效益终于扭亏为盈。为了奖励辛苦一年的员工们，春节后，徐桂芬组织大家分批去北京旅游，正是旅游这个“导火索”，引发了一场轩然大波。

那时是改革开放初期，很多权力并没有完全下放，人们的思想还比较保旧，徐桂芬这样自作主张无疑是捅了“马蜂窝”。

“徐桂芬简直无法无天。”

“她这是目中无人，不把领导和组织放在眼里。”

“无组织，无纪律。”

……

食品公司领导得知旅游这件事后，狠狠地把徐桂芬批评了一顿。原本就是个火爆脾气急性子的徐桂芬当场就顶撞了领导，把自己心中的不满都发泄了出来。之后，还一意孤行地对员工们说：“你们只管去玩，天塌下来由我顶着！”这句话，让员工们深受感动。

这件事还没处理完，接下来又发生了一件让徐桂芬更为恼火的事。

当时，另外一家肉食品公司员工发现徐桂芬的门店生意好，就也摆了个猪肉摊位挡在她的店门口。为了维护本店的利益不受侵犯，徐桂芬就阻止对方在自己的店门口摆摊，而店员们见对方肥头大耳，身高体胖，谁都不敢上前去阻止。

都被人欺负到自家门口了，相当于砸掉了门市部所有员工的饭碗。这下徐桂芬火了，明知山有虎，偏向虎山行，她冲过去大声说：“你们不能在这里卖！这里是我们的店！”

结果对方纠集了十几个人，专门围攻殴打徐桂芬一个人。店内的两名员工见状挺身而出，为她遮挡，却被徐桂芬一把推开。在危急关头，徐桂芬让那两名员工赶快回到店里去躲藏，自己则一个人挡在前面，承受着对方“雨点般”的木棒打在身上。

这次冲突，导致徐桂芬的胳膊、手、腿等全身各处伤痕累累。事后，双方领导出面解决，对方也赔偿了医药费。而这次事件，让那些平日对徐桂芬有意见的员工都被她无畏的精神所感动，纷纷买了礼品来看望她。领导的批评，残酷的竞争，身体的伤痛……想到自己为了单位和员工的利益被打成这样，在家养伤的徐桂芬默默地掉泪：“一个女人想做点事情，咋就这么难呢？！”

虽然这次挨打事件让她伤透了心，但却赢得了店员们的信任和拥护：“徐姐，我们跟着你干！”

二十世纪八十年代末，绳金塔下这个破烂的“老猪行”店面被拆掉了，徐桂芬和大家在围墙外面搭了一个临时的茅棚摊点卖猪肉。两年之后，被拆掉的房子又盖了起来，房管所修建了几栋八层楼的公房。建成后，房管所又归还了一间五十八平方米的店面给肉食品公司。因为当时公司没钱投资和装修，就将这间五十八平方米的店面承包给了徐桂芬，让她带着几个职工去自谋出路，但是却不允许改行。

诺贝尔文学获奖者莫言说，改革开放的进步到底在哪里？倒不是因为恩赐给老百姓多少钱，而是因为归还给了老百姓最基本的人身自由。这，就是最大的进步！

承包经营，自负盈亏。这是当时给予徐桂芬最大的恩赐，哪怕只有一点点机会，她都会格外珍惜，就像紧紧地抓住一根救命稻草般拼尽全力。

随着人们经济条件的好转，鸡鸭鱼肉都可以在平时吃到了，而卖猪肉的店铺愈来愈多，猪肉市场也不如以前那样“走俏”。在这种情况下，徐桂芬做了个市场调研，开始把目光瞄向烤鸡。她从卖凉茶、做临时工、卖菜、卖冻猪肉、卖禽蛋类副食品、晒猪肉皮、做腊香肠，再到门市部的小经理……这一路走来有道不尽的苦。在别人眼里，徐桂芬不但具有先见之明，而且精明能干，取得了那个年代常人难以企及的成功。但是，对于从小就尝遍了生活艰辛和苦难的徐桂芬来说，在经商路上的这些尝试，还只不过是她的冰山一角，真正的商战“好戏”还在后头呢……

第三章

初试牛刀，开创煌上煌举步维艰

创业，在当今社会已经变成一个热门词。在新时代，创业者被赋予了更多激情和无限可能。而对于还处于二十世纪九十年代初的徐桂芬来说，最初的创业动机简单而纯粹：要工作、要生活、要赚钱。

1992年邓小平南方谈话，为改革开放重新指明了前进的方向，奠定了中国崛起的坚定基石，在四十年改革开放进程中具有里程碑的历史意义。可以说，十一届三中全会打开了改革开放的闸门，南方谈话则让改革开放成为不可逆转的历史洪流，而徐桂芬正是被这股强大的洪流冲到大海里的沧海一粟，一大批日后引领中国民营企业潮流的冲浪者，在改革开放浪潮的推动下开始萌芽。

一、中国第一批个体户

改革开放的浪潮把徐桂芬推进庞大的下岗群体，失去铁饭碗的她并未失去斗志。在承包经营、自负盈亏的政策下，徐桂芬偏要改行卖烤鸡，而大部分的员工担心有风险不愿意跟着她走，仍然继续去卖猪肉，只有几名员工愿意留下来。自此，“神凤烤鸡店”诞生了。

卧薪尝胆卖烤鸡

作为中国第一批个体户，徐桂芬是如何在绳金塔下开创煌上煌？在这里，我们先简单介绍一下绳金塔的背景。

绳金塔是南昌一座有名的古塔，始建于唐天祐年间（904—907）。相传建塔前，异僧惟一掘地得铁函一只，内有金绳四匝，古剑三把，还有金瓶一个，盛有舍利子三百粒，绳金塔因此而得名。

绳金塔位于南昌市西湖区绳金塔街东侧，古时地处南昌城进贤门外护城河边，人烟稀少，乱坟遍丘，是进出南昌城的要道。古时绳金塔一带，镖局林立，民风强悍，习武成风。就是新中国成立后很长一段时间，提起绳金塔的“罗汉”，人们都避而远之。新中国成立前，以打铁、补锅、种菜为生的劳苦大众聚居于绳金塔下，曾有人云“南昌七门十八坡，进贤门外穷人窝”。如今，绳金塔周边，一改旧貌，高楼林立，人口密集，商贾云集。

二十世纪九十年代初期，改革开放让各路商贩如雨后春笋般地冒了出来，绳金塔下的小商贩们更是八仙过海，各显神通。有卖鱼的、卖水果的、修锁的、修手表的、卖小吃的……摆摊设点做小本生意的特别多。那时，徐桂芬想要在这个地方生存下来是非常艰难的。不仅要与同行竞争，斗智斗勇，还要与这些小商贩对抗周旋。

当年，政府把“老猪行”拆迁重建后，徐桂芬就想怎么利用这五十八平方米的店铺带领员工闯出一条新路子，让员工们能有工资拿。那时，中国正在从计划经济向市场经济转型，猪肉市场已经达到了饱和，卖猪肉的生意肯定是难做的，也不想跟风去卖猪肉。徐桂芬打算把四十平方米用来代理国防科工办下属的“乔家栅”食品，把八平方米用来卖烤鸡和卤菜，另外的十平方米用来做仓库，把楼上一室一厅当作坊。

在猪肉市场每况愈下的情况下，决定要改行的徐桂芬一直在寻找商机。当时食品公司在南昌中山路有一家门市部，开了“一鸣烤鸡”店，在人们生活水平刚处于温饱阶段，物质生活并没有现在这样丰富，烤鸡在当时是比较“时尚”的吃法，“一鸣烤鸡”店生意兴隆，门口总是排着长队。这一切，徐桂芬都看在眼里。

而承包经营、自负盈亏后，一直在寻找商机的徐桂芬路过中山路时，却发现“一鸣烤鸡”店关门了，便很纳闷地上前去询问：“生意这么好，怎么要关门？”

几个人正在店内收拾，其中有个师傅回答：“政府要规划拆迁，我们准备到杭州去卖。”

正想请师傅的徐桂芬见状追问道：“你们这里有烤鸡师傅吗？”

“我就是师傅。”一个二十岁左右的小伙子说。

在得知这个小伙子是安徽人，就是制作烤鸡的师傅，并且，从小伙子的口中得知杭州人爱吃烤鸡时，徐桂芬感到商机来了。当即说服这个小师傅到自己店里来一起干，并承诺一个月给四百元工资。小伙子一听很高兴，爽快地答应了，并留下了联系电话。

小伙子果然没有失言，他不仅自己来到徐桂芬的店里，还另外带来了一位卤菜师傅。两个小伙子，一个负责烤鸡；一个负责酱卤。请到了师傅后，徐桂芬开始考虑购买烤鸡设备。

在小伙子的建议下，徐桂芬来到杭州考察市场，看到在西湖边上一家家的烤鸡店生意火爆时，当即在杭州购买了一台 2500 元的崭新烤鸡设备，踌躇满志地准备大干一场。

那时，中国还处于计划经济逐步走向市场经济的转折期，个体户的地位还比较弱，每天都有很多被拦下来的货车接受检查，当运输烤鸡设备的货车抵达杭州一个交界口时，徐桂芬等被拦了下来："你们有发票吗？没有发票不准运货。"

眼见天色已晚，徐桂芬只好买了包香烟，并打点了一些"小费"，最后好说歹说才被放行。一路上的关卡很多，徐桂芬买的两条烟基本打发完了，她费尽口舌、好话说尽，才艰难地度过了一道道关卡，经过两天两夜才把设备从杭州运回到南昌绳金塔。

当风尘仆仆的徐桂芬把设备运回来时，看到焦急的店员们早已守候在店门口多时，一双双眼睛充满了担忧，但看到崭新的烧鸡设备时，店员们都很振奋、充满了期待，喜悦之情溢于言表。

而周边的小商小贩见状，觉得徐桂芬卖烤鸡肯定要亏本，于是冷嘲热讽："卖烤鸡？你死定了！"

熟悉的亲朋好友也为徐桂芬的担忧："这个店呀，肯定是要关门的。"

只要徐桂芬看准了商机，越是别人不支持的事，她越要去干，在她身上就有一股子不达目的不罢休的闯劲。大家愈是嘲讽讥笑，她就愈是一定要把这件事做成。紧接着，"神凤烤鸡店"在一阵鞭炮声中热闹地开张了。

第一天开张，烤鸡店卖了一千七百多元钱，第二天卖了一千元，第三天只卖了五百元，后来，生意每况愈下，一天最多才能卖两三百元钱。勉强维持了几个月后，神凤烤鸡店再也没有了往日的"神气"。

这到底是怎么回事？原来，这个小师傅是个"半桶水"，烤鸡的技术并不过硬，鸡的外面烤焦了可里面有血水半生不熟，导致生意一落千丈。而另外一个卤菜师傅，技术也不过硬，仅用三种调料就把一锅食材卤好了。

危机很多时候就是商机，坏事有时也能变成好事。眼看着离春节只有两个月了，烤鸡的生意一天天急骤下滑，好在还有四十多平方米在经营食杂店，每月也能赚一千多元。

然而，好景不长，一天早上，徐桂芬照例第一个来开店门，刚走进店内，就有一种不祥的感觉涌上心头。只见店内不向往常那样烟雾缭绕，炉子也是封好的，灶台边上收拾得干干净净，一只只待烤的鸡也被摆放在盆

创业初期卤菜加工作坊

子里，旁边的案板上放着一封信。徐桂芬拿起信一看，全都明白了。原来，这个小师傅一来想回去过年；二来觉得不好意思留在这里，感到压力很大，两个师傅不辞而别。

没有师傅怎么办？徐桂芬冷静沉着地应对，先让人把炉火打开，把冰箱里的半成品拿出来卤上，在还没有请到卤菜师傅之前，又不失时机地让采购员到南昌去买最有名的卤菜回来，再按原价销售出去。

这样做目的，一是为了招揽和留住老顾客；二是在没有研制出自己特色的卤菜时，培养一些潜在的顾客，先得到市场的认可。然而，从外面进货也不是长久之计。虽然从南昌最知名的店铺进的卤菜暂时能留住顾客，但从长远来看，还是要请卤菜师傅才能立足市场。徐桂芬开始在南昌卤菜一条街去挨家挨户请卤菜师傅，来到当时南昌最知名的“卤林”温州卤菜店里，老板先是笑脸相迎，当得知徐桂芬的来意后立马冷眼相待：“去，你是想要我口袋里的钱吗？！”

而弟弟徐新民从农村来南昌之后，也成为食品公司正式工，就一直在姐姐的店里上班，看到两个师傅不辞而别后，姐姐忙里忙外，便自告奋勇对徐桂芬说：“姐，要不我来试试吧。”

其实，烤鸡掌握火候是关键，徐新明开始用大火，等鸡转变颜色的时候就用小火焖。等烤鸡出炉时，自然就烤出了色泽金黄、味道诱人，让人垂涎欲滴的烤鸡，“神凤烤鸡店”自然又顾客盈门。

人无远虑，必有近忧。眼看“神凤烤鸡店”的生意一天天好转，恰巧这时肉食品公司换了一位新领导，这个领导看到“神凤烤鸡店”生意兴隆，想把徐桂芬这个小经理换掉，换成自己的一个“关系户”。当徐桂芬得到这个消息后，就先下手为强，在 1993 年 3 月果断决定，摘掉挂靠国有企业的“帽子”。在和远在珠海工作的丈夫商量之后，徐桂芬果断做出决定，把“神凤烤鸡店”更名为“皇上皇”，重新办了一个属于自己的“皇上皇烤禽社”营业执照，让这个领导的如意“小算盘”没有得逞。这是徐桂芬人生中的一个重要转折点。

在年关将至之时，徐桂芬为了把“皇上皇烤禽社”提升一个新形象，把铜色的店标牌换成了醒目的、写有金色大字的红色招牌。

改头换面，“皇味”诞生

重打锣鼓另开张。“皇上皇”烤禽社改头换面再次开张后，周边的居民和顾客以为是重新换了老板。此时徐桂芬也不失时机地办了新的营业执照，把食杂店升级到了自选商场。自此，她摇身一变，从一个大集体的承包经营者，转变为个体户。

功夫不负有心人。一直在外面进卤菜的徐桂芬终于在丁公路上请到了一个民间卤菜高手——刘师傅。

这个刘师傅是何许人？他的技术真的很过硬吗？徐桂芬那时其实心里也没谱，先答应了他 600 元高工资的要求。当晚，刘师傅带来自己的配方卤水，把之前师傅留下的半成品重新卤制了一番。徐桂芬一尝，果然色香味俱全，比之前的师傅卤得味道好多了。

这个刘师傅的确“身怀绝技”，自从把他请到店里，“皇上皇”的生意越来越好，回头客也多。口味是最好的宣传，口碑是无形的广告，一千元、两千元、三千元……随着销售量的逐日增加，“皇上皇”烤禽社生意更加红火。

为什么刘师傅卤制的食品味道就是不一样呢？爱琢磨的徐桂芬细心观

察，发现刘师傅在卤菜时不仅用了桂皮、五香等，还添加了中草药熬制的卤水。并且，还看到刘师傅特别注意火候，先用大火煮，再用中火，再用小火煨……不断变换且不断添减配料。然而，一心想偷学技术的徐桂芬却没能达成，这是为什么呢？说起刘师傅还真不是一般人，卤菜的技术是家里的家传秘方，他就是靠这手艺吃饭的，又怎么会让外人偷学呢？每天，刘师傅从家里把制好的卤水提到店里来重新加工，根本就不在店里自制卤水。

虽然技术没学成，但见店里的生意一天比一天好，徐桂芬也很高兴。

眼见店里生意这么好，仅干了一个多月，刘师傅就提出春节家里有事不干了，提出要加工资，徐桂芬二话没说，给他加到一千元。

徐桂芬当过核算员，心里也有一本账：刘师傅一个月工资是一千元，五个月就是五千元，万一要走，还得再请师傅，这不是竹篮打水一场空吗？如果刘师傅肯把卤制的配方技术传授给我，我一次性付给他五千元钱，让他教我卤菜，也是一笔很划算的买卖。技术真正掌握到自己手里，这才是企业发展根本，并且，以后也省了请师傅的一笔开支。

于是，徐桂芬跟刘师傅商量："刘师傅，我一次性给你五千元，你把配方技术教给我，怎么样？"

在九十年代初，五千元钱相当于一笔"巨款"。徐桂芬当场就拿出两千五百元现金："这是一半的定金，等你教会我，要卤出来的菜和你卤出来的味道一模一样，我再把另外的一半钱付给你。"

聪明的徐桂芬也担心，万一刘师傅拿到钱后，不把技术全部传授给自己怎么办？好在刘师傅言而有信，双方谈好后立下字据。刘师傅当面传授了特制卤料的二十多种配方，徐桂芬用心地把这些配方记在笔记本上，并开始认真地学习制作配料的过程。

"你一个月教会我，我就一个月把另外一半钱付给你，你如果二十天教会我，我就二十天把钱全部付给你，要完全教会我，我才把钱全部付给你。总之，一句话，你什么时候教会我，我就什么时候把剩余的钱给你。"

这也正是徐桂芬经商的精明之处，而刘师傅也没有失言，他耐心地手把手地教徐桂芬调制卤料，经过七天的学习，徐桂芬卤制出来的卤菜果然和刘师傅卤制出来的味道一样。

出师这天，徐桂芬不仅高高兴兴地把余下的钱付给了刘师傅，还炒了几个小菜请他吃饭。得知他爱喝酒，徐桂芬又在自家商店里拿了六瓶汾酒，六瓶竹叶青酒，把这些东西绑在一辆自行车上，连同自行车一起送给了刘师傅。刘师傅心里非常感激，临别时他感动地说："徐老板，你是一个聪明的好人，以后你有什么事需要我帮忙，尽管打我的 BB 机。"

随着"皇上皇"生意的日渐好转，为表示感谢，徐桂芬和刘师傅联系，但对方根本就不回电话，听说是因为刘师傅转让卤菜技术被妻子痛骂一顿。再后来，他们因生意不好就回温州了，从此杳无音讯。

刘师傅的离开并非是因为转让技术，而是因为那时温州的卤菜生意也不好做，再则因为他缺少了徐桂芬的经营头脑，只顾眼前利益。不过，在那个年代，5000 元钱谁都会动心。这之后，徐桂芬带着几个店员亲自做卤菜，不断改进适合南昌人口味的配方，生意愈来愈红火。

虽然生意很好，但徐桂芬并不仅仅满足于刘师傅的秘制卤料，要发展就必须创新，必须走出去学习。为此，徐桂芬经常让店员们到南昌市生意较好的"卤林"、老字号卤菜店买回卤菜品尝、晚上研发，并多次带员工

1993年创业初期徐桂芬与全体员工合影

们远赴温州取经，然后和自己的产品进行比较，取人之长，补己之短。

当生意一天天好起来的时候，徐桂芬还是不满足现状，开始萌发了创品牌的意识。她深知，要创一个品牌必须要有一个特色的产品才能让广大消费者认可，才能带动其他卤菜，徐桂芬开始苦思冥想。

自从徐桂芬嫁到褚家以后，她依据褚氏家谱记载了解到，春秋时期，褚氏出自河南，得姓始祖是商朝王族的后代宋共公的儿子，晋代时南迁，在江西也有悠久的历史。1600多年前，褚家就有两位先祖在南昌任过豫章太守，1500多年前有先祖任鄱阳太守，有一位先祖被封为南康公。五代之内，褚家先后有三个女儿分别是东晋和南齐的皇后。南康公褚渊的侄女褚令璩是南齐皇后，其姑婆是东晋皇后，父亲褚澄既是皇亲国戚，又是南北朝时期著名医学家。

由于南昌地处鄱阳湖边，鄱湖麻鸭是当地特产，鸭肉性凉，江南酷热，也就逐步形成了爱吃鸭子的习惯。褚氏结合北方和当地的烹饪技巧，通过添加香料和名贵药材，如肉桂、茱萸等，依据“食药同源”研制了美味可口、口感细腻、回味醇厚的卤鸭。居住于南昌褚氏和高安褚氏的祖先是兄弟，都是褚遂良的后代，逢年过节来客人时，都有以家传技艺制作的卤鸭招待客人的传统习惯。后来，留在南昌的后人把鸭子加工成美味的熟食卤鸭，并在当时的南昌的九门十八坡售卖过，卤鸭堪称当地一绝、响彻四方，代代相传。

据坊间流传，当年豫章太守褚裒的女儿褚蒜子为康献皇后，嫁晋康帝司马岳，生晋穆帝司马聃。此后，她曾三度临朝，扶立了六位皇帝，临朝称制总共约四十年。褚裒曾孙女褚灵媛为恭思皇后，嫁晋恭帝司马德文。两位皇后听说褚氏卤鸭在当地堪称一绝，尤其是康献皇后，每次宴请群臣，亲下懿旨必上家传技艺制作的卤鸭。褚家做的卤鸭香醇美味，令人胃口大开，百食不厌，皇后和群臣都赞不绝口……故被皇后命名为“豫章褚氏卤鸭”。

豫章“褚氏卤鸭”就此传开，美名远扬。但后来由于兵荒马乱，豫章“褚氏卤鸭”家传秘方失传。

历史记载褚氏到南昌以后，以做篾匠为主，到了褚氏贤字辈的时候又重新开始兼做“褚氏卤鸭”。然而，时过境迁，物是人非。“褚氏卤鸭”不温不火，过着以做篾匠为主卤鸭为辅的生活。

“皇上皇”开创不久，徐桂芬到乡下婆婆家里去帮忙装修老宅，无意中发现了一本破烂不堪的《褚氏家谱》，在家谱中夹着一张泛黄的纸，上面潦草地记载了豫章“褚氏卤鸭”的配方。

这个意外的收获让徐桂芬欣喜不已、如获至宝。

回到家后，徐桂芬整天把自己关在屋里研究配方，仿佛着了魔一样。她追根溯源，查阅了褚氏家谱的相关资料，根据豫章“褚氏卤鸭”的家传配方，结合当时皇后爱吃的美味，以及“两位皇后”对“褚氏卤鸭”的传说，开始了反复摸索。

徐桂芬白天当经理，晚上琢磨研究，并无数次和范旭明反复研制，同时融入江西人喜食鲜香辣的口感。经过了无数次失败和反复实践后，功夫不负有心人，徐桂芬终于完全恢复了具有江西特色的豫章“褚氏酱卤”技艺，并针对江南人好辣的习性，做出了香辣鲜香的卤鸭，将“褚氏卤鸭”产品进行了创新，推出后来的“皇上皇酱鸭”，推上市场后一炮打响！

用豫章“褚氏卤鸭”创新制作的酱鸭在市场上销售火爆之时，将原来的“神凤烤鸡社”更名为“皇上皇烤禽社”，寓意给皇帝的供品。与此同时，徐桂芬将豫章“褚氏卤鸭”更名为“皇上皇酱鸭”。也许是天意，“褚氏卤鸭”与“皇上皇”不谋而合，诞生了独树一帜的“皇上皇酱鸭”，后改名为“煌上煌酱鸭”。

从此，“皇上皇”独创祖传的酱鸭供不应求，再加上之前刘师傅祖传的卤菜技术，“皇上皇”烤禽社的生意更加“跑火”。

口碑效应，一传十、十传百，将“皇上皇”酱鸭的美誉在南昌快速传播。

“要让我们酱鸭和卤菜的名声传得更广、更快，那还要念起来朗朗上口才好。”徐桂芬又经过认真推敲，编出了和顺口溜一样好念好记的广告词——“卤菜要品尝，认准皇上皇”。

很快，在南昌市民中间，这句“卤菜要品尝，认准皇上皇”广告词不胫而走。当时连小学生路过“皇上皇”店门口，闻着酱鸭的香味，忍不住都要口里念着“卤菜要品尝，认准皇上皇”。皇上皇酱鸭和其他各种卤菜，开始渐渐成为南昌市民心中的上乘美味。

而“皇上皇”烤禽社对面有家“源茂”食杂店，这家店的老板见“皇上皇”

的生意兴隆，也开始效仿把商店的一半面积用来卖卤菜。“元茂”和“皇上皇”两家卤菜店中间仅隔着一条马路，残酷激烈的市场竞争就此拉开序幕，一场精彩的“商战”大戏即将上演……

四面楚歌，冲出重围

一边是马路对面的“元茂”虎视眈眈，一边是周边的商贩兴风作浪，还有一些地痞无赖百般刁难以及城管、供电局等部门的无中生有……总之，看到“皇上皇”生意兴隆、门庭若市，什么“牛鬼蛇神”都冒出来了。

周边的商贩看到徐桂芬占据了“风水宝地”，卤菜生意一天比一天好，每天都顾客盈门排着长队，认为是徐桂芬抢了他们的生意，就想合力把“皇上皇”赶出绳金塔。

有的卖水果的商贩故意把摊点围在徐桂芬的店门口，修手表摊点的也故意挡在店门外，也有一些小商小贩没事就围在“皇上皇”门口转悠，甚至有个开锁匠还叫了家里开出租车的亲戚，看到中午生意忙，就把车堵在门口，让顾客没有办法进店里买东西，还有的摊主、商贩甚至指着徐桂芬的鼻子骂：“你是野鬼！你怎么能到我们绳金塔来发财呢！”

那时，徐桂芬的丈夫褚建庚任江西省国防工业公司、驻珠海办事处主任兼华灵公司总经理。远在广东的丈夫也帮不上妻子的忙。而徐桂芬不仅要应对这些“牛鬼蛇神”，还要经常清理店门口的清洁卫生。因为当时市政管道落后，八层楼的下水污水经常汇聚成一条条的小水沟，让顾客无法进店，徐桂芬经常亲自卷起裤脚掏下水道，不停地用大扫把把水加快推到阴沟里，扫得筋疲力尽。为的是让顾客方便进店购买卤菜。晴天一身汗，雨天一身泥，这些都难不倒她，关键是周边的那些小商小贩难对付。

一次，徐桂芬的长子褚浚来到店里找母亲，有两个水果商贩冲进店里要打褚浚。褚浚那时还小，他想不通：“怎么无缘无故要打我呢？”他就想上前去跟这两个商贩讲道理。徐桂芬一把将儿子推到阁楼，死活不让儿子下来：“这些人哪有道理可讲呢？他们目的就想打你，逼我离开这里。”

像这样的事经常发生。甚至有的地痞无赖把一张写着 BB 机电话的小纸条从卖卤菜的窗口扔进店内：“叫你老板今天晚上八点一定要通话，过来谈判，不然就踏平你们的店！”

徐桂芬心里也很害怕，知道这些地痞流氓都惹不起，也明白这些人欺软怕硬，无非就是想敲诈自己的钱。她壮着胆子没回电话，结果，两天过后也没什么事发生。“皇上皇”就是在这种时常被围攻恐吓的环境中，在夹缝中求生存。这些窝囊气都算不得什么，最让人气愤的是，有个地痞还伙同供电局的人一起来诬陷徐桂芬。

一天下午三点钟，“皇上皇”店里闯进两个不速之客，这两个不速之客是供电局分管所的工作人员，他们声称有人举报“皇上皇”偷电，二话不说就把电闸断掉。

被那些商贩围攻都能默默地忍受，但因为断电无法正常经营，这大热天眼看着冰箱里的食品要坏掉，马上要到五点钟下班售卖高峰期，电子秤也无法使用，徐桂芬这下着急了。情急之下，她跟在这两个分管所的人后面，从东边追到西边，一直追到他们的车门边，紧紧拉住车门苦苦地求他们不要走，结果他们还是开着车一溜烟地跑掉了。

无奈之下，徐桂芬忍着眼泪回到店里，交代店员在下班的高峰期不能让顾客买不到食品失望地走掉，并找来一个手杆秤，千方百计地想办法使损失尽量减少一点。随后，又连忙骑着自行车赶到供电局门口去守候，一直等到快下班的时间，供电局的工作人员才回来。

此刻，徐桂芬也不知哪来的勇气，上前一把拉住他们声泪俱下地哀求说：“不知道我是犯了什么罪，你们去查，你们查到我偷电的证据，我宁愿去坐牢都可以，但你们不能无缘无故地把我的电断掉。现在我就是靠这个吃饭的，我还带了一批员工，冰箱东西坏了生意做不成，怎么办？你们行行好，把电给送去吧。”

也许这次真的被逼急了，想到自己从开店到现在所受的委屈，想到自己经常莫名其妙地被一些寻衅滋事的地痞流氓敲诈勒索，徐桂芬再也忍不住了，泪水不停地往下掉，边哭边伤心地诉说自己的苦衷。

可能是这一番话打动了他们的心。两人见状，口气也开始软了下来：“你先回去，我们一会儿就过去。”

等供电局的人来到店里，天已经快黑了，顾客也已经走了一大半，徐桂芬心里虽然怨恨供电局的人是非不分，但还得鞍前马后小心翼翼地招呼着。因为担心那些地痞流氓再来寻衅滋事，以后还要去求供电局的人，所以在供电局的人接通电闸临走时，还送了一大包卤菜给他们。

还有一次，城管无缘无故把徐桂芬店门口的冰柜盖子往车上一扔，开着车子就跑，说是冰柜的位置超出了规定范围。徐桂芬撒腿就跑去追城管的车，却被城管一把拽到了车上。那天，徐桂芬的母亲正好也在店里帮忙，看到女儿在车上，就用手抓着城管的车边追边跑。徐桂芬忙冲着母亲喊：“快松手，快松手……”她担心母亲稍有不慎被卷到车底下，附近有很多围观的人都为老人捏把汗。此刻，徐桂芬的母亲猛一松手，一个踉跄，幸亏被路人及时扶住才没摔伤。

在城管大队，徐桂芬和他们据理力争：“你们把冰柜盖子还给我，你们要讲道理，我到底违反了哪一条规定？我们做点小生意也不容易，也没犯什么法，如果说我的冰柜超出了范围，那我下次一定注意。”

城管觉得徐桂芬说得也有些道理，就象征性地罚了一点款放她走了。还有徐桂芬的姐姐被门口水果摊主打成轻伤甲级，这个水果摊主为了躲避法律责任，东躲西藏，最后被抓到了法院判了刑。类似这样的事情时有发生。在创业初期，“皇上皇”就是在这种艰难困境下一步步发展起来的。

就在“皇上皇”冲出重围，刚风平浪静稳步发展时，一直虎视眈眈的“元茂”烤禽社开始向“皇上皇”发起进攻……

创业初期徐桂芬骑三轮车进货

二、打响与“皇太皇”的保卫战

过去，徐桂芬总想顺顺利利地开店，但无论干什么都要有竞争对手，不能单纯地祈求风平浪静。只有竞争才会让人开动脑筋，才能在竞争中获取智慧、经历风浪，走向成熟！

隔岸观火，摩拳擦掌

正当“皇上皇”终于走出困境，客源不断，每天店门口都排着长队时，对面的“元茂”老板看到“皇上皇”由衰落到兴旺过程，也开始卖卤菜，并放出风声，要请当时在南昌最知名温州卤菜“卤林”的师傅来加工。

那是在 1994 年，“皇上皇”品牌在南昌渐渐有点影响力，很多人慕名前来绳金塔买卤菜，而徐桂芬每天起早贪黑，等晚上店铺打烊后还要去研发产品，再加上外部的恶劣环境要应付各路“牛鬼蛇神”，也没注意到马路对面的“元茂”。直到看到对面的“元茂”卤菜要开张，想到客源可能被“元茂”抢一半，她开始着急了：“好不容易刚刚站稳脚，万一他的卤菜真的比我的好吃，那‘皇上皇’就好景不长了。”

不管三七二十一，先更换翻新“皇上皇”的招牌再说。这个招牌毕竟用了一年多，日晒雨淋颜色暗淡，既然“元茂”在装修准备开张，那“皇上皇”也以旧貌换新颜吧。至少，翻新的招牌在外观上不会被对方占优势。

为了在气势上压倒对方，徐桂芬又别出心裁地去其他农贸市场找来那些卖烤鸡、烤鸭的小商贩：“你们到我的‘码头’去卖，我的位置好、客源多，我不收你们的租金。”

还有这么好的事呀？小商贩们自然很乐意。徐桂芬这样做就是想让店门口看上去顾客盈门,不要让店门口显得冷冷清清。要利用小商贩们给“皇上皇”助威，因为这些小商贩引进了先进的烤箱，这样不但让徐桂芬增强了自己的实力，也让自己的店门口增加了生意兴隆的氛围，以弥补自己的不足。

1994 年 12 月 28 日,对面的“元茂”烤禽社准备开张了。就在“元茂”开张前的一个小时，徐桂芬突然急中生智，在没有想到更好的对策之前，要先在价格上占据优势，把对面的气势压下来。为此，徐桂芬把一块比对面“元茂”店更加优惠的价目招牌摆在了马路旁边。

一大早，“元茂”摆开了开张的阵势，象征性地放了一挂鞭炮，也没请锣鼓队助阵。当“元茂”鞭炮响起来的时候，顾客一见“皇上皇”的价格更便宜,纷纷由原先的“向左转”变为“向右转”。结果,这一天“皇上皇”烤禽社生意异常火爆，吸引了很多新老顾客前来购买，好一个热闹非凡。而“元茂”那边冷冷清清，哪像是开张的？“皇上皇”倒是像新开张的。

但是，徐桂芬是一个居安思危的人，对她来说，作为卖卤菜的后起之秀，感觉压力很大。知己知彼，百战百胜。为了解竞争对手，徐桂芬还让人专门去购买了“元茂”的卤菜，在自己店里仔细地品尝后，觉得的确没有“皇上皇”的好吃。但徐桂芬心里很清楚，开张的局面只是暂时的，对方毕竟是“卤林”请来的师傅，产品的口味会不断改进，现在没有“皇上皇”好吃，不代表以后也没有“皇上皇”好吃。

这时，徐桂芬就和装修师傅以及会计商量，装修的师傅提议：可以搞一个庆典活动。

这一下子就打开了徐桂芬的思路。她立即到店旁边的广告墙上找了很多乐队的 BB 机电话，决定在元旦前一天下午开始连续三天搞周年店庆活动：卤菜九折，买一送一。

那时,是“皇上皇”开张三周年,离元旦还有两天。为了元旦节日的促销,徐桂芬按开业时间，店庆活动当为“喜迎开业三周年”的表述方法，但为表达“六六大顺”寓意，徐桂芬特意将店庆表述语改为:开业六周年庆典。

说干就干。徐桂芬立即前往南昌市中山路上的一家广告店制作活动绶带。正走在中山路上，突然，她的 BB 机响了起来。徐桂芬一看显示内容，

“皇上皇”促销活动现场

是范旭明有急事找她，于是赶紧回电话过去。“老板，我一百多只鸭子烤过了头，烘干了，全散架了……”电话那头，范旭明紧张焦急地说道。

正在中山路办事的徐桂芬此刻看着满天飞舞的雪花突然来了灵感，一个大胆的想法浮现在脑海中：有了！碎鸭更好吃，肉质很酥，把全部烤碎了的鸭子放在卤锅里卤制，等到搞店庆活动的时候装在托盘里，让顾客免费品尝，此举不仅可以招揽顾客，还让顾客深度地了解到“皇上皇”的酱鸭美味。

元旦的头天下午，天上虽然飘着雪花，但是马路上的顾客人来人往，“皇上皇”店门口高高地悬挂着“为答谢新老顾客，所有产品打九折”的醒目条幅，并不失时机地推出了免费品尝活动。一群身披绶带的乐队队员，正吹吹打打一路从系马桩向绳金塔“皇上皇”烤禽社走来，引得往来行人纷纷驻足观看，此举大大增加了“皇上皇”品牌知名度。

徐桂芬和员工把已经准备好的酱鸭盛在一个大盆中，摆在店门口，供过往的行人品尝。与此同时，徐桂芬又让父亲将提前印好的“皇上皇”宣传单，向过往的行人一张张散发。“请品尝我们的酱鸭，并请给我们提出宝贵意见……”徐桂芬带领员工们热情地向每一位过往行人招呼。

免费品尝的广告方式，在今天看来没有任何的新鲜感可言。然而在二十世纪九十年代初，可谓令人耳目一新。自然而然，过往的行人纷纷停下脚步，欣然品尝。

“嗯，你们这酱鸭可真是好吃！”

“这风味真是很独特，还从来没有吃过这么好吃的酱鸭啊！”

“还想再品尝一块！”

……

品尝了酱鸭的过路市民，几乎没有一个人不发出由衷的赞叹！

此时正好在元旦前一天，满天飞舞的雪花挡不住人们节日逛街购物的热情。又是打九折，又是免费品尝，一时间，“皇上皇”店门口围满了顾客，顾客排起了长龙，有的老顾客还送来了鞭炮庆贺。而对面的“元茂”烤禽社才开张第三天，则是门可罗雀的场景。

徐桂芬还清楚地记得，当时的场景热闹非凡，正巧遇到江西电视台记者在市场采访节日供应情况。“皇上皇”节日期间“答谢新老顾客活动”搞得有声有色，引起了记者的关注，记者在现场对徐桂芬进行了采访。那是徐桂芬第一次接受电视台记者采访，第一次上镜头，尽管内心按捺不住地紧张和激动，但她知道这是一个难得的宣传机会。江西电视台对“皇上皇”烤禽社在元旦期间的活动报道，无疑也是为店里做了一次免费广告。

“皇上皇”的影响力通过这次活动传播得更远，名气更响了。之前还隔岸观火的“元茂”老板见生意和风头都被“皇上皇”抢走了，急得像热锅上的蚂蚁团团转。卤菜生意亏不起呀！“元茂”的老板就去找电视台做广告，请来电视台的全程拍摄，通过电视传播《烤禽社的一天》，顾客纷纷跑到绳金塔“元茂”来买卤菜。结果，顾客来了一看，“皇上皇”门口排着长队，“元茂”门口冷冷清清，就转身到徐桂芬这边店来购买。

“元茂”花钱做的广告，却无形中给“皇上皇”做了宣传，让徐桂芬初尝到了市场竞争的甜头。几番较量下来，“元茂”竞争不过“皇上皇”，在顽强抵抗支撑了半年后，“元茂”的生意日渐冷清，只好关门停业。

“皇太皇”驾到

商场如战场。没有竞争，就没有发展，正是因为对面“元茂”的开张，有了市场竞争，才有力推动了“皇上皇”后来的发展。不过在当时徐桂芬还没能悟出这个道理，也没有这种痛彻心扉的感受。

“元茂”真的关闭了吗？非也！其实，“元茂”并非真正关门，“元茂”老板只不过想借此来迷惑徐桂芬，想再杀个“回马枪”，把“皇上皇”彻底赶出绳金塔。所以，“元茂”使出了更毒、更辣的招数来对付“皇上皇”。徐桂芬的预感成真了！

半年之后，1995 年 6 月 1 日这一天，“元茂”更名为“皇太皇”重新开张，“两皇之战”硝烟四起！

谁能赢得市场，谁才能生存发展。一个“皇上皇”，一个“皇太皇”，这两个店之间的“商战”，在绳金塔一带无人不知，看戏不怕台高，“两皇之战”即将上演时，大家奔走相告：“快来买呀，这两家店又要开战了。”从名字上理解，皇太皇绝对凌驾在皇上皇之上，所以引起很多人关注，谁争谁赢，好戏在后头。

对于顾客来讲，两家店竞争，就能买到更实惠便宜的卤菜了。而关于绳金塔地段之前我们也介绍过，什么三教九流、地痞无赖都有，看热闹的人自然就很多。

这次徐桂芬早就进入了“备战”状态。此话怎讲？因为给“皇上皇”提供塑料袋的一个小贩提前给徐桂芬通风报信说，“皇太皇”老板也找这个小贩做塑料袋，并要求他必须在 5 月 27 日交货，说是卤菜店开张要用。徐桂芬虽然知道“皇太皇”这次明摆着就是冲着“皇上皇”来的，但并不知道“皇太皇”具体在哪一天开张，徐桂芬推测，对方 27 日进货塑料袋，这不明摆着要在 6 月 1 日“重打锣鼓唱大戏”开张吗？

徐桂芬开始为“六一”儿童节这天迎战“皇太皇”做充分准备，心想：“既然你选择六一开张，那我就要做儿童的文章。”

于是，徐桂芬让人提前联系了一家酸奶厂，还买了很多零食和玩具，并制作了条幅。

“皇太皇”的老板早已领教过徐桂芬的厉害，知道这个女人不简单！

这次他没有像上次那样大张旗鼓，而是在开张的前一天在半夜偷偷把招牌装上去，想搞突然袭击。

开张这天，“皇太皇”吸取了上次的教训，也搞了个免费品尝活动，店门外还请了乐队吹吹打打。并且，“皇太皇”老板还请了二十多个“托”。这些“托”，是“皇太皇”给每人付了八元钱一天的工资请来的。

而“皇上皇”这边也不示弱，在店门口拉起了醒目的横幅：为祖国花朵，买一送一。买一只酱鸭送一个玩具或零食、酸奶、饮料……这一别出心裁的这一举措自然招揽了很多顾客，大人买食品，孩子有玩具。很多过往的小孩就拉着父母到“皇上皇”购买：“我要玩具，我要喝酸奶，皇上皇鸭子好吃……”这样一来，“皇上皇”门口的顾客争相购买、热闹非凡。这次“两皇”都请了吹吹打打，整个大街上的人都在观望，结果“皇太皇”门口冷冷清清，皇上皇刚门庭若市。

事隔一个月后，“皇太皇”为了拉拢顾客，请了几个“托”，这些“托”一个个虽然卖力地吆喝，但还是没有多少顾客去购买。有的“托”为了拉顾客甚至跑到“皇上皇”来游说顾客：“到那边去买，那边又便宜又好吃，这边的卤菜不好吃，又少秤。”

那一年，正是创业的第三年，徐桂芬的姐姐也在“皇上皇”店里帮忙，她看到有的“托”居然跑到店门口来拉客，自然很生气：“你们跑到我们店门口抢生意，还败坏我们的名誉，太不应该了！谁请你们，你们就到谁的店门口去！”

其中，有个“托”就挑起事端跑去“皇太皇”老板那里告状：“皇上皇那边骂我们。”这下，双方矛盾愈来愈大，而这也惹怒了“皇太皇”老板，原本他就对“皇上皇”眼红：“你抢我的生意，还骂我的人，今天就跟你老账新账一起算！”“皇太皇”老板带人冲到“皇上皇”门口，他们粗暴地动手打人，想置“皇上皇”于“死”地！战争开始了……

徐桂芬的姐姐被对方按在地上打伤了；

徐桂芬的外甥和店员们被打了；

徐桂芬的儿子被打伤了；

徐桂芬也差点遭到对方的殴打，幸亏有个好心的邻居实在看不下去，把徐桂芬从地上拉了起来，才没被暴打。店员们惊慌失措乱成了一锅粥。

此时，“皇太皇”老板的哥哥拿着一把铁锤冲进店门口，开始疯狂地砸店。玻璃门窗、柜台、盘内的卤鸭、鸡、食品……在一阵阵噼里啪啦刺耳的玻璃声响中，瞬间变得一片狼藉，散落得满地都是。

店里所有的装潢都被砸坏了；

卤菜、酱鸭被扔了一地，上面全是玻璃碎屑；

柜台里所有的东西全都被摧毁掀翻在地上；

……

“两皇”之战，遍地狼烟

徐桂芬欲哭无泪。看到姐姐再次受伤，看到儿子被打，看到店员无助的目光，看到店内货物全都毁于一旦，她的一颗心好似被钢针刺中。这么多年来耗费心血一手创办的“皇上皇”就这么被摧毁，徐桂芬强忍着眼泪和愤怒：“难道世上没有公理和正义吗？难道就容忍他们一手遮天吗？”

正在南昌休假的丈夫褚建庚得到消息后，急忙赶到店里。夫妻二人经过冷静分析和商量，开始实施一个个的解决方案：

请人把被砸烂的门窗玻璃及遍地狼藉拍成录像片，以保留证据；

在周边群众的围观中将所有扔在地上、沾有玻璃碎片的卤菜统统地倒进抚河，并请了电视台全程跟踪拍摄；

同时，连夜请来装修工，出高价吩咐他今晚把店面全部装修好，准备第二天正常营业。徐桂芬这样做的目的，就是要让对方失望，即使你们砸了我的店，也阻挡不了我继续开店的勇气和胆量，就好像一个战士拼死也要守住阵地一样，绝不能让敌人占领！绝不投降！人在阵地在！

店面被砸的这一天，是“皇上皇”自创办以来徐桂芬最难过的一天。这天晚上，绳金塔周边围满了做生意和看热闹的人群，原本顾客是来“皇上皇”来购买卤菜，刹那间，都围到皇太皇门店去了购买了。而“皇太皇”老板得意扬扬大肆渲染“皇上皇”因短斤少两店面被砸，歪曲事实。到晚上十二点钟，还有人围在“皇上皇”店门口指指点点，久久不愿散去。

见到“皇上皇”被砸，绳金塔附近周边地区的地痞无赖可开心了。为啥高兴呢？有生意做了呀！这些地痞无赖就跟苍蝇一样整天围着徐桂芬转：“徐老板，你这还能吞得下这口气呀？你这还能抬得起头呀？要不，你出点钱，我们去帮你教训下‘皇太皇’？”

此时，徐桂芬夫妇在夜里12点还在象山北路找朋友们帮忙出点子，平日那些“酒肉朋友”在此时却没了主意，都不吱声了。“皇太皇”老板此时传谣说徐桂芬没有丈夫，一个人带着三个孩子，觉得她好欺负。也就是这个时候，徐桂芬为了辟谣就开始动员丈夫褚建庚“下海”……

这一晚，徐桂芬没有睡觉，夫妻俩开始策划下一步。如果请人去把“皇太皇”教训一顿，也未尝不可，只要花点钱给那些地痞流氓，一样也可以把“皇太皇”的店面砸掉。但是，自己如果这么做了，那岂不是从原本的“有理”也变成“无理”了？！

“但也绝不能就这么算了！想赶我走没那么容易！”“皇上皇”就像是徐桂芬的生命，她决不会就这么轻易放弃。夫妻俩商量后决定通过法律手段取胜，如果这次输了，肯定在绳金塔也站不住脚了。

第二天一大早，装修一新的“皇上皇”按时开门营业，店员们照旧笑迎八方顾客。徐桂芬忙碌的身影如往常一样出现在店里，就像是什么事也没发生。这下，周边的人开始对她刮目相看了。

“这个女人不简单，昨天店被砸了今天还能营业。”

“真是个强女子呀。”

“太厉害了，这样都没把她打垮。”

那段时间有省、市电视台天天转播这段新闻，看了新闻后，大家都觉对方无理，这样反而让“皇上皇”名气越来越大。一些了解情况的市民则不禁伸出大拇指：“徐桂芬是一个做大事的女人！”

徐桂芬这一招是“皇太皇”始料不及的。“皇太皇”老板原本以为“皇上皇”就此关门，从此绳金塔就是他的天下了。见“皇上皇”又开张了，就请那些地痞无赖开始四处散布谣言，说“皇上皇”卖的是昨天被污染过的食品，大家千万不要买，并撒谎说“皇上皇”是因为缺斤少两、食品变质被恼怒的顾客砸了店。一时弄的顾客人心惶惶，不知是真是假，不敢购买。

徐桂芬早就料到这一手。她把当晚拍摄的在抚河倒掉有玻璃碴卤菜的录像在电视台里播放，并不厌其烦地向每一位来店里购买的顾客保证，请大家放心购买，就算是亏本，也不会把被污染过的食品卖给大家。

面对“皇太皇”的恶意诽谤，徐桂芬决定拿起法律的武器：打官司。

她心里清楚，这场官司的成败取决于“皇上皇”的成败，“皇上皇”能否生存下来，官司的输赢将起到一个决定性的作用，只有打赢这场官司，自己才有出头之日！

“两皇”之战并未就此停火，战火持续升级……徐桂芬能赢这场官司吗？

依法上访，尘埃落定

“皇太皇”败下阵来后，反咬一口说老板哥哥的手被“皇上皇”店员用刀割破了。原来，当时“皇太皇”老板的哥哥在砸店时手被玻璃划破了，为了赢得官司，污蔑说手是被“皇上皇”的员工用刀砍伤的，法律规定动刀是要拘留的。

没过多久，正好是局长的“上访日”。这天，徐桂芬在丈夫的陪同下一大早去上访，准备去告“皇太皇”的状。然而，刚到大门口，就被“皇太皇”老板的姐姐给拦住了：“有本事你去告，看你能不能赢。”

有个好心人劝徐桂芬说，“皇太皇”老板可是有后台的，他家是“打罗汉”的。

徐桂芬的丈夫也劝妻子不要去告：“你也太胆大了，这事就算了吧，大事化小，小事化了。”

徐桂芬明白，如果她不去打这场官司，那今后的“战争”会更多，“皇太皇”会更加嚣张，“皇太皇”老板砸店的目的就是想赶走徐桂芬。只有打赢这场官司，“皇上皇”才能立足，商场如战场，不打赢官司誓不罢休！徐桂芬说服丈夫，毅然走进了局长办公室。

结果，法医最终鉴定不是被刀割伤，而是被玻璃划破的，因为玻璃划的伤口是弯的，刀砍的伤口是直的，这让徐桂芬躲过了一场牢狱之灾。而“皇太皇”为了赢得官司托了很多熟人，官司批文直到半年后才判决。

经过了漫长的等待，终于有了结果：拘留“皇太皇”老板十五天，罚款 15000 元。徐桂芬赢了这场官司：“皇太皇”赔偿给“皇上皇”损失费 15000 元，并拘留十五天。

当批文下达到徐桂芬的手中时，她就担心事情有变，偷偷去复印了一份。果然，拿到批文还没走到家，就有人拦住她把批文又收回去了。幸亏提前复印了一份，徐桂芬就把这个复印的批文给省、市领导们四处发放，这才结束足足打了半年的官司。

事后，“皇太皇”老板见此事已成定局，便出面与徐桂芬调解：一、不让派出所来抓人，自己去可不可以？二、赔 10000 元，今后不再闹事各走各的道，行不行？徐桂芬见“皇太皇”老板已偃旗息鼓，像只斗败了的公鸡，也就得饶人处且饶人，爽快地答应了对方提出的要求，她也能理解，对方这是要面子。至此，“皇太皇”彻底关门，“皇上皇”又恢复了以往的风平浪静。

经过这件事后，“皇上皇”又赢得了顾客口碑，而“两皇”之战也在绳金塔一带闹得沸沸扬扬，成为人们茶余饭后津津乐道的话题。江西二套、三套和南昌等几个电视台经常播放“皇太皇”与“皇上皇”市场竞争的报道，使“皇上皇”的名气愈来愈大，简直就是通过这件事免费给“皇上皇”做了一个很好的广告宣传，徐桂芬女强人的名声从此传遍了南昌大街小巷。

危机有时候就是商机。“皇上皇”能有今天的影响力，不仅仅是当时所采取的一些营销策略，也是因为竞争对手。所以，徐桂芬很感谢竞争对手，是竞争对手使“皇上皇”提高了知名度。

在这之后，恰逢南昌开展创建“全国卫生城”活动，“皇上皇”是必检单位。利用南昌打造“卫生城”的契机，徐桂芬又不失时机地把作坊墙壁全部铺上了瓷砖，店员们经常用抹布把瓷砖擦得锃亮，一尘不染。在南昌市的烤卤行业中，“皇上皇”的卫生状况是名列前茅的。此举不但受到了卫生防疫部门及卫生检查团的好评，更增加了老百姓对“皇上皇”的信任。借本次“创卫生城”的机会，电视里每天宣传“皇上皇”卫生好的形象，也让“皇上皇”知名度越来越大。

这一年，“皇上皇”与“元茂”和“皇太皇”经历了两次商战后，在消费者中的知名度显著提高。当时，江西省提出要清理“文化垃圾”，“皇上皇”这个名字自然也在清理整顿之内。徐桂芬很舍不得“皇上皇”这个名字，因为“皇上皇”这三个字在南昌人心目中根深蒂固、来之不易，伴随着徐桂芬一路艰辛走过来，付出了太多太多，但又不得不按省里的规定“忍痛割爱”。

当时宣传部的人也承诺，只要同意改名字就免费在电视上播放品牌广告。这个时候徐桂芬就想到能不能改个谐音字，这个想法得到了周边很多人的支持。有人建议把“皇上皇”这三个字加上一个火字，正好徐桂芬也考虑到“皇上皇”酱鸭正好是豫章褚氏卤鸭的延伸，褚建庚的父亲褚荣煌也有个“煌”字，意为继承父辈传承“褚氏卤鸭”独特制作工艺。她又让人查了《易经》,煌上煌这三个字是二十九划,是个吉利的数字,比原来的“皇上皇”更“火”。从此,“皇上皇”更名为“煌上煌”,蕴意从辉煌走向辉煌。

为扩大更名后“煌上煌”的品牌影响力，徐桂芬又不失时机地邀请国家著名相声演员李嘉存叔侄俩为“煌上煌”拍广告，通过江西电视台播出后，“煌上煌”酱鸭供不应求、在整个江西省家喻户晓。

三、应战“卤林”

成功属于有胆识、敢冒险，百折不挠的人。自“皇太皇”黯然神伤离开“绳金塔”逐渐淡出人们的视野后，一个更强大的对手“卤林”再次点燃了“导火线”。面对“卤林”这个更强大的竞争对手，煌上煌是如何大获全胜的呢？

改革创新，行业第一

更名后的“煌上煌”生意如滚雪球一样，越来越红火，每天的卤菜供不应求。店门口每天挤得黑压压的人群，有的顾客好不容易挤到窗口去买；有的老人被挤进去却出不来；也有的顾客被挤得动弹不了；甚至还有的顾客刚挤到窗口前卤菜就卖完了……

看到怅然若失的顾客无奈地离去，徐桂芬开始想到扩大产品销量，进行技术改革。在观察与思考的过程中，她发现几乎所有的烤卤店都是“前店后坊”的模式，用煤炉制作卤菜，不但劳动强度大，产量低，费时耗力，卫生差，更不利于大规模生产。尤其是看到工人们满脸满身的煤灰时她更坐不住了：“能不能在烤卤工艺流程中进行改革，以蒸汽锅炉代替煤炉呢？”

这个念头在脑海中像一道闪电划过。她回想起过去在蔬菜公司做豆腐也用蒸汽，便征求父亲的意见，向食品协会的技术人员请教，并查阅了很多相关书籍、资料。经过反复摸索，徐桂芬心里有了底。但为了更稳妥，她又去请教了包括“卤林”老板在内的几位烤卤店老板，得到的回答却是：异想天开！

当时“卤林”老板是行业老大，担任了西湖区熟食行业会长，他压根没把徐桂芬放在眼里，甚至还在熟食行业会上公开说，从古到今，卤菜都是用明火，用蒸汽绝对是不行的。

两种观念的摩擦碰撞让徐桂芬犹豫不决。是大胆革新，还是继续保守？为此她绞尽脑汁、彻夜未眠。因为每一次重大决策都事关煌上煌的成败。如果要技术革新，就意味着要投入更多的资金；如果技术失败就意味着功亏一篑。最终，徐桂芬决定铤而走险：只有在技术上创新，才能满足市场需求，赢得更广阔的市场。

这次重大的改革创新，对“煌上煌”具有里程碑的意义。面对考验，徐桂芬在省食品工业协会的指导下不断尝试：试验，失败；试验，又失败；再试验……直至成功！煌上煌终于率先以蒸汽夹层锅工艺代替煤炉生产。不仅节省了人力物力，减轻了劳动强度，改善了卫生条件，而且，一条蒸气管道可以通向多个卤制点，便于大规模生产，并依然保持着原有的风味特色，此举在同行业中遥遥领先。在工艺创新方面，徐桂芬心里特别感激省食品协会的支持和父亲的指点。

1996 年，徐桂芬的丈夫从珠海回来。在丈夫褚建庚的策划下，煌上煌准备连锁经营，开分店。而当“卤林”老板得知煌上煌要开分店，对徐桂芬这个后起之秀不屑一顾：“开分店是不可取的，卤菜要现做现吃，开分店根本不现实，三年后看谁笑到最后！”

那时候，“卤林卤菜人人喜爱”，这朗朗上口的广告词曾经印在许多南

率先使用蒸汽夹层锅工艺

昌人的记忆中。“卤林”卤菜一度被南昌人视为正宗的卤菜、名噪一时。

面对“卤林”老板的挑衅，徐桂芬能顺顺当当开分店吗？

抗洪义卖，迎战“卤林”

两年之后，“卤林”老板眼见着徐桂芬开分店非但没亏本，反而还赚了钱，也开始认可连锁经营。因一心想整垮煌上煌，于是在绳金塔煌上煌总店旁边也开了一家“卤林”分店。“绳金塔”，这个商贩云集的地方，再次战火四起！

“卤林”总店老板教唆一个茶铺的女老板去煌上煌总店的旁边开一家“卤林分店”，目的就是想赶走徐桂芬。这个女老板，在装修的第一天，就故意占用煌上煌店面的招牌位置，并当众把徐桂芬羞辱和谩骂了一番。这个女老板和当年的“皇太皇”可不一样，面对这样的无赖，徐桂芬也只有再三忍让。她以为徐桂芬好欺负，就跑到“卤林”老板那里去表功，并夸下海口：“一定能赶跑徐桂芬！”

“卤林”老板见状很高兴，又给了这个女老板七万元钱，吩咐她把店面重新规划，装修得更大、更气派，要比煌上煌总店装修得更好。

几个月后，“卤林”分店开始全新装修升级，徐桂芬也暗自留心观察对方什么时候开张，心里暗暗想：卤林如成功则意味着煌上煌危机，毕竟当时卤林卤菜名气还是占上风，煌上煌也是后起之秀。当时老百姓都认不清谁是行业“老大”，一定不能让对方趁开张之即抢占了市场。

在创业起步初期，徐桂芬做梦都不敢想到会做卤菜行业的“老大”。在经历了这几次的行业竞争大获全胜后，徐桂芬内心充满了信心，也就从这时起，她有了“要么不做，要做就做第一”的观念。

为了保住品牌知名度的市场，徐桂芬也做了充分的准备。当时，全国各地正遭受着百年一遇的洪涝灾害，全国人民风雨同舟，正在顽强地抗洪抢险。“煌上煌”是南昌市知名品牌，徐桂芬勇于担当，希望为抗洪抢险出力。一来可以帮助灾区人民；二来可以赢得更好的市场和口碑。面对“卤林”这个强劲的对手，徐桂芬计上心来。因为之前“煌上煌”与“皇太皇”的较量闹得沸沸扬扬，无人不知，“卤林”老板此刻有了心理准备，想看徐桂芬这次到底会使哪一招。

这天，煌上煌的一个店员见“卤林”分店的员工开始抹柜台、擦窗户，连忙向徐桂芬报告：“那边好像明天要开张了。”徐桂芬一听，连忙安排广告公司在当晚11点钟把“彩虹门”竖起来，明天正式开始举办抗洪义卖的销售活动。然而，晚上睡在床上，一个念头突然在脑海里闪过：“万一对方明天不开张，那我岂不是上她当？”

于是，她连忙告诉广告公司，今晚先不要着急，等明天看情况再竖不迟。这次果然让徐桂芬给猜中了，对方第二天没有开张。对方只不过故弄玄虚，以此来迷惑、引诱徐桂芬上当，想摸清徐桂芬用哪一招应对。这第一回合的较量，煌上煌赢了。第二次，又有人看到对方从后门偷偷往店里搬运鞭炮，又来向徐桂芬报告：“这次好像真要开张，对方抬了好多鞭炮偷偷从后门运进店里。”

因为有了上次的经验，徐桂芬依然不着急：“先别着急，等对方明天开张了再竖彩虹门不迟。”第二次又被徐桂芬猜中了，对方再一次耍花样，想让煌上煌中计，而徐桂芬这次又赢了。对方见徐桂芬如此沉着，开始想从气势上压倒煌上煌。

一个星期六的早上，对方从“卤林”总店运回了很多卤菜，还在门口摆了很多花篮。徐桂芬猜测对方今日一定会开张，因为卤菜要现做现卖，不能存放，否则会变质。徐桂芬连忙安排广告公司，把“抗洪救灾义卖三天，七折

1998年举行抗洪救灾义卖

优惠大酬宾活动”的醒目横幅挂了上去，并竖了彩虹门，准备迎战“卤林”！

到了早上八点钟，只见“卤林”分店门口锣鼓喧天、鞭炮齐鸣、热闹非凡。对方还请了很多领导前来剪彩捧场。而煌上煌“情系灾民，义卖三天，七折优惠”的巨大条幅也吸引了在“卤林”分店门口驻足观看的人群。这充满着爱心，温情的义卖活动，令广大市民心生感动，一下子产生巨大的爆发力：“既能品尝‘煌上煌’的好口味，又能为支援灾区出力，并且价格还比平时便宜，这样的好事何乐而不为呢？”

一时间，煌上煌的店门前排起了长队，被顾客围得水泄不通，甚至连派出所的民警也主动过来帮助维持秩序。“卤林”那边开张剪彩结束，对方的“八折优惠，买一送一（送钥匙扣）”的活动也吸引不了顾客，顾客在心底盘算：“这八折优惠还不如‘煌上煌’七折优惠得多呢！”

第一天义卖活动，绳金塔周边的人都来购买，甚至连附近的肉贩子们都急了：“‘煌上煌’活动还要搞几天呀？附近居民天天吃卤菜，害得我们连猪肉都卖不动了。”

第一天义卖活动徐桂芬和丈夫一盘算，亏了好几万元钱呢！这下褚建庚着急了：“咱还真的要义卖三天呀，这样真亏的人心疼啊。”

“这哪行呢，既然挂出了条幅就要言而有信。”徐桂芬见亏了这么多钱，也很心疼，但她更清楚商家就要信守承诺。

第二天是星期日，顾客更多了，南昌地区的很多人都跑来购买。大家奔走相告，蜂拥而至：“那边又在打商战，又在搞竞争了，快去买呀！”这下徐桂芬夫妻着急了：“这卖得愈多，亏得愈多呀。”为了控制销量，徐桂芬想出一个招数，每人只能限量买一只鸭子。可有的顾客刚买了一只鸭子，就又跑到后面去排队再买。这样，煌上煌店门口总是围满了人。

第三天是星期一，本来以为大家都要上班，顾客应该不多，没想到比前两天还要多，连湾里区那边的人都跑来争相购买。因为当时煌上煌的作坊就在总店的对面，现做现卖，味道的确是好极了。义卖那三天，连生产车间都快忙不过来了，甚至到了晚上十二点钟，店门口都还围满了顾客。

三天的义卖活动下来，不仅没赚到钱，还整整亏了十万元！

虽然亏本了，但通过义卖却使煌上煌的名气愈来愈响，生意愈来愈好，最重要的是把对方给彻底打败了。通过这次竞争，徐桂芬也摸索出了一个经验，以后活动再也不写几天了，只写优惠大酬宾，这样才能更加灵活地掌握市场动向。

虽然亏了十万元有点心疼，但是却做了一个很好的广告。半年之后，当煌上煌每月的营业额不断增长的时候，徐桂芬觉得有时候亏本是值得的。这十万元在短短的半年之中，换来了丰厚的利润，她真正地体会到：良好的社会影响力愈大，赢利就愈多，而口碑就是最好的宣传。

当“卤林”分店开张后，徐桂芬也开始策划到对方总部生意最跑火的地方开分店。

狭路相逢，大获全胜

煌上煌连锁分店开业后，顾客大都认可煌上煌卤菜，觉得煌上煌的更好吃、更胜一筹，渐渐地把“卤林”的老顾客也拉到煌上煌这边来了。

为什么顾客认为煌上煌的好吃？这跟“卤林”分店不无关系。

“卤林”卤菜是温州人开的，味道的确很好，但“卤林”分店的女老板为了节省成本，只是在“卤林”总店象征性地进一些卤林的酱鸭回来代销，分店大部分的卤菜是女老板每晚在厕所旁边的一处小作坊自己卤制的，味道自然没有正宗的“卤林”卤菜好。

当顾客品尝“卤林”卤菜后，发现味道不好要求退货，女老板又不给退换，经常为此跟顾客吵架。她这样一来，即便是打着“卤林”的招牌，顾客也不愿意再去购买。顾客不仅都跑到旁边煌上煌来买，还声称：“卤林”卤菜味道没有煌上煌的好吃。

这无形中砸掉了“卤林”曾经的好口碑和金字招牌，而且给煌上煌做了一个口碑相传的广告。

因为卤林分店“挂羊头、卖狗肉”，影响了卤林总店的信誉，导致顾客认为卤林的卤菜没有煌上煌的味道好，本来大家各占一方、相安无事，结果，“卤林”最终害人害己。

而煌上煌直营连锁分店一家家地开张，“卤林”的生意一天天地衰退下去。煌上煌开到哪里，就火到哪里，连锁市场一天天地旺了起来，煌上煌的名气更响亮了，很快做到了在南昌家喻户晓。而“卤林”则一天天地落寞了，店面的冷冷清清和煌上煌的顾客盈门形成鲜明对比。

从那时开始，煌上煌品牌驰骋南昌疆场，而温州卤菜后来慢慢退出了南昌市场，甚至有些没有退出的温州老板都想寻找机会与煌上煌合作。煌上煌隔壁的“卤林”分店在苦苦支撑四年后关了门，相当于给煌上煌做了四年的“活广告”。随后，“卤林”总店在勉强支撑了两年后，也黯然退出了南昌市场。而煌上煌如鲤鱼跳龙门般成功地一跃，成为南昌业界的“巨无霸”。

这也验证了当时“卤林”老板扬言三年后“谁笑到最后”的结果。“卤林”老板输得心服口服，他打心底佩服徐桂芬。

度尽劫波兄弟在，相逢一笑泯恩仇。最后，“卤林”老板不但没有成为徐桂芬的仇敌，双方反而化敌为友。后来，煌上煌在上海开拓市场期间，“卤林”老板还在煌上煌上海工厂担任过出品负责人。

这一次与“卤林”竞争，煌上煌又取得了胜利。而每一次的挑战，都让徐桂芬有了新思路，正是因为竞争才把她磨炼得更加成熟和睿智。有压力才有动力，一次次的竞争使煌上煌不断登上新的台阶。过去她总想顺顺当当地开店，在经历了无数次的竞争之后，徐桂芬逐渐明白了一个道理，

顾客盈门

无论干什么都要有竞争对手，不能单纯地乞求风平浪静，有竞争才会开动脑筋，获取智慧，经历风浪，走向成功！

从残酷竞争中走过来的徐桂芬在战胜“卤林”、开辟连锁店后，又在产品的创新上不断推陈出新，未雨绸缪。她认为仅凭酱鸭“一招鲜”不可能永远“吃”遍天下，只有不断开发新品种，才能增强竞争力。煌上煌在最初鸭肉制品深加工的基础上，又研制开发出鸡肉、鹅肉、猪肉、牛肉、羊肉、蔬菜、水产制品、豆制品等产品线，形成了一百多个品种。同时，还引进了切菜机、拌菜机、夹层锅等新设备……煌上煌开始踏上了改革创新之路，由作坊式向生产规模化阔步前进！

第四章

创新营销渠道，开辟加盟连锁先河

1996年，徐桂芬的丈夫褚建庚从珠海回来。在褚建庚的策划下，煌上煌在南昌八一广场开了第一家直营分店，又在东湖开了第二家，在洪都开了第三家，接着在高新区开了第四家……煌上煌在南昌迅速崛起，让与之竞争的同行望而生畏。

眼界决定境界。就在煌上煌的发展势如破竹时，家族式管理的种种弊端日渐凸显。为了对传统的管理模式来一场彻底变革，走出家族式管理的樊笼，徐桂芬动员丈夫打破“铁饭碗”下海；动员年迈的父母离开煌上煌；动员不能胜任管理岗位的亲戚退出管理层……

徐桂芬的这一举措，让她顿时成了“六亲不认”的人。为了煌上煌，她甘愿背负起“无情无义”的骂名。

就在家族式改制过程中，徐桂芬又面临着一道新的坎。就像丘吉尔的一句名言：既然必须穿越地狱，那就走下去吧！

一、煌上煌在江西“跑火”

成功的男人背后有个支持他的妻子，而成功女人的背后同样离不开丈夫的支持。在徐桂芬成功的背后，如果没有丈夫褚建庚的连锁经营战略布局，也就没有煌上煌后来的连锁加盟。煌上煌虽然生意红火，但以前不规范的家庭式管理已不能适应新的市场需求，褚建庚的“下海”，无疑是对徐桂芬最强有力的支持。

丈夫下海，如虎添翼

当年煌上煌在南昌八一广场开了第一家连锁店，从此，一发不可收。在这第一家连锁店的背后，却充满了艰辛，煌上煌的每一步发展，都是用汗水和泪水铺就的。

这第一家连锁店是褚建庚在前有“强敌”，后有“追兵”的情况下艰难开张的。那时，徐桂芬一个人不仅要面对同行的市场竞争，而且要面对绳金塔地痞流氓的敲诈勒索。在各方恶势力的夹击下，煌上煌一天天发展、壮大，并且已经初步形成了四大产业：风味小吃、烘焙糕点、自选商场，还有主业煌上煌卤菜。后来，因为精力有限，徐桂芬为了聚焦主业发展，忍痛割爱把这些副业转让给了朋友。每天忙得像陀螺一样不停运转的徐桂芬，多么希望丈夫能回来帮她。

1996 年，中国改革开放在“摸着石头过河”中艰难前行，为寻求新的发展契机，很多国有企业慢慢向民营企业转型。褚建庚的单位也面临改制，他从珠海被调回南昌工作，平日也经常到妻子店里来帮忙。徐桂芬不失时机地跟丈夫说：“如今我的企业发展了，生意也很好，一天都能卖五六万元钱，你就回来帮我吧。”

虽然褚建庚有些动摇，但那时大家对国家政策理解不透，总觉得做国家干部比当私人老板更稳妥，褚建庚思想上也有包袱，他担心私营企业国家不支持，再说夫妻俩一个“公有制”，一个“私有制”，万一谁的情况不好失业了，还有一个人可以养家糊口，就算政策上有什么变化都能应对。

随着国有企业计划经济一天天地衰退，市场经济慢慢地活跃起来。在这种环境下，民营企业的日子一天天好起来，徐桂芬不止一次跟丈夫说，让他辞职到店里来，但已经是副处级干部的褚建庚依然瞻前顾后，不愿轻易辞职。

在褚建庚犹豫不决的时候，一个间接决定煌上煌未来发展的关键人物出现了。他的出现，把煌上煌从家庭小作坊推到了规范化管理企业的风口浪尖。这个人就是时任南昌市长的刘伟平。

一天，刘伟平和办公室主任及秘书等一行到徐桂芬的自选超市来考察。一进门，刘伟平问：“超市经理是谁？”

“是我。”一个拿着扫把，穿着拖鞋和圆领汗衫，扎着马尾辫，不修边幅的女子回答说。

“老板是谁？”刘伟平继续问。

“也是我。”

刘伟平吃惊地看着眼前这位不修边幅满头大汗的女子。这位女子不是别人，正是徐桂芬。徐桂芬是个做实事的人，每天起早摸黑，根本无暇顾及修饰打扮自己。

刘伟平在自选商场四处转了一下，当场给予了肯定和鼓励：“你们一年税收几万元，很有发展前途。”

当刘市长看到店里围满了顾客，徐桂芬这边忙着卖卤菜，那边又忙着接待自选商场的顾客时接着说道：“你一个女同志下岗后还能安排一百多人就业，真是功德无量。你好好干，有什么困难需要我们帮你解决吗？”

当时，由于褚建庚所在的华灵公司撤了，跟南方公司合并后褚建庚担任副总，被调到南昌市站前西路上班，离妻子的自选超市步行仅十分钟就能到。因为离得很近，褚建庚闲暇之余就到妻子店里帮忙。这一天，褚建庚正好也在妻子的店里帮忙，看到刘伟平市长进来就连忙躲到一旁不愿出来，因为自己毕竟是国家干部，他担心被人发现在妻子超市帮忙别人会说闲话。

徐桂芬得到刘市长的鼓励，边擦着额头上的汗水，边回答说："我没有什么困难，主要是企业逐渐壮大，我一个人的精力不够，现在国有企业状况也不是很好，我希望丈夫能帮我。"

在与刘伟平聊天的间隙，徐桂芬把躲在一旁的褚建庚拉到市长面前："刘市长，这就是我的爱人褚建庚，我希望他'下海'与我一起并肩战斗。"

这些话一直憋在徐桂芬的心理，此时一股脑儿说了出来。

刘伟平看了看褚建庚，语重心长地说："老褚呀，你还是'下海'帮帮你老婆吧。以后遇到什么困难，我们会帮你们解决。"

刘市长的一番话语，让褚建庚很激动、很荣幸，以前每次在商场帮忙时，看到有同事来了他都躲起来不好意思面对。这次，刘市长却亲口鼓励他"下海"。刘市长的支持对褚建庚是一种莫大的鼓励，最终，他毅然决定辞职与妻子共同打拼。

褚建庚把曾在珠海商贸的全新发展理念带到了煌上煌，给煌上煌注入新的活力。夫妻二人优势互补、珠联璧合、刚柔相济，使煌上煌如虎添翼，迅猛发展。

1996 年，褚建庚正式以公司总经理的身份登场了。他跟妻子提出了两点建议：一要规范企业管理，引进一些管理人才，清退一些不合格的亲戚；二要快速扩张市场，要做大、做强，企业才能走得更远。八一广场的第一家连锁店就是褚建庚在前有"强敌"，后有"追兵"的情况下开张的。

当时，褚建庚面临的最大"强敌"就是徐桂芬的父母。这"追兵"自然就是"卤林"从中作梗。并且，褚建庚当年还遭遇了妻子的坚决反对："这一个店好管理，生意又好又赚钱，干嘛开分店呢。"褚建庚就是在舟中敌国的状况下艰难开拓市场的。

而比开拓市场更艰难的是来自徐桂芬以及父母的从中阻挠。那时，徐桂芬的父母及姐弟一直在煌上煌帮忙，觉得煌上煌是"徐家"的，自然坚决反对褚建庚回来。对徐桂芬来讲，父母成了企业最大的"绊脚石"。

一边是父母，一边是丈夫，两边都是她至爱的亲人。这让徐桂芬陷入了两难的境地，她该如何取舍呢？

为了企业，铁面无情

在褚建庚终于做通了妻子的工作，同意开煌上煌连锁店时，徐桂芬的父母强烈反对。他们认为现在每天这么多顾客，也挺赚钱，为什么要去开连锁？为了打破家族式的管理，一场因产权纠纷的“家庭内战”掀起了轩然大波。在褚建庚没有“下海”之前，徐桂芬的父母、姐弟以及褚建庚的亲戚都在企业上班。创业初期，徐桂芬的父母一直帮着女儿在店里打杂管理。其中，有的亲戚负责采购，有的亲戚负责生产等，每当进了货或收了钱一星期上缴一次，没有规范管理账目。

徐桂芬父母在绳金塔总店前合影

而褚建庚在外面闯荡多年，见多识广，深知煌上煌要发展，要做成像肯德基、麦当劳那样的知名品牌就必须先清退亲戚。而徐桂芬的父母都是寻求安稳、生活本分的人，他们总觉得如今煌上煌有钱赚就心满意足了，认为想开成像肯德基、麦当劳那样的连锁店简直是天方夜谭，是会倒闭的。

一边是父母亲情，维持现状；一边是把企业做大做强。经过深思熟虑，徐桂芬作出痛苦的决定：动员年迈的父母离开，劝说一些不适合做管理的亲戚退出领导层，并采纳丈夫的建议，面向社会广纳人才补充新鲜血液。

俗话说：打虎亲兄弟，上阵父子兵。在煌上煌创业初期，父母及姐弟风里来，雨里去，的确帮了不少忙。而现在，自己该如何跟父母开口呢？在父母眼里，女儿是自己人，女婿是“外人”，这个企业是女儿一手创办的，是娘家人的财富，而女婿一直在外地，不该委以重任。父亲觉得都是娘家人，徐桂芬尽可放心。父亲亦固守自己的看法，毫不让步，辩论、交锋、争吵……

一边是父母的极力反对，另一边要向丈夫交答卷。两边都是自己至亲至爱的人，怎么办？徐桂芬心潮起伏久久难以平静。真想不到，改革改到亲人头上时会有这么难!

父母开始软硬兼施，轮番向女儿“轰炸”:“他来了就会当总经理，当老板，你千万不要上他的当。你看他在国有企业搞得亏了本，又到你公司来。男人发了财都会变心，到时就会去找别的女人……”

无论父母怎么劝说，徐桂芬铁了心支持丈夫，反过来劝说父母：“国有企业亏本那是大气候所致，你们放心，这个老板依然是我当。”

双方都无法达成协议，特别是父亲，每天一到店里就劝女儿：“我是为你好，丈夫是外人，父母怎么会害自己的孩子呢。”每当此时，固执的徐桂芬就捂着耳朵：“我不听，我就是要让企业发展，我不会离开他的，你们不要再说了！”

过去，徐士斌总是夸女婿能干，经常以女婿为例来教育两个儿子，现在，因为两人对煌上煌未来发展的理念不同，徐士斌甚至只要在店里一看到褚建庚，就追着女婿骂。看到妻子这段时间为了这件事心力交瘁，面色也愈来愈苍白，褚建庚心疼了，便打起了退堂鼓:“要不算了，我不来了……或者我帮你三年，让企业步入正轨我就走。我自己有能力，我绝对不是像父母说的那样，想打你公司什么主意，要你的什么功劳，争什么地位。”

“不行，你一定要来，你不能走，你要跟我一起并肩战斗。我相信你，你不要怕我父母，我会去说服他们！”

那时，只要父母一到店里来，徐桂芬就心里发怵：“你们怎么又来了，我的事业需要他帮忙，你们不要再说了。”

“你现在事业发展了，不需要我们了，就赶我们走。你还有良心吗?如果你非要他回来，我们就当没有你这个女儿！”父母痛心疾首地指着女儿的鼻子说。

只要认准了是对的就不达目的不罢休！倔强的徐桂芬又“犯”了毫不妥协的“犟”劲。面对父母和兄弟姐妹的苦口婆心，她仍然坚持着自己的原则。看到女儿如此铁石心肠、无药可救，娘家人觉得没戏了，责怪徐桂芬不孝顺，没良心，有了钱就不认亲人！

这场“内战”折腾了半年时间，最终父母和姐弟们含泪离开了企业。在丈夫的支持下，徐桂芬用感恩和充满人情味的经济补偿回报了被辞退的亲人。父母则每个月给生活费，一直给到父母养老送终。

因为钱不够，手上没有这么多现金，徐桂芬夫妇在银行贷款七十万元钱解决了亲人之间的矛盾。这之后的十年间，父母依然无法原谅女儿的“绝情”，离开企业后和女儿也很少来往。

十年后，当徐桂芬的父母看到企业真的发展了，感到很欣慰，也理解支持女儿了。再后来，徐桂芬的弟弟和姐姐的子女都相继回来工作，也成了企业的得力干将，一家人冰释前嫌，又恢复了往昔的和睦。

曲线救国，大显身手

褚建庚上任煌上煌总经理后，率先成立了“三部一室”，一个销售部，一个供应部，一个生产部，一个办公室。并且，还聘请了国有企业下岗的陈楚安、杨茂桂等几名经验丰富的人过来管理。煌上煌在褚建庚“东南西北中”连锁加盟的战略下，向着新的目标扬帆起航！

按照褚建庚的发展思路：从市内到市外，从省内到省外，接着再逐步从几家到几十家、几百家……一步步地打开连锁加盟的市场。这得从褚建庚调回南昌工作后，还没正式下海之前说起。然而，当年第一个跳出来反对的不是别人，竟然是妻子！徐桂芬的反对理由很简单：“卤菜都是现做现卖才新鲜，口感才好，开连锁分店不方便，也不新鲜，再说哪里有精力和时间照顾打理呢。”

妻子的不理解并没让褚建庚放弃。孤立无援的褚建庚只好使出“撒手锏”，来了个“曲线救国”：“要不这样，我自己来开。你拿批发价给我，我拿零售价来卖，咱们公事公办，赚了算你的，亏了算我的。”

褚建庚这样做的目的，就是想让妻子看到连锁的优势所在。不开分店，就没有品牌的影响力，仅靠一家店，品牌效果是有限的。褚建庚在还没正式下海之前就在八一广场开了第一家连锁店，当时生意兴隆，店门口挤满了排队购买的顾客。这让徐桂芬很高兴，看来丈夫的思路是对的。

紧接着，当褚建庚正式下海几个月之后，煌上煌又在东湖叠山路开了第二家连锁店，洪都又开了第三家……半年之内，连锁店在南昌紧锣密鼓连续开了七八家，位置都在闹市区街头转弯角上，“煌上煌”红色的招牌、金色的字，广告效应非常明显。每家店开张的当天，必定是人头攒动，顾客爆满。也就在这一年，“煌上煌烤禽社”更名为“煌上煌烤禽总社”。

1995年11月第一家连锁分店开业

夫妻俩一个在宏观上指挥，一个在实际中执行，夫唱妇随，马不停蹄。褚建庚逐渐清楚地认识到，仅靠自己的能力开分店发展得慢，找加盟商开店发展更快。又向妻子提出招商加盟。这下，徐桂芬又不同意："开连锁分店还可以考虑，也还好管理，加盟店坚决不行。"

当时新建县有个叫熊勇的小伙子想加盟煌上煌，在褚建庚的幕后操控和支持下，两人偷偷地背着徐桂芬开始装修店面。后来，徐桂芬还是知道了这件事："你不能害别人，人家不懂肯定会亏本。"

其实，徐桂芬是一片好心，担心熊勇到时赚不到钱血本无归。见丈夫和熊勇坚持要开加盟店，为了向丈夫证明自己是正确的，就只好同意说："好，你们非要开店，那我就让你们吃亏！"

夫妻俩各持己见，互不相让。

徐桂芬话虽这么说，但内心却不是这样想，她就是个刀子嘴、豆腐心，见不得别人真吃亏。既然这个小伙子这么坚决，就帮他一把，让他去试试吧。

褚建庚见妻子同意发展连锁加盟很高兴，就趁热打铁，开着车带妻子去新建县查看专卖店的地段。来到店面一看，熊勇的加盟店已经偷偷地装修好了。见“生米”已经煮成了“熟饭”，徐桂芬也不忍心真让他亏本，就帮着整改店面装修不规范的地方。她不仅亲自在现场帮忙指导，还手把手地教熊勇如何摆盘、销售等。别看卖卤菜是件小事，这里面的学问还多着呢！虽然褚建庚有宏观发展思路，理论经验也很丰富，但实际操作和具体落地，还需要徐桂芬亲自指导才行。

那时，随着煌上煌连锁店的一家家开张，徐桂芬夫妇也买了一辆红色大众小轿车，早已走出经济困境，走上了一条创业致富的康庄大道。

新建县第一家加盟店开张后，生意异常火爆，不仅熊勇赚得个盆满钵满，徐桂芬夫妇也赚到了钱。此后，加盟店也一发不可拾，煌上煌也从直营到加盟，实现了跨越式的发展变革。紧接着，南昌县又开了第二家加盟店。这之后，徐桂芬的思路打开了，加盟店也相继在南昌市一家家地开张。

正当市场蓬勃发展、供不应求的时候，徐桂芬又陷入沉思，塑料四厂的生产满足不了市场的需求。这时，听说南昌市民政局下属的福利企业闲置多年，由于在桃花郊区，很难寻找租客，工人停产待业，发不出工资，正好这家工厂的厂长得知煌上煌在找厂房，就多次主动找徐桂芬寻求合作。

经过几轮谈判，煌上煌的加工厂再次搬迁到两万平方米的橡胶三厂。在当时来讲，不仅满足了市场需求、使各项生产工艺迈向了一个新台阶，还为政府排忧解难，可谓一举三得。

当时的橡胶三厂有一栋三层的办公大楼，随后徐桂芬又花了 60 万元在隔壁收购了一栋两千平方米的宿舍，值得一提的是，这栋宿舍到如今因为拆迁政府还给予补偿了几千万元。记得刚搬到桃花的橡胶三厂的第一年过年，徐桂芬在厂房的宿舍摆了几十桌酒席，晚上在礼堂举办了文艺表演，还表彰了一批员工。看到员工们露出灿烂的笑容，创业几年来，徐桂芬感到一种从未有过的自豪感，这是煌上煌创业以来第一次走上了上规模的企业，从而增加了员工的幸福感。煌上煌也一步一个台阶迈向连锁加盟的道路上。

正当煌上煌在南昌的连锁加盟店遍地开花时，褚建庚又把目光瞄向了市外。这一次，徐桂芬会同意吗？

快马加鞭，连锁加盟

随着煌上煌连锁加盟店在南昌市如雨后春笋般开张，褚建庚又把目光瞄向了市外——高安。这一回徐桂芬又不同意：“你在南昌市内开店方便运输，食品也很新鲜，到市外运输不方便，也不卫生，万一路上遇到危险怎么办？”

见妻子又不同意，褚建庚百般劝说，徐桂芬只好又妥协了。高安分店开张后，生意也很火。接着，又发展到吉安分店、上饶分店……煌上煌在南昌市外又接连开了几十家分店。

后来，煌上煌的加盟店又发展到赣州。那时，赣州的高速公路还正在建设，运输非常不方便。夫妻俩决定在赣州修建厂房，直接在厂房进行生产。可厂房建好以后，因为成本太高，正好高速公路开通，只能靠运输送货。通过实践，徐桂芬也明白：当店面没有在全国遍地开花的时候，物流更划算。

在煌上煌初期开创连锁加盟时，夫妻俩每天早上五点起床，晚上十二点睡觉，经常和店员们一起坐在送货车里考察市场，足迹踏遍了江西各大城市乡村，只要是省内的专卖店开张，夫妻俩都会亲自去剪彩。

在短短几年间，煌上煌在江西各地就拥有营销网点两百多个。在加盟、直营双管齐下的运作模式下，迅速占领了江西市场。因为当时“卤林”没走连锁加盟这条路，生意也一天天衰退、萧条，最终门庭冷落，退出南昌。煌上煌在褚建庚的宏观引导下，一步步创造提升了品牌和形象，使连锁加盟店遍布了江西各地。

这也让煌上煌的知名度在全省达到了前所未有的火爆程度，逢年过节买“煌上煌”卤菜已经成了家家户户招待亲朋好友的惯例，并一直延续至今。后来，随着煌上煌的门店拓展到乡镇，“煌上煌”卤菜也成了乡镇红白喜事餐桌上不可或缺的一道上等高档菜肴。

随着连锁加盟店的不断增加，管理明显跟不上了，徐桂芬在实践中去摸索，采取不同的方式，制定有效的管理模式，每家专卖店她都会带一批门店管理人员亲自去现场培训，慢慢地这帮人就成了徐桂芬的翻版。首先，从门店卫生方面抓起，在卫生方面，从开门到关门必须做哪些事；店里店外灯光什么时候开，从选店面的高度和宽度，到里面的柜台如何设计；包括店内的水龙头开关都要用脚踩式的，不能用手去接触；柜台摆放的标准；甚至细化到每段时间应该怎样摆放食品。

……

每到晚上，还要报单盘存，一天的销量不能剩；盘子什么时候要换；塑料袋子如何使用……徐桂芬煞费苦心地制定了一系列的流程，大大地降低了原材料的用量和成本。同时，制定了各个门店的费用考核标准；卫生管理的考核标准；业绩考核标准；加盟店装修的标准和服装、店貌考核标准等。徐桂芬还组织员工举办门店服务月，鼓励员工为企业献计献策，开展开源节流、文明服务、技术练兵等一系列措施和活动，培养了一批吃苦耐劳的市场管理人才。至今，徐桂芬都没有忘记创业初期的销售老员工：龚海英、万红妹、涂玉兰、黄礼秀、付秀兰、熊小英、文仁妹、熊志艳、陈艳英……

徐桂芬的执行力非常强，做事风风火火，思维非常敏捷，办事粗中有细，最不喜欢拖拖拉拉。今日计划的事，一定会按计划、有步骤地去完成，这也是煌上煌为什么能快速在江西占领市场的一个因素。要把企业做成一个规范化的企业，要进一步发展，制度就必须同步跟上，没有规矩不成方圆！思路决定出路。夫妻二人珠联璧合，堪称黄金搭档。褚建庚抓宏观上的决策，徐桂芬执行具体操作，二人并肩作战、同甘共苦，使煌上煌在几年间走进了江西的千家万户。

在徐桂芬的“字典”里，没有做不成的事，只有做不成事的人。记得在 1999 年 11 月，江西省政府举办食品展销会，在离正式开幕还有三天时，在彩排时徐桂芬看到别的企业正在走方队，那个时候她也不懂什么叫走方队，只是按举办方要求准备了彩车。

“走方队怎么不叫我们企业参加？”徐桂芬问道。

举办方的领导觉得很可笑：“后天就要正式开幕了，你现在才想起来组织走方队，真是天方夜谭。如果你真能在三天之内组织起来，就让你们企业的方队第一个出场。”当时领导也是随口应付而已。

徐桂芬当时的反应是叫员工组织方队是不可能的，因为员工没有专业的训练。她就想到了陆军学院有现成的训练队伍。于是，徐桂芬二话不说，一转身就跑到了南昌陆军学院，跟院长沟通，为了支持江西食品展销会的召开，请求支援 225 名陆军学员参加走方队，同时也提高陆军学院的知名度，院长听了很高兴，当天晚上就冒着寒冷的大风组织学员在操场上训练。徐桂芬沟通后心里非常踏实，紧接着又到了中山路预订了 225 面旗帜。

当天晚上 10 点多钟，又敲开了一家批发市场商铺的门，订了 225 个旗杆。为了表达谢意，徐桂芬第二天一大早又特意跑到批发市场买了 225 双白球鞋，送到陆军学院。万事俱备，只等开幕！

开幕这天，自然徐桂芬就要走到方队的第一个。领导看到煌上煌的方队确实与众不同，承诺的事也不好失信。当方队前面由学员扛着一个 8 米长的“江西煌上煌”牌匾，身后跟着 225 名陆军学院的学生穿着统一的煌上煌工服，每人高举旗帜雄赳赳、气昂昂第一个出场。英姿飒爽的队伍走到主席台时，现场领导和观众欢呼不已。事隔多年，一些参加过那场活动的老领导和见证人都对徐桂芬佩服不已：“真是不一般的女人，徐桂芬性格是只要有机会，她就一定会去把握。”

只要有机会宣传企业，徐桂芬就一定会去争取！就在煌上煌在江西市场家喻户晓取得巨大成功的同时，徐桂芬夫妇这次把目光瞄向了首都——北京。这一次，煌上煌能成功吗？

食品展销会煌上煌方队

二、北京失利，辗转广东

连锁加盟，市内市外，省内省外……褚建庚提出按企业规范化的发展策略，从国企引进人才，以“东南西北中”的战略目标在全国开始了精心部署。从此，煌上煌以燎原之势，从抢滩登陆南昌市场，到扩张覆盖江西，并开始向全国市场进军，把北京作为省外市场的第一站。

首战遇挫，黯然转场

哪里有市场，哪里就有竞争。随着一些知名品牌的卤制食品在各大城市抢滩登陆，煌上煌也在江西已经占有一席之地，此时，省外市场北京成为下一个向全国市场拓展的目标。

在褚建庚的宏观调控下，徐桂芬这次全力支持配合：“北京的市场这么大，如果北京成功了，那就相当于在全国市场打开了一个‘缺口’，为今后迅速在全国开辟煌上煌连锁加盟店打下坚实基础。”

为了能在北京一炮打响，夫妻俩前期筹备了半年时间，并在北京租下了一家“东方食品厂”之后，于 1999 年底，徐桂芬亲自带领精兵强将一行三十多人进军北京。紧接着，十几家煌上煌连锁加盟专卖店陆续在北京开张。

当时正值春节前期，北京天寒地冻，冰雪来袭。对徐桂芬来说，天气寒冷算不上什么困难，问题是这十几家煌上煌专卖店生意萧条，每个店一天最多只能销售 3000 元左右，连房租都不够。徐桂芬心急如焚、寝食难安，煌上煌哪里碰到过这样的冷遇呢？

在江西老家每次开张都是顾客排着长队争相购买，一天最少都能销售三万元左右，可北京市场开张已经有一个多月了，却依然冷冷清清。

北京是煌上煌向省外扩张的第一个城市，虽然褚建庚的战略决策是正确的，但那时徐桂芬还没有拓展省外市场的实战经验，再加上北京天气寒冷，大街上的行人稀少，人们连门都不愿意出，更别说去买冰冷的卤菜了。经销商们都感到心灰意冷，面对北京高昂的各项成本开支，都有些支撑不下去了。看到经销商们个个垂头丧气，徐桂芬也动摇了，准备打道回府放弃北京市场。

北京的战败还有个因素，在江西，从南昌绳金塔送货到总店只需几分钟，即便是在江西专卖店送货也只需十几分钟。而在北京，从“东方食品厂”送货到店里需要四五十分钟甚至一个多小时，这让初来乍到的徐桂芬和没吃过苦头的经销商们很不方便，路上如果再遇到堵车，则需耗费更长的送货时间。

煌上煌在北京运作了一个多月，眼看年关将至，经销商们更是人心涣散，刚来之前满怀信心的劲头就像被浇了一盆冷水，并且是浇得“透心凉”。经销商们眼看既不赚钱，又寒冷难耐，纷纷向徐桂芬诉苦，有的老员工甚至难过地掉下眼泪。

徐桂芬看到这种惨淡经营的局面，特别是看到这些跟她一起到北京的老员工们黯然神伤时，感到很揪心。当初来北京的时候，集团副总裁杨茂桂出发前还专门放鞭炮欢送大家，每个员工都喜气洋洋、信心百倍地准备去北京大干一场，哪想到却是这种结局和窘境。

既然大家都想回家过年，经销商们装修店面也没花多少钱，徐桂芬当时觉得在省外扩张市场好艰难，再加上春节即将来临，江西市场迎来了销售高峰期。她就草草收兵放弃了北京市场，前期投资的几十万元钱也打了水漂。

世上没有常胜的将军。心灰意冷的徐桂芬回到南昌，总结北京的失败教训，她认为，江西的市场还没有达到饱和，还是一心一意把江西市场做稳、做扎实。春节后，褚建庚还想着重整旗鼓开发北京市场，但是徐桂芬始终坚持没有答应。如今回想起来，徐桂芬觉得自己当年的决策错了。因为当时没有经验，也没有遭遇过失败的教训，觉得在北京发展很难成功。换成今天，她不会就那么轻易放弃，一定会坚持下去，直到成功。

放弃北京市场后，徐桂芬就一门心思抓江西市场，为江西空白市场精耕细作。正当江西市场如火如荼的时候，2001 年，煌上煌又迎来了一个新的转折点。徐桂芬偶然在火车上看到一栋新开楼盘出售的广告，地址在二七南路 539 号火车站附近，她就立马打电话联系，得知这个楼盘的店铺总共三层，总面积 3000 平方米，从一楼店面到三楼均价每平方米约 2700 元，非常便宜廉价，她当机立断买了下来，紧接着进行紧锣密鼓的装修。装修完工后，在 2001 年 6 月 6 日，"煌上煌集团" 正式成立。

2001年6月集团公司成立

成立当天，徐桂芬请了很多领导和各界朋友，还把父母请到现场共同见证。自然在现场，父母看到这一切，为女儿今天的成功感到骄傲和自豪。激动万分的徐桂芬作为集团董事局主席发表了热情洋溢的讲话。由此，翻开了 "煌上煌" 崭新的一页。

徐桂芬的创业事迹很快引起了各级领导的重视，为宣传她 "下岗不落志，上岗创新业" 自强不息的精神，江西省总工会邀请徐桂芬参加 "巾帼创业标兵" 事迹报告团。到全省国有企业巡回演讲，激发了一大批抱有 "等、靠、要" 思想的下岗工人自主创业的热情。通过这次演讲，徐桂芬受益匪浅，一是锻炼了自己的发言水平；二是激发了一批下岗女工的信心；三是为政府鼓励下岗再就业树立了标杆。

就在集团成立后，公司生产经营、内部机制等各项管理也不断升级，再上新台阶，由此掀开了煌上煌从一个街头小店发展到全国连锁经营的现代化企业集团的新篇章。

风云突变，老将出马

集团成立后，徐桂芬马上调整战略、精心谋划：既然北京“遇冷”，那就到天气炎热的广东去开拓市场。而广东市场的开拓更是迂回曲折、好事多磨……

北京市场的失利让夫妻俩重新调整战略和部署，徐桂芬认为北京的气候太冷不适合吃卤菜，而广东天气炎热且大多数为移居人口更适合吃卤菜。在分析了南方和北方地域优势后，开始大刀阔斧地把目光从北京转向广东。然而，广东市场的开拓并非一帆风顺，而是充满了艰辛与坎坷。

为了打开广东市场，徐桂芬夫妇对市场重新做了调控和部署，并筛选了一个名叫林河川的台湾老板加盟煌上煌广东代理商。林河川是台湾人，对深圳市场比较熟悉，并在东莞长安镇开厂多年，有一定市场营销经验。当时，林河川把第一家专卖店地址选在了东莞市的长安镇。

在广东第一家煌上煌专卖店开张之前，徐桂芬派出总部营销技术人员去广东市场进行过调研，也建议将第一家专卖店选址在深圳。然而，林河川作为广东总代理，却没有听从建议选址在深圳，而是选在了东莞长安镇，因为他的工厂在长安镇。徐桂芬虽然有些不解，但还是尊重了林河川的意见。

开张这天，徐桂芬专程从南昌赶到东莞前来助阵。这也是她多年养成的习惯，无论是哪一家煌上煌专卖店开张，除了开张之前对专卖店的装修等进行视察外，在开张的这一天，她一定会亲自到场。

东莞长安镇的本地人不多，大都是外地打工人员，他们对煌上煌品牌并不了解。虽然开张当天林河川请了戏班子表演舞狮、耍龙，把专卖店门口张罗得锣鼓喧天，还推出“买一送一”的促销活动，可依然没有吸引多少顾客前来购买。以往煌上煌每家专卖店开张之日，店门口都是排着长龙、顾客盈门，到底是什么原因没人买呢？

原来，开张当天，原本晴朗的天气突然乌云密布，正所谓“六月天、孩子脸”，说变就变，大暴雨突然从天而降，把正在热火朝天敲锣打鼓的戏班子从头到脚浇了个透，这场暴雨也浇跑了准备前来购买的顾客。这是煌上煌有史以来，第一次在开张时遇到了倾盆大雨。

徐桂芬有一种不祥的预感：“难道和林河川的名字有关？”据说，东莞很少下这么大的暴雨，当然，这名字只不过是个巧合而已。

开张两个多月，这家专卖店生意始终冷冷清清不见丝毫起色，林河川也一直在亏本经营。勉强维持了几个月之后，只好将长安镇这第一家专卖店撤掉了，林河川也选择退出了广东市场。再后来，褚建庚又推荐了吉安市煌上煌的一个代理商去开拓广东市场，并将煌上煌总店开在了深圳，依然未能打开市场。因为亏本，这个吉安老板也只能选择退出广东市场。

深圳第一家连锁分店开张

广东市场屡次受挫，难道就没有别的办法吗？也就是在这个时候，徐桂芬想到了一个最佳人选，这个人就是煌上煌总部的区域经理彭四新。

彭四新原是一名下岗女工，在煌上煌工作了很多年，有开拓市场的丰富经验和吃苦耐劳的精神。因为在这之前广东市场屡次失败，彭四新此次征战广东可以说是受命于危难，她能使煌上煌在广东起死回生吗？

“你好好干，我们会全力支持你。”这是当年徐桂芬对彭四新说的一句话。这句话里，饱含着徐桂芬对彭四新的信任和期望。这一决策，让煌上煌在短短几年间发展到几百家连锁加盟店，使广东成为煌上煌在省外的又一大阵地，这是后话。彭四新被派到广东后，暗暗给自己打气："我一定不辜负老板的信任，不许失败，只许成功！"

尽管彭四新吃苦耐劳、想尽办法，但深圳市场的开拓进展并不顺利，第一家连锁店开张后仍然是惨淡经营、不见起色，第一个月就亏了五万元。如何才能找到突破口呢？

为能尽快扭亏为盈，彭四新苦思冥想，尝试了很多方法都行不通，而面临最大的问题就是人心涣散。店员们看到生意惨淡、前景渺茫，工作起来都没干劲，被委以重任的彭四新吃不下、睡不着，她首先要求店员从电话费、水电费等日常开销开始节约，并毫不留情地精减人员，辞退了部分工作懒散的员工。解决了内部问题，再去解决外部问题。在对周边市场进行分析后，通过对深圳熟食市场的调研后发现，深圳凤凰路这一地段卖凉皮、凉面等摊点的生意都非常好，特别是有一家凉粉摊点，每天生意火爆，人满为患。

如何才能打开市场？难道煌上煌卤菜还竞争不过一个小小的凉粉摊点吗？彭四新百思不得其解。有了！彭四新茅塞顿开，何不让这个凉粉摊点搬到自己店里来卖呢？以凉粉生意来带动煌上煌食品，岂不是两全其美？

通过凉粉生意，彭四新终于打开了深圳市场。经过一年多的运作，深圳市场逐渐成熟，主动要求连锁加盟煌上煌的电话都快被打爆了。而在这期间，徐桂芬"人在曹营心在汉"，隔三岔五就到深圳来查看市场行情，短短两年时间，煌上煌在深圳由刚开始的一家、两家发展到了三十多家。

果断建厂，扭转乾坤

煌上煌在深圳开拓市场的前几年，是发展最艰难时期，特别是五次搬迁、修建厂房，应对"非典"、禽流感等，可谓历经波折。刚到深圳的时候，煌上煌就在"喜上喜"租了厂房，为了搬厂，彭四新和深圳的员工们不知道吃了多少苦，这其中的苦涩滋味，只有亲历搬厂的"煌上煌人"才有切肤之痛。

就在煌上煌在深圳发展到 36 家专卖店的时候，老厂房已经满足不了日常生产的需求了，彭四新便在深圳龙岗桥头租下了一个新厂房，并与对方签订了五年的租赁合同。可是，当彭四新带领员工们经过三个月的日夜奋战，把这个新厂房打扫得干干净净，准备搬进去的时候，却不料风云突变，这个新厂房的老板说什么也不干了，要撕毁合约："这个厂不能租给你们！"

这下，彭四新傻眼了："我们没日没夜拼死拼活地白干了几个月，你咋说不租就不租了呢？！"

任凭彭四新据理力争，对方说什么也不同意。一百多个日夜的辛苦让彭四新顷刻间泪水如决堤的洪水，她想起了车间主任闵小保为了能尽快地搬进新厂，每晚加班到深夜两点，第二天还要一大早起来生产；还有动力车间的负责人叶小鱼，拖着带病的身体，每天忙着在新厂房打扫卫生，脏活累活她都抢着干；以及车队负责人吴小明，每天忙着采购，为了早日搬入新厂房，这三个月来车子几乎都没歇息过，马不停蹄地跑遍了深圳的大街小巷。彭四新心疼那些员工，他们不仅要负责专卖店的销售，每天忙完了店里的事还要来新厂房帮忙干活……然而，对方不仅不租厂房，对彭四新这边的损失也一分钱不赔，再加上深圳新政策，所有加工厂都要离开市区，到东莞集中建厂，彭四新不得不搬厂。后来彭四新遵照褚建庚的决定，又在桥头镇租下一个厂房，正要动手装修的时候，对方说村里意见不统一又变卦了，对方又不租了。

想到自己这三个月付出的心血，彭四新更加伤心难过，她流着眼泪拨通了徐桂芬的电话，将租厂房的事向远在南昌的徐桂芬夫妇作了汇报。

"你不要哭，我们马上过去，不管多少钱，都把那家厂房买下来。"电话那头，传来了徐桂芬关切的声音。

接着，电话那头也传来总裁褚建庚的声音："彭总呀，你做事总是风风火火、雷厉风行，这次不要你们快，你们也转得太快了嘛。"

听到徐桂芬夫妇一边安慰，一边说笑，并说马上过来买新厂房，彭四新所有的委屈都在这一刻烟消云散，马上又破涕为笑。

其实，在此之前，徐桂芬夫妇来广东考察时就看中了洪梅镇正在新建的一家厂房，当时是个烂尾楼。车间、办公楼、宿舍全建好，只是没有装修，但因为当时对方坚持要先付定金，再加上丈夫极力反对，徐桂芬当时没有立刻买下来。经过深思熟虑，这次徐桂芬决定不管三七二十一先买下来再说。

然而，双方谈判却一度陷入僵局。东莞洪梅镇这家厂房的老板非要徐桂芬夫妇先付一千万的订金才签合同，而褚建庚是个讲法律和原则的人，他则要求对方先签了合同再付钱。褚建庚也有顾虑，几千万不是一个小数目，万一被对方骗了怎么办？双方就这样僵持不下。此时，徐桂芬果断拍板："好，我们就先把钱付给你！"

徐桂芬不顾丈夫和律师的反对，顶着风险把洪梅这家厂房先付钱后办手续给买了下来。市场变幻莫测,她担心过了这个"村"就没这个"店"了。

果不其然，幸亏徐桂芬这次买厂出手果敢，对方在签订合同不久就变卦了，要毁约。徐桂芬哪肯答应呢？！白纸黑字写得清清楚楚，合同是具有法律效应的，哪能如同儿戏说毁约就毁约呢！

原来，这家厂房是他们姐弟俩共同的资产，姐姐见弟弟"生米已经煮成了熟饭"合同都签了，说什么也不同意卖厂。姐弟俩因此三番五次找徐桂芬想毁约。

徐桂芬也没时间跟他们理论，以最快的速度开工建厂、装修。紧接着，徐桂芬和弟弟徐新亮、员工姜定章扎在东莞建厂工地三个月，直到整个设备正常运行，以及办公室设计包括办公室的设施全部采购完毕才放心回南昌。在没购买之前，深圳市场的卤制食品每天都需要从赣州发货，看到彭四新经常在赣州和深圳的高速路上来回奔波，徐桂芬每天都提心吊胆。如今，东莞装修建厂房总算尘埃落定。东莞厂房竣工投产后，全面执行集团生产标准化管理模式，工艺革新、新品研发、设备升级各方面都有条不紊运行，为广东市场开拓提供了坚实的保障。

东莞建厂房的这一英明决策，不仅"激活"了整个广东市场，而且辐射到福建市场。

每一次拼搏，对徐桂芬来说都是一次成长和历练，虽然在东莞建厂吃了不少苦，她觉得自己吃苦是应该的。但看到彭四新为了开拓深圳市场也吃了不少苦，徐桂芬买了一套一百多平方米的房子送给了彭四新，用最实在、最直接的方式表达了感激之情。

深圳搬厂之后，煌上煌已经发展到了六十多家专卖店，专卖店里有卖凉粉的，有卖食杂的，有卖卤菜的，卫生状况堪忧。徐桂芬就琢磨，要改

煌上煌东莞生产基地

变这种现状，需要加盟商继续投入进行翻新，单靠公司的指令，加盟商打死也不愿意配合整改。徐桂芬急中生智，为了整顿这几十家专卖店卫生管理不规范的局面，主动找到福田卫生防疫站，请他们出面去强制管理。防疫站站长恰巧也是江西人，看到居然有主动找上门来的，感到很诧异，要知道，那时的个体户对卫生防疫部门能躲则躲，哪有主动登门要求去整改的呢。

“你顾全大局，不贪图小利，我们支持你。”卫生防疫站站长表态道。

通过卫生防疫部门的整改通知书，很快在半个月内，整个深圳煌上煌六十多家专卖店焕然一新。2007 年 2 月，考虑到其他市场也需要有经验的老将们去开拓，徐桂芬又不失时机地把彭四新调到其他市场，把年轻的“小将”章启武派到深圳来接管“帅印”。

三、向全国进军

“我是一手被徐主席‘捏’出来的作品。”谈到深圳市场的开拓，章启武称自己当年是被塑造出来的。

小将接棒，万不得已

2007 年 6 月，章启武被派到深圳管理生产，随他一起来的还有王佐、刘元庆、章丽丽等几员“70 后”小将。当年章启武 32 岁，对一个男人来说正值精力旺盛时期，他的儿子还不到一岁，但听徐桂芬说只是让他去深圳暂时接管，等请到人就调他回南昌总部，章启武也只能勉为其难地来到深圳。

来到深圳之后发现，无论是生产还是销售都存在很多问题，而这几员小将在营销方面都不专业。章启武从来没有做过市场管理也不懂营销，王佐和刘元庆也没从事过市场营销，只有章丽丽做过十年店长，有一些销售经验。

几个人初来深圳时，很不适应当时的工作环境，东莞刚建厂时，人员配置和硬件设施都非常低，仅有五台电脑，连一台电视机都没有，再加上没有系统化管理，漏洞很多。章启武那时初来乍到像个“补漏”师傅，哪里有漏洞就去补哪里。刚开始，徐桂芬每周都到深圳来视察一次，而章启武每次都会问道：“主席，什么时候请人？”

章启武以为只要请到人，他就能回到南昌与家人团聚。

“补漏”几个月后，效益显现了。产量增加了一半，人员却减少了，清洗车间原本四十多人，压缩精减到二十多人。章启武在深圳请了一些专业的人，把过去配置低的人进行重组。在生产上，也严格控制成本并加强管理。随着深圳整个管理的提升，效益每个月都在持续成倍地增长。半年下来，深圳市场终于赚钱了。但是煌上煌在深圳发展的几年时间里仅仅只开了 67 家专卖店，经济效益增长缓慢。

徐桂芬也由最初的每周来深圳视察一次，到每个月来视察一次。而章启武也不失时机地向徐桂芬汇报："主席，这个月我们赚了一百万元。我什么时候回南昌呀？"

"你现在不是干得蛮好嘛，就这样先干着吧。"

"不行，你一定要请人来管理。"章启武三番五次地请求。

谁想到徐桂芬非但没有请人，半年之后在公司人事任命上，居然把章启武推到了深圳公司总经理的位置。

"主席把这个大帽子硬是'扣'在了我头上，我想跑也跑不掉了。"章启武明白，老板这是有意培养他。

由于公司当时产销不分离，生产营销一把抓，在生产方面章启武很有经验，但在市场营销方面他却是"大姑娘上轿头一回"。章启武接触了市场才了解，打开深圳市场之前开的店虽然不到七十家，但他们在前期几年中还是积累了一定的品牌和知名度，煌上煌在深圳积攒的人气还是很高，但由于太过谨慎，没有加大连锁加盟的力度，以至于后来裹足不前，除了深圳市场，广东其他市场大都是一片空白。当时，章启武等几个人来深圳接管时，东莞只有六家分店，或许是因为之前林河川失败的阴影，这六家分店的老板都经营不下去了。

其实，在章启武看来，东莞地理位置是有优势的。十年前的东莞，32 个地域分布很均匀，但那时整个东莞有点"四不像"的感觉，城市不像城市，农村不像农村。东莞虽小发展速度却很快，这 32 个镇都有个中心地段，不会集中在某一个区域。而广州市场的文化底蕴很深厚，本地人口和外地人口各占一半，虽然区域比深圳大得多，但因为饮食文化很强大，不管外地哪个品牌进去都很难打开缺口，反而是东莞以外地打工者居多，如果能在东莞"炸"出一个口子，或许能打开一个巨大的缺口。

在对整个广东市场进行细分和逐一排查后，一个"简单粗暴"的营销方式开始在东莞、珠海、汕头、惠州、广州等地上演……

驰骋广东，迅速扩张

最简单直接的方法有时候是最有效的方法。李小龙说，学一百套拳法不如精学一套拳法，当把一套拳法练到炉火纯青时就能一招致命。为什么说章启武采用的方法“简单粗暴”？因为过去他没有从事过市场营销，而是被派到深圳后被逼出来的。虽然当时不懂营销，但是身处一线城市，每天都会自然而然耳濡目染地接触到市场，不知不觉中也会被深圳这座改革开放的前沿城市影响，十年前，煌上煌在深圳也只有几十家店，为了开拓连锁加盟更大的市场，章启武把深圳作为“主战场”逐步延伸到东莞、佛山、珠海、汕头、广州等区域。几个“70后”的年轻人开始向各个区域做地毯式的进攻……

采取什么方式呢？为了营造声势，十几辆煌上煌的送货车上都喷上招商加盟电话在大街上行驶，并印制了大量的广告宣传单，见到行人就塞进他们手中，以及请他们免费品尝卤菜，再加上高音喇叭的轮番轰炸……

在十年前的广东，这种营销方式在一些闹市繁华的中心地段随处可见，真可谓是简单粗暴。就像一群人扛着炸药包，直接冲进人流密集的地方进行轰炸，把行人“一网打尽”，无处躲藏。当然，此举也会引来很多行人驻足观看，有意向加盟的会主动索要传单，主动品尝卤菜。

煌上煌那时在深圳也有一定的知名度，虽然广东其他区域的缺口还没有打开，但这种每天让车队按时在繁华闹市区推广的方式果然成效显著，不到一年，深圳的连锁加盟店就从几十家一路狂飙到136家，并且还在递增。当煌上煌在深圳市场发展势态愈来愈好时，章启武又招贤纳才，把得力干将李军招了进来。

几个年轻的小将又开始采用此举对东莞每天进行狂轰滥炸式的宣传营销。不到一年间，东莞从之前经营不下去的六家店增加到一百多家，发展形势逐渐向好。由于生产加工厂房建在东莞洪梅镇，在方便运输的同时各项成本以及人力、物力等都相对其他区域较低，反而更有利于开拓市场。

接下来，珠海、汕头、佛山等地都留下了章启武、李军、王佐、章丽丽等人的足迹，一个个的捷报飞向南昌煌上煌总部……

“报告主席，这个月我们又盈利了。”

“报告主席，连锁加盟店已突破300家。”

随着每个月的递增，煌上煌很快在广东打开了市场，连锁加盟店从一百多家到两百多家、三百多家、五百多家……营业额从刚开始的两百万、五百万、一千万到一个亿、四个亿。

在2007年至2009年间，煌上煌在这批小将的大力发展下，很快延伸到了以深圳为主的其他区域，打破了之前创业元老在深圳十年开拓不到七十家的老局面。仅三年间，就飞速发展到了五百多家。

销售额增长了，员工人数却降低了，团队整体素质提高了，如今看来，徐桂芬当年把这批年轻的小将们调到深圳，把他们推到市场这个“大熔炉”里去历练，为煌上煌补充了年轻的管理干部和新生力量。

而后来李军的到来，则把这种“简单粗暴”的营销方式升华到了一个更高、更专业务实的层次，从“城管式”管理，到“保姆式”管理，再到现在的“奶妈式”管理，培养了一批批的优秀店长，并着手撰写了有关市场营销的手策，发放给广东各专卖店。应该说，徐桂芬的英明决策培养了一批年轻的后起之秀，让这一批原本在基层车间工作的年轻人得到了很好的磨炼，走到了高层的管理岗位。

谈到广东市场的开拓时，李军称当年章启武采取这种“简单粗暴”每天轮番轰炸的方式也是万般无奈。在2007年至2009年三年间，想要在深圳一些主流媒体做宣传广告价格很贵，电视广告几十万，连公交车上打广告也要二三十万，请明星或在地铁上做广告就更贵了。那时深圳公司也不赚钱，拿不出这么多钱去做广告。只有在煌上煌自己门店员工和送货的师傅们身上想办法。

每天送货师傅早上四点出发去各个门店送货，送货回来就到了中午十二点，趁这个间隙，把十几辆车子在深圳集合起来，排成一条车队再浩浩荡荡出发去各区域推广，每晚回来大家都累得浑身快散架了，但没有一个人叫苦喊累。当时还没有“美团”“饿了吗”,“大众点评”也是刚刚开始，车队游行的营销方式虽然辛苦，但是能让顾客直接品尝到煌上煌食品，并且宣传成本不高。

而章启武经过三年的锻炼，从当年刚到深圳时因没做过营销心里发虚，到后来面对市场游刃有余，当初他以为只是暂时在深圳负责半年就回南昌，结果一待就是三年多。

这三年多来，广东连锁加盟店稳定增长，销售市场蒸蒸日上，徐桂芬也陆续将一些年轻得力的小将派到深圳来锻炼，边培养、边观察。这些小将们经过三年多的历练，成长很快，在广东市场培养出一批优秀的管理团队时，徐桂芬这才把章启武调回南昌总部，负责供应和生产，重新任命李军接替深圳公司总经理。

李军也是“70 后”，他的执行力非常强，通过对深圳、福建等市场的接触，他归纳了一套独门、务实的营销方法，并与加盟商之间形成了一种合作社的模式，把有能力的人全部组织起来，梳理了一套全新的套路和“打法”。

墙内开花墙外香，一花引来百花香。煌上煌深圳分公司成了各地市场营销学习的榜样，培养了一批原本不懂市场营销的年轻管理团队。章启武被调回总部后，在李军、王佐的带领下，广东市场销量增长了二三倍。2014 年 8 月李军接手福建公司，新厂已运行一年多，2015 年开新店 124 家，增长率当时全国最高 24%，成功突破亿元大关！

现任股份公司营销副总监的李军介绍：“广东是我们公司一次性买断的，我是 2009 年 6 月进公司，做生产副总，在章启武总经理带领下，广东市场高速发展，经历了两次大产能。近三年广东公司连续以 5.9%、20%、52% 的速度增长，产值由 1.6 亿元到 3.2 亿元，今年突破 4 亿元，下一步准备挑战 4.5 亿元。其间，我们还成功开拓了广西市场，两年时间发展到近百家。”

广东市场在这些小将们一路开疆拓土下早已羽翼丰满，犹如雄鹰展翅般翱翔。章启武、李军、王佐、闵小保这批年轻的后起之秀来到深圳后，在东莞、佛山、中山、珠海等地进行车队流动巡游，派发免费卤菜，派发宣传单……通过各种低成本营销方法使品牌知名度迅速得到提升，使深圳市场延伸扩张到整个广东市场。短短几年间，广东在章启武、李军等的开拓下，从当年创业元老发展的 67 家增至 136 家，再到 500 多家，延伸到了整个广东市场。

就在广东市场取得巨大成功后，福建市场的开拓可谓一波三折、柳暗花明。谈起福建市场的开拓，要从褚浚的独具慧眼开始讲起……

广东连锁分店进商超

“新瓶旧酒”，登陆福州

俗话说，千里马常有，而伯乐不常有。福建市场是徐桂芬的长子褚浚在幕后操控下开拓出来的，这伯乐就是褚浚。那时，家在福州的陈崇熙想在福建开一家煌上煌加盟店，当他专程来到南昌和徐桂芬见面商谈时，却被一口回绝：“福建人是吃海鲜的，怎么会喜欢吃江西卤制食品呢？！”

被拒绝后的陈崇熙并没有放弃加盟的想法，他三番五次地去公司软磨硬泡，徐桂芬就是避而不见。陈崇熙的执着打动了一个人，这个人不是别人，正是徐桂芬的长子褚浚。褚浚觉得陈崇熙是个敢于开拓创新的人，他决定瞒着母亲支持陈崇熙在福建开连锁店。褚浚再三斟酌，为了不砸掉煌上煌的金字招牌，决定用“啃啃香”这个店名悄然入驻福建：一、满足陈崇熙加盟的想法；二、万一不成功，也不会砸了煌上煌这个金字招牌；三、通过“啃啃香”的成败，也可以向母亲证明自己的能力。

在福州东街和八一七的交汇处，由褚浚和陈崇熙共同投资的“啃啃香”专卖店在盛夏七月火热开张了。陈崇熙虽然是经销商，但对门店具体操作却是个地道的“门外汉”。为什么这么说？因为陈崇熙以前是开夜总会的，并没有做过食品行业，这次跨行创业对他来说是一次挑战。随即，褚浚又派出一名有经验的老将毛碧霞去协助开拓市场。

开张第一天，毛碧霞带领店员从早上八点开门到晚上十二点，也只卖了一个鸭脚和两个鸭翅，还免费白送了几百个卤蛋。这么多食品免费送出去品尝，却没多少人购买，给公司造成了不少损失。这种亏本的状况持续了两周，毛碧霞和店员们使出浑身解数来推销，渐渐有了顾客，回头客也愈来愈多。再加上陈崇熙的积极配合，购买食品送钥匙环，或送小礼品，免费喝啤酒等，生意慢慢有所好转。

从“啃啃香”登陆福建开始，大家没有睡过一个好觉，经过半个多月的“浴血奋战”，“啃啃香”终于得到了福建人的认可。

“啃啃香”的成功，让褚浚信心十足。紧接着，陈崇熙又在福州苍山区开了第二家，在福州中高档小区周边又连续开了第三家、第四家、第五家……

《福州日报》也发表《外来品牌对当地同行业应如何取长补短》的评论，对江西的“啃啃香”品牌在短时间内创造的良好社会效益进行了点评。连锁加盟逐渐在福建打开市场，仅半年时间，“啃啃香”就发展到18家专卖店。

半年后的一天，营销部经理韩维平见时机成熟，征求过褚浚的意见之后，便把这件事向徐桂芬作了汇报。徐桂芬一听当即表态：“既然‘啃啃香’这个‘孩子’生下来了，我们就要把它培养好。”于是，徐桂芬和丈夫亲自到福建去考察，考虑到煌上煌品牌的整体效应，当即果断拍板做了三个决定：一、把“啃啃香”全部换成煌上煌招牌；二、在福建投资修建厂房；三、对现有的股权制进行适当整改。徐桂芬的这三个英明决策，推动了煌上煌在福建市场的飞速发展。

针对广东市场的成功开拓，当福建发展到一定规模的时候，徐桂芬如法炮制也开始建厂，当时煌上煌在福州市中心租了一个闲置的不到一千平方米的厂房，后来随着产量扩大，无法满足发展需求，通过福建合作伙伴陈崇熙提供的信息，徐桂芬当机立断在福清市镜洋镇又购买了一个“烂尾楼”后，徐桂芬的弟弟徐新亮带领工程部日夜赶工期，一个崭新的厂房拔地而起。

记得厂房剪彩的前一天，狂风暴雨大作，徐桂芬因感冒不适加之又吃了海鲜，为了厂房第二天能顺利开张，本应陪着客户去旅游点，她临时决

2011年11月福建福清生产基地投产

定不去，带着病重的身体在寒冷的天气冒雨指挥作战。

第二天清晨，风停雨住，晴空万里。福建厂房门前彩旗飘扬、锣鼓喧天，忙碌了半宿的徐桂芬喜笑颜开、精神百倍地出现在剪彩仪式上。说来也怪，每当遇到恶劣天气，只要徐桂芬到场，总会逢凶化吉。有人开玩笑说，或许是冥冥中有菩萨在帮她。玩笑归玩笑，但每逢碰到集团有重大活动或新店开张，只要徐桂芬到场，当天一定会雨过天晴。

俗话说,善有善报。一花一世界,一叶一菩提,一个企业也是一个世界。徐桂芬信佛，她相信是“菩萨”冥冥中在保佑她一次次地渡过难关，心中有佛，所见皆佛，心中有企业，“菩萨”才会“显灵”。这或许就是心诚则灵之说吧。

几年间，随着建厂之后规模的不断扩大，福建市场有了强劲的动力和保障。当然，福建市场的成功，离不开陈崇熙夫妻在起步阶段的辛勤付出，他也吃了不少苦头，经历了很多艰辛和坎坷。

2012 年，随着企业上市，福建分公司也进行了股改，已经成为煌上煌股份公司的全资子公司。到目前为止，已从 18 家专卖店拓展到了将近400 家。

福建的成功让徐桂芬迅速调整战略，把标准化建设作为企业建设和品牌建设来抓，制定了产品技术标准 34 个，其中，绿色食品标准两个，涵盖了五大系列一百多个品种。

同时，相继建立和完善了质量管理标准体系四十多项以及规范的食品加工操作、卫生操作、配送程序。福建工厂先后荣获“福建省质量诚信品牌单位”“ 福建省信用建设示范单位”“福建省工人先锋号”“ 福清市和谐企业”“福清市四星级党组织”等荣誉。

煌上煌继广东、福建、沈阳之后，又开始向北京、上海、河南、安徽、浙江等省市延伸……

正当煌上煌在几年间乘风破浪、势如破竹，大举向其他城市扩张时，2004 年 6 月 22 日，一条条有关煌上煌食品中毒事件的爆炸新闻充斥着人们的眼球：这次因食用煌上煌卤制品群体性食物中毒事件，造成至少一百五十九人入院救治……

“6 · 22”中毒事件的突发，让煌上煌瞬间从天堂坠入地狱……这一天对徐桂芬来说刻骨铭心！这次重创，顿时让煌上煌陷入沼泽。是生存，是毁灭，还是穿越地狱？

第五章

东山再起，风雨之中一起走

“昨天所有的荣誉，已变成遥远的回忆，辛辛苦苦已度过半生，今夜重又走进风雨……”这首歌正是徐桂芬当年的写照。就在煌上煌如日中天时，6·22事件的突发仿佛一记重锤，狠狠地砸在了她的心坎上。

为了消费者那一双双期待的眼睛，为了煌上煌那上万名下岗员工，为了不让政府和所有关心煌上煌的人失望，徐桂芬如凤凰展翅般浴火重生！

随着搬厂后中央领导人及中国女排的到来，煌上煌人感到无比自豪与骄傲，继中国女排之后，一批批省内省外的各级领导前来煌上煌参观，经过暴风雨洗礼后的煌上煌终于迎来了发展的春天。

一、遭遇“6・22”事件，坠入深渊

煌上煌的发展充满坎坷和艰辛，从来不是一帆风顺的，甚至有着壮士断腕般的悲壮。就在煌上煌一路披荆斩棘、乘风破浪向全国进军时，却万万没有想到发生了“6·22中毒”事件，让它遭遇了前所未有的灭顶之灾！

在面临企业生死存亡艰难抉择的危急关头，面对媒体镜头，徐桂芬第一次在公众面前掉下眼泪……

中毒事件，雪上加霜

2004年端午节的前一天，英雄城沉浸在一片喜庆祥和的节日气氛中。各路商家门口摆放的彩虹门、鲜花篮与霓虹灯等齐放亮彩，将南昌这座正在快速崛起的城市装扮得格外美丽。此时，正是与亲人、朋友出门购物的旺季，而煌上煌卤品更是江西人餐桌上必不可少的食品。为抓住这千载难逢的大好时机，煌上煌各部门开始摩拳擦掌，进入备战状态。

就在煌上煌连锁加盟双管齐下势如破竹之时，6月22日，南昌电视台播出部分地区发生群体性食物中毒事件……新建县等地有人由于进食煌上煌卤菜，出现恶心、呕吐、腹泻等中毒症状，紧接着，至23日下午6时许，中毒人数从22日晚的125人上升至159人。

2004年6月22日这一天，是煌上煌最黑暗的日子，也是徐桂芬最刻骨铭心的日子。

南昌市各大媒体都报道了此次中毒事件。从23日晚开始，煌上煌分布在全省各地的分店全部停业整顿，紧接着，对全国大超市的煌上煌食品进行下架。24日，相关报纸对南昌许多市民因疑似煌上煌食品导致中

毒一事进行了跟踪报道；新建县防疫站高度怀疑患者病因为葡萄球菌感染……

这一条条让人触目惊心的报道充斥着徐桂芬的眼球，但她更担心的还是那些躺在医院里的消费者。就在煌上煌处理中毒事件期间，更让人寒心的事情也在医院上演：一些病人到医院去看病，听说只要声称自己吃了煌上煌食品就不用交钱，于是骗医生说自己是吃了煌上煌导致生病的。

当时，在各大医院，都设了一个煌上煌专治点。第一，可以让真正吃了煌上煌的消费者免费治疗；第二，可以给消费者一些经济补偿。这给了一些别有用心的病人可乘之机。为了治病不花钱，那些没有吃煌上煌的人也说自己吃了卤菜导致生病的。这下医院可热闹了，真真假假也难分清，还有的病人趁机把自己的医药费记在了煌上煌的账上，以至于煌上煌的中毒人数只增不减。此事还惊动了中央电视台等相关媒体，有的记者专程从北京跑到南昌来采访。那段时间，煌上煌是内忧外患。

当听说有中央电视台的记者来南昌采访时，徐桂芬夫妇慌了，她知道一旦此事惊动了北京是什么后果。正当夫妻俩感到无助，不知道怎么应对记者时，恰巧在民航宾馆碰到了时任南昌市市长李豆罗。听夫妻俩讲明情况后，李豆罗劝慰说："你们不要着急，民营企业也难免出点差错，今后一定要注意。"然后，李豆罗又召开市政府会议并与央视记者进行沟通。

"6·22事件"对徐桂芬的打击是致命的。就在煌上煌生死攸关的时刻，市长李豆罗在会上表明了态度："创办一个企业不容易，培养一个企业更不容易。煌上煌这个品牌不是属于个人的，应该是属于老百姓餐桌上的。对这种企业我们要本着客观事实来报道，要给予爱护。我作为一个市长，发生这样的事情也感到很心痛，但我也做了一些了解。有些人是真的吃了煌上煌不舒服，还有些人不是因为吃煌上煌生病，也想要点补偿。其中，有的人白天跑到单位去上班，晚上跑到医院去睡觉。这样的人混进去，企业也很委屈，人家已经摔倒了，这些人还要去添乱踏上一脚……"

徐桂芬夫妇也全力配合市政府和相关部门。一方面去医院看望慰问中毒的病人；一方面支持市政府做出了决策，让煌上煌专卖店全部关门进行整改，包括商场的货全部下架。把所有煌上煌食品全部下架这一决定犹如一记重锤，狠狠地砸在徐桂芬的心坎上，公司所有人都在等待她下令，就在事发当天，市里执法监督部门进驻厂里。当他们拿着要求各门店关门停业的通知要她签字时，徐桂芬的心情复杂极了，好几次泪水差点夺眶而出，因为她知道这一关门就不可能再开门……难道十几年培育的煌上煌就这样毁于一旦？

创办企业十一年来，徐桂芬太累了，玩命苦干的时候不觉得累，可面对突如其来的灭顶之灾，看到苦心经营的一家家专卖店都被关门、产品全部下架时，她这才感到心力交瘁。她真想从此“金盆洗手”不干这一行了，可当看到丈夫、儿子、员工那期待的目光时，徐桂芬犹豫了……

危机四伏，艰难抉择

煌上煌创业艰辛的点点滴滴一一浮现在徐桂芬脑海。当看到员工那一双双期待的眼睛；看到市委领导凌晨两三点钟还在为这件事开会；看到质监、食品防疫、卫生等部门不分昼夜地协助煌上煌；看到深夜还围在身边的同事、朋友……徐桂芬只有在夜深人静的时候，才能痛快地大哭一场，让泪水将心情释放出来：“我不入地狱，谁入地狱？既然必须穿越黑暗，那就让我去吧。”

中毒事件发生后，还有很多好心人打电话鼓励徐桂芬。还有省市领导，包括好朋友周幸福等主动来公司帮忙处理危机公关。

“没有迈不过去的坎！”

“要振作精神，几千名员工、加盟商、供应商，养鸭农户……需要你，需要煌上煌。”

“‘煌上煌’是江西的品牌，老百姓喜爱的产品，不能关门。”

……

煌上煌倾注了徐桂芬多少汗水和心血？已经和她血脉相连，像生命一样重要。

“到底还要不要再做下去？”在产品被勒令下架整改的那一晚，徐桂芬辗转反侧一宿没睡。想到辛苦打拼的煌上煌以这样的方式结束，她决定从此关门不做这一行了。徐桂芬太累了……

第二天，当看到执法部门拉着满满一卡车煌上煌食品准备销毁时，徐桂芬在刹那间想通了：“煌上煌比我的生命都重要，如果就此关门，这倾注了我半辈子的心血就付之东流，想要重新开业，就要有重新开业的证据。”

就在卡车还没开走的那一瞬间，徐桂芬一个箭步追上前拉住卫生局长说：“我有个请求！”

也就是这一瞬间，徐桂芬毅然做出了一个决定“‘煌上煌’不能关门！”

卫生局长见状耐心地说：“你讲吧，只要我们能支持的，都会支持你。”

徐桂芬说：“这一卡车货都报废了，我想请你们执法部门做个证明，证明我以前的货全部都销毁了，以后再开张的货都是新鲜卫生的了。”

徐桂芬让人请来相关媒体，全程录制了这满满一卡车食品进行掩埋销毁的经过。在关门整改的一个月时间里，消费者看到煌上煌关门了，也纷纷猜测：“徐桂芬能挺过这一关吗？”“‘煌上煌’该不会从此就关门了吧？”

掩埋销毁6月22日剩余产品

外界对此众说纷纭，大家都为煌上煌捏了把汗，觉得这么美味的卤菜消失掉很可惜。

政府各级部门高度重视，中毒事件发生后，南昌市工商联第一时间成立了应急执行小组，由时任南昌市工商联主席的雷元江担任总指挥、任美清书记担任组长，调度协调紧急处理各方面事项。同时也在第一时间，把工商联“娘家”对企业的深厚关切传递到了煌上煌。南昌市市委、市政府高度重视，迅速成立了事件处置小组，并随即组成由卫生、防疫、工商、公安等相关部门组成的调查组，对事件情况展开全面详细的调查。在煌上煌集团，紧急部署成立的集团公司事件处协调小组，由徐桂芬亲自负责，紧密配合南昌市事件处置小组和调查组的各项工作。同时，煌上煌正在苦练内功，徐桂芬对全部营销人员进行业务培训，请有关执法部门来企业进行指导。

经过调查，事故的原因也查明了，主要在于销售环节：中毒事件发生在新建县代销店，当天正好是端午节，由于进货量太大造成代销店所进的食品无法达到存放要求，加上本地食品运输专用车辆以及更衣间等消毒设备均有欠缺，为细菌繁殖提供了条件，以致造成“金黄色葡萄球菌繁殖”引起食物中毒。

原因总算水落石出。虽然此次事件不是煌上煌的主观因素造成的，但暴露出了管理上的不足。

十多年来，煌上煌一直以各种形式回报社会，捐资兴办了五所煌上煌希望学校，资助了一千多名失学儿童，先后安置了两万多名下岗职工再就业……也正是因为煌上煌过去做了这些善事，南昌市政府才会在企业关键的时刻表明了态度。作为煌上煌的掌门人，徐桂芬通过电视媒体诚恳地向广大消费者道歉。面对电视镜头，她用颤抖的双手握着话筒，声音几度哽咽：“煌上煌品牌比我的生命还重要，它倾注了我所有的心血与汗水。‘6·22’事件令我痛心，我对不起钟爱煌上煌产品的广大消费者……”

煌上煌一路风风雨雨、跌跌撞撞地走到今天，徐桂芬什么苦没吃过？什么困难没经历过？乘风破浪闯市场，荣誉也获得不少，但无论哪一次也没有这次事件让她痛彻心扉、终生难忘。

得知中毒的患者已经全部出院，徐桂芬处理完所有相关事宜后，诚恳地给消费者写了一封信，并在各大报纸醒目位置刊登，原文如下：

6月22日，正值端午佳节之际，备受广大消费者喜爱的煌上煌却被蒙上了一层意想不到的阴影。这一天，由于销售终端环节的局部代销店疏于管理，直接导致了“6·22”事件的发生，在广大消费者中造成了不良影响，作为煌上煌集团公司的主要负责人，我对事件的发生感到十分痛心。公司决定，6月22日将成为煌上煌集团公司的质量安全警示日！

煌上煌集团风雨兼程，已经走过了10多个春秋。我在创业的路上有艰辛、有坎坷，但更多的是庆幸，是欣慰。庆幸的是我遇上改革开放的好时代；欣慰的是遇上了许多关爱和支持我的广大消费者。如果没有你们，也就没有我徐桂芬的今天，也就没有煌上煌的今天。煌上煌的昨天充满了广大消费者的厚爱，煌上煌的今天和明天更需要大家的关心和帮助。

煌上煌这个品牌是我生命的全部，今天，她摔跤了，跌倒了，热切盼望大家扶她一把，帮她一程；明天她要成长，要发展，更离不开大家的呵护与扶携，离不开全省乃至全国消费者的培育与关爱。我作为一个下岗再创业者，心中常怀感恩之情，一直在以各种方式回报社会。十年来，我们先后捐资兴办了“希望小学”和“春蕾班”，资助了一千多名失学儿童，为政府安置了一万多名下岗职工再就业。“致富思源、富而思进”是我们的行为准则，共同富裕，共奔小康，是我们义不容辞的责任。请广大消费者相信，煌上煌集团是个负责任的企业，是个充满爱心的集体。

事件发生后，我和公司全体员工面对现实，以积极的态度配合省、市有关部门对产品进行检测，对事故进行调查和处理，对患者进行救治和慰问，全力做好善后工作。事件给了我和公司一个十分沉痛的教训。我们完全拥护南昌市人民政府对“6·22”事件的调查处理决定和下达的整改措施，感谢新闻单位的舆论监督。这次事件虽然是由于个别代销店失职所致，但也暴露出我们在管理中存在的疏漏与不足。对此，我负有不可推卸的责任。在此，我代表煌上煌集团公司向“6·22”事件中毒者及其亲属致以深深的歉意！同时，深深感谢广大消费者的宽容与谅解。教训让我们警醒和反思，也给了我们改过和奋进的力量。

我们在南昌市政府调查组、整改组和有关部门的指导下，边处理，边总结，边整改，在公司内部迅速开展了“重走创业路，重塑煌上煌”的主题教育，组织公司全体员工进行食品质量卫生安全知识教育与培训；对违规和不合格的经营单位进行整顿和清退；对原料采购、生产加工和配送销售等环节的硬件与软件进行全方位的改善和提升；对产品实施质量安全和责任保险；请国家权威食品研究机构对产品负责监制；同时还邀请省市卫生、质监部门派员进驻企业，对产品质量安全进行全程检测与监控；设立有奖投诉电话，聘请消费者担任质量安全监督员等等。请广大消费者相信，我们已采取一系列的举措来杜绝类似事件发生。以人为本，以民为先，诚信兴业是我们的宗旨；质量第一，安全第一，优质服务是我们的信念。我们已经决定将6月22日定为公司质量安全警示日，时刻警示全体员工，决不让“6·22”历史重演，决不让煌上煌蒙羞！

路遥知马力，日久见人心。我坚信，永不言败的煌上煌，有政府的关心与支持，一定不会为挫折所阻。有错必改的煌上煌，有广大消费者的宽容与理解，一定能够重新赢得大家的信赖！为此，我郑重承诺：决不辜负广大消费者的厚望，再走创业路，重塑煌上煌，以崭新的形象、全新的面貌展现在广大消费者面前。充分发挥农业产业化龙头企业的设备、技术和管理的优势，生产出更好、更安全、更味美的食品奉献给广大消费者，把煌上煌打造成百年品牌，百年老店，为江西在中部地区崛起再造辉煌，为振兴中国食品工业做出新的贡献！

江西省煌上煌集团董事局主席徐桂芬

凤凰涅槃，浴火重生

这一场突如其来的“6·22”事件，震惊了“煌上煌人”，也震惊了南昌市民，甚至波及煌上煌省外的销售点。江西省内一百八十多家煌上煌连锁店全部关门，一时引起大家议论纷纷。大家关心的是，江西知名企业煌上煌是生还是死？会不会从此一蹶不振？

7月6日，身心俱疲的徐桂芬坐在公司会议室时，她的眼圈是肿的：“这段时间我没有睡过一个好觉。‘6·22’事件教训深刻，代价惨重，它促使我们全面反思，全面整顿，警钟长鸣。食品安全大于天的思想已经深入煌上煌每个人的心中。我们必须重整旗鼓，煌上煌一定会再创辉煌，我有信心！”

当年，徐桂芬在绳金塔下闯出市场，时隔十一年后，在2004年7月9日，

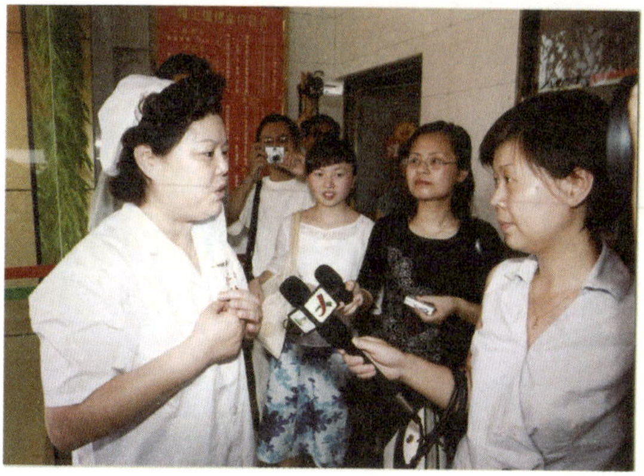

徐桂芬接受媒体采访

她的身影又出现在绳金塔下煌上煌总店。在停业整顿了十八天之后再次开张，徐桂芬此刻百感交集。就在绳金塔总店开张的第一天，让她感动的是市里有个重要的领导特意带头卖鸭子，并对消费者表示："企业磕磕碰碰是难免的，经过这次整改，煌上煌食品质量会更安全、更卫生，请大家放心吃。"

在开张当天，徐桂芬亲自在窗口当营业员，笑容满面地迎接每一位前来购买的顾客。当天她接受了记者采访，全文如下：

记者：1993 年你下岗后经营绳金塔下的小小卤菜店，近几年没站过柜台。7 月 9 日，"6・22" 事件停业整顿的第 18 天，煌上煌集团直属三家专卖店以崭新的面貌重新开张，你身穿工作服，戴着口罩热情地为顾客服务，是什么样的心情？

徐桂芬：完全不同的两种心情。我这次亲自为顾客服务有特殊的背景："6・22" 事件发生后消费者遭受伤害、"煌上煌" 蒙受阴影，我是为了事业，是带着歉意带着真诚带着信心来为大家服务的。

记者：重新开张的煌上煌专卖店从里到外让人感觉面貌焕然一新。门口悬挂着 "真诚相拥接受监督、全力打造江西名牌"、"以我们的真诚回报消费者的深切厚爱" 等条幅，张贴了世界卫生组织忠告：卤熟食品购后即食，贮藏后请加热食用。还给顾客散发了《煌上煌致广大消费者的公开信》及《煌上煌忠告：警惕病从口入》等消费提示。前来购买的消费者享受到了与以前不同的温馨、人性化的服务。

徐桂芬：为了这一天的到来，我 10 多天没睡好觉。整顿期间，我们邀请省市食品界、卫生防疫部门、经济界、新闻界等各方人士为企业发展把脉问诊开药方。我们深知，煌上煌一定要以崭新的面貌与市民见面，重新开张只准成功，不许失败。事实证明我们的努力达到了预期的效果。开张第一天就受到了消费者的欢迎。顾客争相购买。很多人说，好久没吃煌上煌卤菜了，这下可以解馋了。有不少人给我打电话发短信，祝贺我开张第一天跑火。

消费者宽容、理解，各级政府、监督部门支持、关心。这是最受感动的。我只有拿出安全、放心、可口的好产品，只有更好地回报社会为国家多做贡献，才对得起广大消费者。

记者：你这一辈子感触最深的事是哪件？

徐桂芬：11 年来，把煌上煌从小做到大，什么苦没吃过？什么难没受过？荣誉也得了一大堆。但无论哪一次也没有“6·22”事件让我刻骨铭心，终生难忘。事发当天，市里执法监督部门进驻厂里，当晚各门点关门停业要我签字时，我心情复杂极了。10 多年培育的煌上煌就这样毁于一旦？它倾注了我多少汗水和心血呀！我一度想打退堂鼓，从此金盆洗手。可是，看看市委、市政府领导凌晨两三点钟还在为我们的事开会，看看质监、食品防疫、卫生等部门不分昼夜地帮助我们，看看深夜还围在我身边的同事们，我没有理由退缩！1000 多名员工需要我，社会和广大消费者需要我。许多人打电话鼓励我，要我振作精神，重整旗鼓，天下没有迈不过去的坎！所以，我由衷地感谢他们，感谢各级政府、职能部门，感谢消费者，感谢亲朋好友和同事们，是他们给了我战胜困难的勇气，给了我重塑煌上煌新形象的信心和决心！从此，煌上煌会一路走好，会越做越大。

煌上煌集团是富有社会责任感的企业。面对“6·22”事件，它敢于承担责任，主动出资免费为患者治疗，至今已支付 30 多万元医疗费，徐桂芬在电视、报纸上公开向消费者致歉，并发表了情真意切的《“煌上煌”致广大消费者的公开信》。同时，为了拯救煌上煌品牌，他们变危机为契机，变坏事为好事，开始了食品安全行动等一系列整改措施。

记者：“6·22”事件后，煌上煌集团负责人赶往医院看望患者，主动出资为患者治疗，这点赢得了市民的同情和谅解，体现了一个企业的社会责任感。电视台记者采访患者时问："你们以后还吃煌上煌产品吗？"他们回答："还吃。"

徐桂芬：我非常感谢这些患者对我们产品的信任，也非常感动。回报社会是煌上煌集团一贯所坚持的。中毒事件发生后，我当时的想法是，不管是什么原因，最要紧的是赶快救治和安抚中毒消费者，我亲自布置有关部门向相关医院拨款免费救治中毒患者，还成立事件医疗慰问小组慰问住院患者，全力做好善后工作。

记者：此次中毒事件，问题出在哪里？怎么把坏事变成好事？

徐桂芬：问题出在下面——个别代销店疏于管理，违规操作，但责任在上面，它暴露了"煌上煌"在管理中存在的漏洞和薄弱环节。比如对食品质量卫生安全问题重视不够，对物流、销售环节监管不力等。对此，我们不推诿，敢于直面问题，承担责任，敢于向消费者负责。中毒事件本身是件坏事，它对"煌上煌"打击很大，但同时它又是一件好事，它增强了我们的危机意识、质量意识、管理意识。出事前我正好到黑龙江考察，准备大打省外市场。我现在省内市场占总量的 80%，如果等到省外市场份额占到相当比重时再出这样的事，那对"煌上煌"的打击才是致命的。

记者：在内部整改中，你提出了"食品质量大于天"的口号，并开展了"重走创业路，重塑煌上煌"等一系列活动，成效如何？

徐桂芬：食品行业是道德行业。以人为本，以民为先，诚信兴业是我们的宗旨；质量第一，安全系数第一，优质服务是我们的信念。为了全面提高质量安全管理水平，树立食品质量安全大于天的意识，我们将"6·22"定为公司质量安全警示日，时刻警示全体员工，决不让"6·22"重演！而且我们正在抓 HACCP 体系认证工作，按照 HACCP 体系要求将质量安全落实到每一个环节。

7 月 7 日，我领着全体管理人员和生产、销售一线的职工代表在神圣的国旗面前宣誓：前车之鉴，终身之训；质量安全，铭记在心；每时每刻，毫不懈怠；严格要求，从我做起；规范操作，强化管理；坚定信念，再创辉煌！当日我们还从卫生、质监、社会各界人士中聘请了 18 位首批质量安全监督员，以后将分批聘请，总共要聘请 100 名，欢迎全社会监督我们。

记者：此次整改查出了哪些问题，针对性地提出了哪些对策？

徐桂芬：我们全面排查，查找原料、生产、销售等各个环节存在的差距和不足，共找出亟待解决的20个主要问题。如缺乏销售量过大的预警机制，销售点冷藏消毒设施配套监管力度不够，对产品检测后的留样结果分析报告制度不健全等。整改期间，有计划地举办了10期培训班，邀请防疫、卫生、质监等有关部门的行家讲课。进一步健全了管理制度，如生产工人《十不准制度》《煌上煌专卖店等级评定标准》《鲜货产品运输、销售卫生质量安全管理规定》等。改善运输、销售条件，近期新购的10辆冷藏运输车将到位，逐步推行冷链式运输及销售，杜绝产生二次污染。

“6·22”是个契机，“煌上煌”借机浴火重生，脱胎换骨为现代化的标准化工业企业。再过两个月，南昌县小蓝工业园中占地近300亩的煌上煌食品工业园将成为全国最大的中式食品加工基地。2006年力争实现产值6亿元，2010年实现产值15亿元……一头连着农户一头连着消费者的省、市农业产业化龙头企业——煌上煌集团将在广阔的天空展翅高飞。

记者：“6·22”事件使“煌上煌”重新反省自己，这对去年开工、今年9月即将投产的小蓝工业园中的煌上煌食品工业园建设有什么帮助？

徐桂芬：有很大的帮助。占地近300亩的煌上煌食品工业园去年开始建设，已投入1.5亿元，建筑面积5.8万平方米，建成后将是全国最大的中式食品加工基地，全国农副产品深加工示范工程项目、2003年国家级星火计划项目就在此实施。

“6·22”事件后，我们对煌上煌食品工业园的工艺、设备、流程作了科学调整，使之更符合现代化企业标准。采用先进现代加工手段，提升产品加工科技含量——建设现代化屠宰分割车间，应用呼吸式隔膜装置、连续式油水分离油炸设备等；加大自检自测力度，建立产品安全防护网——有计划地添置高科技、现代化的检测设备，引进国外先进检测方法，建立标准化生产自控体系，形成从源头到最终产品整个生产过程质量控制的监督机制等等。

……

紧接着，煌上煌直属广场店、东湖店等三家专卖店在鞭炮声中恢复营业；11日，其直属的南昌市区二十家煌上煌专卖店及整顿好的加盟店相继重新开业；江西其他区域的专卖店也相继开张。

“好久没吃煌上煌卤菜了，这下可以解馋了。”

“如果连煌上煌都不敢吃，那还有什么敢吃？”

“吃煌上煌不用担心，安全有保障。”

“整改后的煌上煌食品应该是最安全的，我们爱吃。”

……

消费者这些如春风一般的话语，让徐桂芬倍加感动，她只有拿出更安全、放心、美味的好产品，才能对得起忠实的消费者。在煌上煌重新开业之际，还有不少亲朋好友给徐桂芬打来电话、发短信表示祝贺和支持。消费者的宽容、理解；各级政府、监督部门的支持、关心；亲朋好友的鼓励……给了她战胜困难的勇气和力量，让她度过了这段黑暗时光。

煌上煌这次问题出在销售下层：由于个别代销店疏于管理，违规操作造成的；但责任在高层：在管理中存在着漏洞和薄弱环节。比如对食品质量、卫生安全问题重视不够；对物流、销售环节监管不力等。但敢于直面问题承担责任，敢于向消费者负责，这就是徐桂芬的率真本色。

也许是巧合，也许是天意，为了让徐桂芬永远牢记6·22这个特殊的日子，2012年，她的小孙女意外地在6月22日出生了。当时，褚浚看到媳妇快要生产时，还半开玩笑地说：“你在哪一天生都行，就是千万别在6·22这天生。”

哪晓得媳妇却偏偏在这一天提前顺产了。小孙女的出生，让全家人都永远铭记住了“6·22”。这件事以后，煌上煌开始敞开大门，欢迎各质检部门来企业指导。过去质检部门来检查，企业总以为是来找茬子，现在徐桂芬明白了一个道理，质检部门也是为企业好，如果经常检查，或许就不会发生中毒事件了。

徐桂芬和煌上煌全体员工们的真诚道歉和妥善处理，最终获得了消费者的谅解。集团董事会拿出了整改的六大策略：一是全面提高质量安全管理水平，将“6·22”定为公司质量安全日，时刻警示全体员工，树立质量安全大于天的忧患意识。二是进一步强化企业管理，努力改进原料采购、生产加工、经营销售等环节存在的疏漏及不足，加强对郊县代销店的检查监管工作力度，以确保产品质量安全。三是改善生产及运输条件，近期增购质量安全检测仪器设备、冷藏运输车辆和卧式冷藏柜，保证对原料及产品的质量安全检测和杜绝产生二次污染，实现冷链式运输及销售。四是全面整顿及清理市区产品专卖店和郊县代销店，对周边环境及门店安全卫生不符合要求的一律关停。所有销售网点的货源由冷藏运输车集中统一配送。五是加快小蓝工业园的新厂建设进度，争取9月份搬迁，彻底改善生产加工场所环境及硬件设施。六是加大投资力度，建设好标准化养殖示范基地，从源头上把住原料质量安全关。

穿过“6·22”的地狱之门，浴火重生的“煌上煌”终于迎来了黎明前的一丝曙光。痛定思痛，徐桂芬决定：在南昌县小蓝经济技术开发区建立现代化食品加工工业园，引进国内外先进生产设备和加工工艺，确保食品安全。

在产品销售终端，传统的摆盘模式难以保障产品的保质期和食品卫生，容易受到二次污染，由于产品在空气里摆放时间过长，容易发生氧化，导致变色变黑，煌上煌大胆创新，在长子褚浚的建议和实施下，借鉴冰柜的模式引进了导柜，运用冷链技术将产品统一摆放在玻璃导柜里销售，产品在导柜冷链0~4摄氏度以下保存，不但可以有效保障食品安全和卫生，同时导柜销售模式的运用，也使消费者进店即可在玻璃柜下选购，从此煌上煌产品裸露装在盆子里销售的模式消失了。后来，这种玻璃导柜的模式让同行纷纷效仿。

雄关漫道真如铁，而今迈步从头越。经历黑暗绝境逢生的强者善于从逆境中寻找希望。对强者来说，逆境是成就伟大的竞技场。心若在，梦就在，只不过是从头再来……创业中最伟大的光辉不在于永不坠落，而是坠落后总能再度升起！

二、从头再来

从创业初期阳台上摆两个煤球炉加工生产，到八平方米的小店面，再到三十多平方米的小作坊，到170平方米作坊，再到1500平方米的小型加工厂，然后搬到闲置两万平方米国营厂，再到如今二次搬厂在小蓝六万平方米的厂房……煌上煌也由一个人，到一群人，再到如今上万人，徐桂芬宛如走过了一条漫长而艰辛的旅程，穿过荆棘、泅过苦海，哪怕前方等待她的依然是狂风暴雨、电闪雷鸣，她也会奋不顾身地冲进去。

创业之路，只有起点……

痛定思痛，决定搬厂

2004年7月底，在“6·22”事件发生后的一个月，徐桂芬做出一个决策：搬厂！并把时间定为三个月之内。

这个决定立刻在煌上煌掀起了轩然大波：“在三个月之内搬厂？怎么可能？这简直是天方夜谭！”

这个决定遭到了集团上下的反对，所有人都认为徐桂芬头脑发热，要在三个月之内搬入小蓝工业园（简称：小蓝），谈何容易？！为什么呢？这里先简单介绍一下小蓝的基本状况。南昌市小蓝工业园为国家级工业园，2002年3月成立，2006年3月成为省级开发区，2012年8月正式升为国家级开发区，并更名为南昌小蓝经济技术开发区。这是继南昌经济技术开发区之后的第二个国家经济技术开发区，也是江西省第七家获批的国家级经济技术开发区。国家级经济技术开发区落户县城，不仅在江西省尚属首次，在中部地区也是第一家。

但是，小蓝在 2002 年 3 月刚成立的时候，还只是一片荒芜。那时小蓝工业园刚刚开发，除了“汇仁集团”刚搬进去外，还没有其他企业入住。煌上煌的厂房已经建好，但后期的装修施工人员如老牛拉破车一样“磨洋工”，以致两年时间都无法搬进去。里面除了钢筋水泥铸成的厂房，到处都还是“空架子”，什么设施都没有，水、电、燃气……甚至连墙面瓷砖都没有贴完。而“6·22”事件发生后仅一个月时间，在这个节骨眼上想要搬进小蓝，自然是难上加难。但是徐桂芬心里清楚，只有改善生产条件，才能确保食品安全。

把“不可能”变成“可能”，这是徐桂芬的一贯作风，只要是对企业发展有利，哪怕就是拼了老命她都要去实现目标！

于是徐桂芬把公司事务一一交代好，亲自披挂上阵。在下定决心搬厂的第二天，徐桂芬穿上工作衣，戴着草帽，脖子上搭条毛巾，脚上穿双塑料凉鞋，一头扎进了新厂房。她早出晚归，并下令各部门上午在老厂生产、下午到新厂劳动，对整体厂房的工作范围进行了细化分工。面对小蓝的污水处理、垃圾运输等尚在修改的基础设施进行整体规划。

搬厂之前正值八月，盛夏酷暑、蚊虫苍蝇满天飞舞，大家不仅要忍受高温酷暑，还时常被蚊虫叮咬，徐桂芬顾不上自己有糖尿病，每天累得腰酸背痛、挥汗如雨。除了绿化没到位，还有厂房门口的马路、阴沟……在搬厂之前的两个多月时间，徐桂芬仿佛又回到了创业初期披挂上阵，早上爬起来就往小蓝跑，中午就在小蓝附近稍作休息，一直到晚上十点钟还在厂房指挥，连装修队伍都被打动了，日夜奋战，提前完成了装修任务。

仅仅两个多月时间，所有的管道、阴沟、马路、车间的瓷砖、通风、设备加工全部到位。要说煌上煌精神到底是什么？那就是顽强的拼搏！徐桂芬明白，此刻就是与时间赛跑！经历了“6·22”的洗礼，煌上煌将以崭新的面貌从头再来。两个多月的奋战之后，徐桂芬安排范旭明调动生产人员花半个多月时间陆续搬厂。搬到最后，徐桂芬选了一个黄道吉日，决定在这一天搬完所有设备，彻底告别这个地方，永不再回！

火速搬厂，入驻小蓝

在搬迁的头一天晚上，煌上煌各部门通宵达旦地忙碌着，大家有条不裹地把几卡车的设备提前装好，等候徐桂芬下令。这一晚，徐桂芬和丈夫一宿没睡，每当公司遇到重大事件，她都难以入眠。徐桂芬安排生产车间趁热把老卤汁小心地倒入容器中，再逐一地到各部门检查准备情况，在各路人马一切就绪后，徐桂芬决定：9 月 6 日凌晨四点钟搬厂！

为了图个好兆头，搬厂这天凌晨4:18必须出发。按老风俗，越走越天亮，就象征着前途越来越光明的意思。在老厂房门口，几辆大卡车、生产运输车等几十辆大大小小的车子整齐地排成一条长龙，几百名员工身着统一的工作服站在车队两边，徐桂芬和丈夫坐在车队最前面的一辆小车里，车头扎了一朵大红花。此刻，大家都在静静地等待着出发的口令。

2004年9月6日乔迁小蓝工业园

“出发！”徐桂芬果断地从嘴里吐出这两个字，话音刚落，鞭炮开始响起，她恋恋不舍地看着工作了五年的老厂房，千头万绪、酸甜苦辣一起涌上心头……

老厂房留下了煌上煌人每一步奋斗的足迹，留下了太多煌上煌人的汗水和泪水，看到老厂房的一草一木在眼前逐渐变得模数，许多往事如同电影般一幕幕地浮现在徐桂芬的眼前……

回顾往事、历历在目。那是1994年7月的一天，车间突然停电。为了不影响生产，负责生产的范旭明改用发电机供电，由于发电机超负荷运转，时转时停，为了保证酱鸭的质量，他就把竹板床搬到生产车间，守候在发电机旁。可连续烤了几炉之后，范旭明在竹板床上迷迷糊糊地“睡着了”。到了第二天早上，送货来的供应商发现了“睡着”的范旭明，与此同时，还有几个员工也相继口吐白沫昏倒在生产车间。原来，范旭明不是“睡着”而是中毒昏倒了。

范旭明昏迷了三天三夜，医院还下达了病危通知单。大家都以为抢救不过来了，纷纷摇头叹息：“可惜呀，还这么年轻……”

那时范旭明19岁。

到了第四天，范旭明慢慢地苏醒过来，看到病床前父母及徐桂芬关切和焦急的目光，他这才得知自己原来刚经历过一场“生死劫”；

行政部经理关群在知晓自己身患绝症时日不多时，仍然时刻惦念着公司的事情：“集团十周年庆典活动安排好了吗？”即便是在病魔一天天向她逼近时，她仍然带病坚守在工作岗位上，每当有人劝她去医院看病时，她苍白的脸上总是淡淡一笑：“没事，等过完年就去医院。”然而，关群最终没能等到战胜病魔的那一天；

史木秀也是一位下岗女工，在她丈夫患了食道癌去世后，为了供女儿读书，下岗后的她应聘到煌上煌当了一名店长。每当她为自己的销售额上不去感到灰心时，徐桂芬总是鼓励她说，只要你用心，相信你能干好。在老板的鼓励下，史木秀很快打开了销售局面，从一名店长到再到烤卤公司的供应负责人。史木秀像“老黄牛”一样在默默耕耘；

……

在煌上煌，太多的感人事迹几天几夜也讲不完，是成百上千个“煌上煌人”共同造就了“企业精神”！这股精神的力量闪烁在一只只小小的酱鸭里，蕴藏在一碗碗散发着浓香气息的卤汁里，凝聚在“煌上煌人”众志成城、艰苦卓绝的汗水里……

这里洒下了她日夜操劳、艰辛付出的汗水和泪水；

这里记载了她连锁加盟、企业成倍增长的欣喜；

这里有她刻骨铭心、痛彻心扉的“6·22”事件；

这里留下了她与员工们太多的苦涩辛酸和欢声笑语；

……

车子缓缓地开动了，看着眼前的老厂房，徐桂芬仿佛走过了千山万水，那一刻她泪眼婆娑，感慨万千，心中有着万千不舍……这里留下的一切都将会被记忆湮没，但煌上煌的发展史册上将会永远记载这里曾经发生的点点滴滴。车窗外，看着渐行渐远的老厂房在眼前变得愈来愈模糊，两行泪水悄然从徐桂芬的脸旁滑过……迎着清晨的第一抹曙光，踏上新的征程，车队在鞭炮声中徐徐地朝小蓝新厂房方向驶去……

道路愈走愈宽广，天空也愈走愈光明……到了小蓝，天就亮了。

众志成城，共渡难关

搬入小蓝开发区之后，煌上煌实现了历史性的跨越。昔日的小作坊变成了现代化、标准化、工业化的全国最大的中式食品加工基地之一，率先引进蒸汽夹层锅、微波杀菌技术、连续式油水分离技术，熟食品真空快速冷却机等设备与技术，引领行业技术进步。煌上煌把小鸭子、小产业做成了大产业、大品牌，在全国建立了近千家煌上煌连锁网点，形成遍布全国的营销网络。作为国家、省、市农业产业化重点龙头企业，以工业反哺农业，促进农产品深加工，累计带动农户三万户，农民增收近亿元，煌上煌基地养殖规模、养殖数量、养殖质量都让农民养鸭的积极性空前高涨。

这一年，煌上煌向着创建全国一流食品加工企业、跻身全国民营企业五百强奋进！

风雨过后见彩虹。站在新厂房办公楼阳台，回想起这三个月付出的艰辛，徐桂芬感到很欣慰，阳台外绿草如茵、鲜花盛开、彩蝶飞舞尽收眼底。

还记得刚搬入小蓝开发区新厂房后，新的问题接踵而来。从一万平方米的车间搬到五万多平方米的新厂，从一个小车间，到一个大车间……车间大了几倍，开始有很多员工不适应、不习惯，甚至有的员工辞职离开。

大家要面对的首先是卫生问题。员工面对这么大的生产车间，无所适从。煌上煌在刚搬进新厂的前两个月里，徐桂芬特意从附近村庄请人来打扫卫生，等大家熟悉了新环境，再慢慢地要求各部门“自扫门前雪”。员工们觉得不可能完成的事在徐桂芬的指挥下都变成了可能。在徐桂芬看来，只要措施得当，有计划，有步骤，没有干不好的事，只有干不好事的人。

煌上煌小蓝开发区迎宾大道厂房的建设也不是一帆风顺的。在搬迁之前的一年半时间里，为了筹建小蓝新厂房，在征地拆迁的时候，负责厂建的徐新亮带领施工人员前后妥善处理了五十多个鱼塘、猪棚、鸡窝等，说服当地的村民可真不容易。施工人员反复跟当地村民做工作，有的村民甚至还拿出 1952 年的土地证，工作难度可想而知。

为了确保时间和质量，徐新亮等施工人员不分昼夜吃住都在工地上，不仅要面对工程技术问题，还要应付当地的“无赖”、“地头蛇”等包工头，从一片杂草丛生的荒地上拔地而起一座座现代化新厂房，对徐新亮来说这其中的经过是酸甜苦辣，一言难尽。

生产部的经理刘春花，在煌上煌工作了十几年，奉献了青春和热血。在煌上煌搬厂到小蓝的前几天，她遭遇抢劫，被歹徒用榔头砸得头破血流，到医院进行了包扎处理后，她顾不上头部还裹着渗血的绷带，坚持要到厂里来帮忙：“搬厂是大事，我必须去。”

因车祸去世的范旭英是范旭明的姐姐，她是徐桂芬的得力干将。在煌上煌刚搬厂到小蓝工业园时，员工们突然搬到五万多平方米的车间都感到有压力。在徐桂芬眼里，范旭明是“顶梁柱”，范旭英是“主心骨”。别看范旭英个子小，但工作起来又利落、又聪慧，那时煌上煌的大多数员工来自农村，没有思路，但他们会按领导的要求认真做事。范旭英在徐桂芬的指导下，把厂房打理得井井有条，人员的安排、流程的制定、卫生片区的划分，范旭英把每一步工作都落实到位。煌上煌能有今天，跟第一批来自农村的员工是分不开的，过去煌上煌的生产车间不像今天从清洗到加工都是智能化，而是靠这些员工们吃苦耐劳实干出来的。

回顾当年创业之初，那时的员工只需要吃苦耐劳的实干精神，但是现在车间都是智能化设备，仅凭实干没有文化是很难操作的。

煌上煌在搬迁后的六十多个日日夜夜里，各车间克服了人员少、任务重、时间紧的困难，日夜奋战在生产第一线。不仅顺利地完成了生产任务，还将原来烘烤过的库存的七万余斤烘烤食品全部重新烘烤了一遍，搬迁后一天时间没耽误就恢复了生产，甚至有的员工为了保质保量完成当天的订单计划，每天加班生产，连续工作十六个小时。

煌上煌清洗班的员工每天在炉内余温五十度以上进行操作，很多女员工手上、脚上都被炭火烫出了血泡还在坚持工作，毫无怨言。

煌上煌烤鸭班全力以赴，每天烤鸭量均在二百五十多炉以上，因炉子不够，为了争取时间，班长带领员工冒着一百多度高温进行作业，许多员工由于长时间高温作业出现了不同程度的中暑症状，但大家轻伤不下火线。

煌上煌酱鸭班几位员工以身作则，埋头苦干，不仅认真组织安排本班生产任务，还积极带领酱鸭班全体员工支援烤鸭班完成任务，还有卤菜车间的员工，顶着烈日在篮球场上晒干鱼，以及煌上煌车队，从驾驶室到货箱、从暗角缝隙到凹凸槽沟，任何影响卫生安全运输的地方都不放过。

从徐桂芬一个人、到一家人、再到一群人……风雨同舟、艰苦奋斗的“煌上煌人”，用汗水和泪水共同铸就了企业精神。

雨过天晴，希望同行

搬入小蓝仅两个多月后，先是国务院副总理回良玉来企业视察，紧接着是中国女排来访，可谓喜事连连。只要对企业有利的事，哪怕有一线希望徐桂芬都不会放弃。

记得煌上煌在刚搬入小蓝的时候，因中央领导要到小蓝来视察，县领导隔三岔五就到小蓝来考察，查看园区内的企业进展状况。每当来到煌上煌厂房，看到厂房内外杂乱无章时，县领导都会一边看一边直摇头：“过段时间国务院副总理回良玉要来小蓝参观，这外面连草坪都没有……”

听说副总理要来南昌，并且还要到小蓝来参观，徐桂芬当然不会放过这千载难逢的好机会。她深知，如果在旧厂根本不可能有中央领导来参观考察。那时，小蓝除了“汇仁集团”和煌上煌两家企业入住，其他的很多企业还没有搬进来。

徐桂芬当即对县领导拍着胸脯保证说：“给我半个月时间把草坪铺上。”

没过几天，县领导又来考察进展，走进厂房大门一看，果然面貌一新，映入眼帘的是一片像地毯一样的草坪，草坪周围是一盆盆盛开的鲜花与各式各样的盆景；再过几天，煌上煌厂房前的各条道路都起了名字，如创业路、创新路、团结路等，并且每个车间都挂上了车间标牌以及企业文化宣

小蓝新厂区一角

传口号。总之，县领导每次来，都看到煌上煌不断地变化，一天一个样儿。

“这个女人真不简单，执行力太强了。”县领导不禁对徐桂芬刮目相看，忍不住竖起了大拇指。

2005 年 4 月 8 日，时任中共中央政治局委员、国务院副总理的回良玉在时任农业部副部长杜青云、时任省委书记孟建柱、省长黄智权等领导的陪同下考察了煌上煌集团。回良玉副总理听取了徐桂芬夫妇的汇报，并参观了煌上煌的生产食品车间，对煌上煌表示肯定，认为这种以工业反哺农业，进而带动农业发展的企业很有代表性，有很大的发展空间。

“这个机会是靠努力争取来的，如果不搬厂，根本不可能有这样的机会。”徐桂芬为了这一天的到来，几乎通宵达旦地准备了好几天，连丈夫褚建庚都对妻子佩服得五体投地：“她特别能吃苦，执行力非常强。”

“我就是做实事的，只要认准的事，对企业发展有利，哪怕再难都会努力去完成。”凭着超强的执行力，徐桂芬硬是把别人觉得不可能完成、甚至需要一年时间才能完成的事，在短短的两三个月时间完成了。

煌上煌搬入小蓝开发区之后，捷报频传。紧接着，12 月 12 日，在中国女排教练陈忠和的带领下，奥运冠军中国女排一行十几人来到煌上煌参观。这是煌上煌搬入小蓝后，第二次面对广大公众和媒体。

中国女排到公司参观

12 日一大早，煌上煌人犹如过节一样里里外外张灯结彩，副总经理范旭明对各部门已经检查了好几遍，但还是有些不放心。这天早上，徐桂芬夫妇也早早地来到新厂房，她特意穿上了一套紫红色的西装和裙子，端庄得体，但依然难以遮掩脸上的一丝倦容。为了迎接中国女排的到来，面对搬进新厂房后一系列接踵而至的问题，她几乎每天都在新厂房忙碌奔波，太疲惫了。

中国女排终于来到了！奥运冠军们在江西省、市领导的陪同下来到煌上煌。此刻，鞭炮齐鸣，锣鼓喧天，员工们身披彩带，端着盘子站成一排，排球女将们争先品尝了煌上煌的酱鸭食品，直夸好吃。徐桂芬夫妇带领排球女将们一一参观了煌上煌食品加工厂，先进的蒸汽设备，安全卫生的流水线，员工们娴熟的技术……参观结束后，夫妻俩代表煌上煌集团向中国女排赠送了一幅具有鸭文化和江西特色的赣绣“八大山人鸭荷”图，教练陈忠和回赠了一个由全体队员签名的排球。

就在中国女排参观之后，12 月 26 日，煌上煌集团邀请了四百多名消费者来新厂房参观，同时举行了“共同推进食品安全信用体系建设，弘扬鸭文化，振兴鸭产业”的大型签名活动，把消费者请进煌上煌是徐桂芬的又一策略。她明白，只有让消费者走进煌上煌，接受消费者的监督，真正让消费者看得明白，吃得才放心。

煌上煌曾经冰封的大门终于敞开了，人们争先恐后地来到煌上煌参观指导学习，2004 年，对煌上煌来说注定是不平凡的一年。这一年，煌上煌历经了“6·22”事件，犹如脱胎换骨般地蜕变；这一年，煌上煌人风雨同舟，同甘共苦火速搬迁小蓝……

随后的 2005 年，时任国务院副总理回良玉来煌上煌视察；时任国家质量监督检疫总局党组书记李传卿一行在江西省各级领导的陪同下到煌上煌考察；这一年，中国女排一行十几人，来到煌上煌参观，员工们争睹奥运冠军的风采；这一年，在中国南昌文化食品节组委会的安排下，煌上煌邀请了四百名消费者参观煌上煌食品工业园；这一年，煌上煌被列为全国肉类行业食品安全信用体系建设试点单位……

从 28 多平方米小作坊到搬入小蓝五万平方米新厂房，十一年的创业之路徐桂芬可谓是苦尽甘来。在她成功的背后，有甘当“垫脚石”的丈夫褚建庚、有早年开店时帮助她的父母以及兄弟姐妹，有一群跟着她一起打拼的精兵强将，有上千家的连锁经营加盟商，以及上万的养鸭农户……是他们与煌上煌荣辱与共，风雨砥砺，团结拼搏，才共同创造了煌上煌神话般的传奇故事。在每一个煌上煌人的背后，都有一个感人肺腑、荡气回肠的创业故事。

2004 年的“6·22”之后，2005 年煌上煌又迎来了席卷全国的禽流感，徐桂芬又被卷入了一场洪流之中……

三、看成败，人生豪迈

创业不是等待暴风雨过去，而是在暴风雨中翩翩起舞。市场就是战场，竞争就是战争，市场竞争是残酷的，也是无情的。徐桂芬这一路走来，风风雨雨、有泪有痛。创业初期，徐桂芬在一个比一个更强大的竞争对手一次次的打击中历练、成长……然而，这一次徐桂芬千算万算，也没算到竞争对手居然是“自己人”。

宜春受创，损兵折将

从绳金塔下单枪匹马闯出来的徐桂芬这一路走来，可谓是跌宕起伏、经历了大风大浪。与“皇太皇”、“卤林”竞争、经历6·22事件……从当年开创煌上煌的举步维艰，到如今煌上煌遍及全国各地，她什么苦没吃过？什么坎没遇到过？可是，这一次，她却万万没有料到，居然会栽在“自己人”的手里。

至今回忆起来，她都会感到很痛心，看人从未走眼的徐桂芬，这次却因为自己的善良和宽容，不仅让煌上煌失去了几名得力干将，还给企业造成了很大的损失。

2005年，就在煌上煌搬到小蓝工业园如鱼得水的时候，一场突如其来的“禽流感”在全国流行。很多行业如餐饮、娱乐、酒店等受禽流感影响产生危机，而餐饮业则是受禽流感影响最大的行业，煌上煌自然未能幸免，全国各大煌上煌专卖店也因禽流感受到了一定的影响。

时值“禽流感”期间，江西宜春的经销商朱军因较早加盟煌上煌，并将宜春的十家专卖店经营得有声有色，因而深得徐桂芬的信赖。当时朱军看到宜春生意很好，就提出要求建设加工厂，徐桂芬当即同意，并派了最好的师傅到宜春去协助朱军。

正好碰上禽流感，朱军提出优惠政策的要求，褚建庚觉得朱军的动机不纯，想取消在宜春修建加工厂，直接物流过去。此时，朱军苦苦哀求，说他已经租了厂房，冷库也租了，如果取消修建加工厂，他的损失很大，而他老婆也得了肾炎在治疗期。徐桂芬听朱军这么一说，心就软了，因为徐桂芬自己曾经得过肾炎，深感患病的痛苦。徐桂芬坚决支持朱军，并为此跟丈夫吵了起来："你说他动机不纯，你怎么这么不相信他呢，我相信他是个知恩图报的人。"褚建庚见妻子决心已定，也只能妥协并好言提醒："到时你可不要后悔。" 得到了徐桂芬的支持，朱军也拍着胸脯表态说一定会好好干，一定会忠于煌上煌，不会做对不起煌上煌的事！曾经在煌上煌工作过的汽车队长王纲，过去因犯过汽车保险方面的经济错误被煌上煌清退过，后来又要求重回煌上煌上班，徐桂芬觉得一个人难免犯错误，只要改过就行了，就同意了王纲的请求。

王纲跟朱军的关系很好，曾经是哥们，他们俩秘密策划了半年时间，准备合力变更煌上煌的名字，而徐桂芬对此毫不知情，一直蒙在鼓里。

在一个云淡风轻的晚上，朱军和王纲把整个宜春市共七家煌上煌专卖店都换成了"美味烤卤"的招牌。

此次内部发生"政变"，对徐桂芬的打击是很大的。本来按合同规定，可以通过法律起诉，但因为公司营销部管理上出现疏忽，当初签订的合同也找不到了。她一边要承受丈夫的责怪，一边还要受朱军的气，总之是"老鼠进风箱——两头受气"。

徐桂芬没有想到朱军和王纲会合谋一起来背叛她，并收买了她派去宜春协助的最好的师傅和所有专卖店员工。从此，宜春再也没有煌上煌了。

宜春的失利让徐桂芬很受打击，没想到自己在商海中叱咤风云，居然会被自己人暗算。"美味烤卤"占据了有利地势，并迅速在宜春扩张。看到自己苦心经营的这七家专卖店被人轻而易举就夺走，犹如自己苦心养大的孩子被人抢走一样感到痛心。

徐桂芬一直以为，只要人家对自己好，自己就是为人家卖命都心甘情愿。她痛心的是，自己对朱军这么信任，却被他反咬一口，上演了一部真实版的“农夫和蛇”的故事。

失去宜春阵地让徐桂芬心痛不已，自己打下的江山怎么能轻易让别人占领呢？按她的性格，绝对不会轻易拱手相让！为了跟丈夫有所交代，也为了挽回煌上煌的损失，当年她派人在宜春重新找了三个店铺，立下誓言：“我一定要在宜春重振雄风，夺回阵地！并确保在春节前开张！”

重整旗鼓，雪中开张

2007年底的一天中午，在煌上煌总部董事长办公室的沙发上，几个人正围在茶桌旁窃窃私语，这几个人正是煌上煌的几员老将，副总经理范旭明、营销部经理韩维平、区域负责人毛碧霞等。此时，徐桂芬从宽大的沙发座椅上站起来，径直走到三个人面前：“商讨得如何？大家有信心吗？”

“没问题，只要你一声令下，我们即刻就出发。”三个人站起身异口同声地说。

“好，那大家准备一下，我们下午就动身去宜春。”徐桂芬交代完毕，立刻转身吩咐司机准备行李。这一次，她要亲自上阵，去宜春“雪洗耻辱”。

宜春一直是徐桂芬的心头之患，也是她的一块心病。为了这次绝地反击并消除隐患，在这次去宜春之前，已派出市场部进行了摸查，包括煌上煌的新店选址以及“美味烤卤”的市场调查等。知己知彼才能百战不殆，为了这一天的“总攻”，大家已经备战了几个月，早已万事俱备，只欠东风。

“一定要在年前开张！”徐桂芬对准备冲锋宜春的干将们立下了军令状。

眼看离过年只有不到一周时间，要在这一周之内同时开张三家店，这在外人看来是很难完成的事，但对于煌上煌的这些老将们来说似乎已经习以为常了，他们也了解徐老板风风火火、速战速决的个性，因为这是徐桂芬的一贯做事风格。所以，老将们就是拼了命也要去完成。

徐桂芬一行人到宜春后，看到装修只完成了80%，当时离大年三十晚上还有三天时间，天气异常寒冷，伴着阴冷的北风，天空开始飘起了小雪。在已选好的店铺内，徐桂芬亲自挽起袖子帮着整理，拿出了当年在绳金塔下小店刚开张时的劲头。雪愈下愈大，为抢在年前开张，老将们顶着风雪里外忙着，毛碧霞的雨鞋进水了，倒出雨雪继续战斗；韩维平的袜子掉了一只，光脚穿着鞋跑前跑后张罗；总裁褚建庚也前来帮忙助阵……

此时，“美味烤卤”的老板朱军夫妻、王纲等人见徐桂芬一班人马在风雪天干得热火朝天，居然还跑到店门外来嘲笑她：“这个样子还想明天开张？！”

其实徐桂芬是个超常规干事的人，虽然门店外围没完工，但是里面设施已经在外加工好了，徐桂芬改用铝合金替代土建，全采用现场安装，几个小时就能搞定。

面对嘲笑，徐桂芬咬紧牙关，任凭风雪飘到头上、身上，仍然麻利地张罗着摆柜台、装潢店铺，对朱军等几个人的嘲笑视若无睹。从过去的“红海”竞争到如今的“蓝海”竞争，徐桂芬根本不屑与这帮虾兵蟹将多费口舌。

雪愈下愈大，转瞬间天空一片黑暗，紧接着冰雹夹着暴风雪，宜春城顷刻间被笼罩在一片白茫茫的冰雪之中。徐桂芬已经几天几夜没好好休息了，鞋子因为长时间浸泡在冰雪中，脚趾头已经僵硬得无法动弹，原本就患有糖尿病的她身体有些吃不消。稍作休息后，她从宾馆找出一个吹风机，对着冻僵的脚趾吹了起来。等把鞋子里面吹干了，脚趾吹暖了，继续去战斗。因为开张邀请了市长出席剪彩，并且策划了困难职工送温暖活动，所以，徐桂芬暗暗下决心，哪怕是脚被冻伤，也一定要在明天开张！店员们见徐桂芬如此玩命，忍不住在私底下说：“没想到徐老板这么能吃苦啊！”

第二天大清早，太阳高照，冰雪也慢慢融化了，仅睡了两个钟头的徐桂芬一早来到专卖店，此时，三个煌上煌店铺已经各就各位准备完毕，宜春煌上煌总店门店也搭好了舞台，只等着吉时一到剪彩开张了。

早上九时，煌上煌三家专卖店同时开张。店前的彩虹门和促销活动吸引了不少市民前来驻足观看，徐桂芬也不失时机地请来了宜春市政府几十名领导前来剪彩、捧场。同时，还和宜春市总工会联系，在开张之际举办向困难职工献爱心的活动。

紧接着，三家煌上煌连锁专卖店鞭炮齐鸣、彩旗飘扬，在鞭炮中同时开张，宜春市政府的代表们也发表了热情洋溢的讲话。剪彩结束后，徐桂芬穿着湿的皮棉鞋和宜春市领导又冒着暴雪去挨家挨户慰问贫困户，把煌上煌送温暖的慰问金发放到贫困户的手中。等晚上回到宜春宾馆，她这才

2005年1月宜春三店同时开张

发现，自己浑身上下都被昨晚冰雪浸透了还没干，也就是从这次宜春开始，她落下了病根：只要受到风寒，浑身的骨头就像散了架一样钻心地痛。

在宜春打了一个漂亮的“翻身仗”，甚至连嘲笑她的朱军夫妻都不得不佩服徐桂芬：“这个女人太厉害了，别人干不了的事她就能干成！”

煌上煌三家专卖店顺利在年前红红火火地开张了，并在宜春一炮打响。因南昌那边有事，忙完了宜春开张相关事宜后，徐桂芬把“老将”毛碧霞、郑淑萍、章丽丽等留在宜春继续打理门店，自己与丈夫先回南昌办事。

虽然她回到南昌，但却依然心系宜春，大年三十这天傍晚，为了让宜春的员工在晚上能吃上热乎乎的“年夜饭”，徐桂芬顾不上自己与家人在南昌团圆过除夕夜。特意赶回宜春，专程来和留守在宜春的将士们吃“年夜饭”。

大年三十的这天晚上，徐桂芬安排了烧饭的阿姨做了一桌丰盛的菜肴，买了很多年货，与忙碌了一整天的将士们一起，度过了一个快乐的除夕之夜。

毛碧霞、郑淑萍等店员听到陆续的鞭炮声，不禁触景生情。大家都是有家、有父母、有孩子的女人，谁不想在此刻与亲人团圆呢？晚上八点多钟，当所有宜春的煌上煌店铺关门打烊后，徐桂芬召集所有将士们拍下了一张“团圆照”。如今，徐桂芬看到这张照片时仍然会触景生情，心里有一种感觉不到的辛酸和感慨，她又何尝不想在南昌与孩子们团圆呢？

2005年春节徐桂芬与宜春店员工一起吃年夜饭

再后来，徐桂芬索性每天守在“美味烤卤”的店门口对面二楼的一家西餐厅，细心观察和数着对方每天的客流量，分析战胜竞争对手的办法，“美味烤卤”的老板见状心里的感觉好恐慌，因为她心里很清楚，徐桂芬的举措就是要跟她竞争到底，她就带口信给郑淑萍求情，叫徐桂芬不要这样，你们的企业大，也要让我们吃口饭。

无论对手有多么强大，狭路相逢，勇者胜！在这之后，煌上煌专卖店相继在宜春陆续开张，从三家迅速扩张到十几家。而“美味烤卤”之前因为一直打着煌上煌的招牌来促销，有的顾客买后发现味道不对劲，就直接又到煌上煌店里来重新购买。因“美味烤卤”的味道不如煌上煌的味道好，到煌上煌店里来购买的顾客自然就多了起来，卷土重来的煌上煌终于又重新占领了宜春市场。

失败成功、泪水欢笑，徐桂芬在“煌上煌之路”不断品尝着酸甜苦辣。虽然前方路途遥远、荆棘密布，但却阻挡不了她向着目标奋进的脚步，煌上煌就好比在波涛汹涌的大海中航行的一艘巨舰，这艘巨舰还会遇到哪些风浪？能驶到理想的彼岸吗？

冰雪来袭，再遇冲击

2008 年，一场罕见雪灾让全国人民都陷入了“冰窟”。多难兴邦，煌上煌又将如何应对这场天灾？

天灾人祸，防不胜防。

2008 年 1 月，煌上煌迎来了创业十五周年。正当煌上煌人兴高采烈地庆祝周年庆典的时候，一场罕见的五十年一遇的强降雪灾天气袭击赣鄱大地。断电、封路、运输受阻、旅客滞留、房屋倒塌……低温、冰冻、积雪，让煌上煌人仿佛一夜之间掉到了“冰窖”。煌上煌再次面临着前所未有的严峻形势和挑战，而这一次，却是天灾。

京福高速、京珠高速，因冰雪封路运输受阻，山东、河南、东北、江苏等地区原材料运不进去，直接造成五百多万元的损失。省内昌九高速、福银高速、黎温高速关闭，使货运物流无法运营。江西省内六百多家煌上煌销售门店因不能及时送货，使整个销售额急骤下滑……

养鸭基地永修艾城合作社、乐化养殖基地频频告急，无情冰雪压毁变压器好几台，压断电路近十公里、压塌压毁鸭棚、压死种鸭近上万羽。几万多羽种鸭缺乏饲料产值率下降……煌上煌面临着前所未有的自然灾害。

冰雪灾情牵动着煌上煌每一个人的心。面对灾情，徐桂芬又将如何应对呢？在危急时期，她做出了让所有人都无法预料的决策，“不按常规出牌”，这也是她不同于常人的思维之处。她没有怨天尤人，而是用无私和大爱，用真情融化了这场寒冰。

徐桂芬顾不上自己企业的损失，率先为养鸭户灾区捐款，帮助灾区渡过难关。对于公司损失，她则采取生产自救的方式尽量挽回，要求各部门积极应对，慰问灾区农户，把损失尽量降到最低，并火速派遣人员到养鸭户那里去了解灾情。

1 月 30 日这天，凛冽的寒风无情地呼啸着，作为公司副总经理的范旭明和养殖办人员被派往新建县大塘乡胜利村、铁河乡东阳村去看望鸭农程应明、况庭孙并了解灾情。两人顶着刺骨的寒风，挨家挨户慰问鸭农，嘘寒问暖，把煌上煌的帮扶精神带到了每个农村合作社……

徐桂芬夫妇也奔波在煌上煌各专卖店，动员各部门团结一心，战胜冰雪灾害。在半个月的冰雪灾害时间里，煌上煌各地的区域代理商，也投入到一场轰轰烈烈的抗灾自救中……

煌上煌各部门奋力抗灾、战胜重重困难，尽全力搞好物流配送，保证各地专卖店的正常运营。为了把煌上煌的产品运到各个专卖店，保证顾客能及时买到新鲜卫生的食品，有的代理商亲自扛着铁锹去清除公路上的冻冰和积雪。煌上煌总部生产部门为了配合销售上的物流配送，随叫随到，随时发货，并及时和销售公司、各地专卖店取得联系。

此时，江西省、市政府为了帮助企业战胜冰雪，农业产业化部门、畜牧部门等先后划拨救灾款支持煌上煌农业产业化发展，这让历经风雪的徐桂芬感受到了政府的关爱。

雪灾正值春节期间，徐桂芬亲自主持灾后重建养鸭基地会议，决定从公司支出 280 万元恢复生产和基地修建。这一举措，让鸭农们因雪灾紧蹙的眉头终于展露出久违的笑容……

第六章

造福一方，带动农民致富

风雨过后见彩虹。

失败成功、泪水欢笑，徐桂芬在“煌上煌之路”不断品尝着酸甜苦辣。虽然前方路途遥远、荆棘密布，但阻挡不了她向着目标奋进的脚步，煌上煌就好比在波涛汹涌的大海中航行的一艘巨舰，这艘巨舰还会遇到哪些风浪？能驶到理想的彼岸吗？

煌上煌从小作坊到连锁加盟店在全国的扩张，让一只只小小的酱鸭飞到了千家万户。历经了冰雪洗礼的煌上煌已逐渐形成了一条可持续发展的“养鸭产业链”。

煌上煌依托江西得天独厚的生态环境优势和丰富的畜禽资源，形成了“企业＋合作社＋农户”的创新模式，带动了几千户农民走向致富道路。

一、煌大，走科学发展之路

从十年前“摸着石头过河”，到今天成立了几十个合作社、兼容了2500多户种粮农户，带动5000多户农户养殖致富，以及启动的“千户养殖脱贫行动”计划，真正帮助江西扶贫村建立现代化养殖基地，实现了绿色品牌和精准扶贫。

上任煌大，踌躇满志

在煌上煌连锁加盟一路驰骋、迅速扩张的同时，徐桂芬不失时机地筹建了“煌大”，为保证鸭子源头的环保健康和养殖户的利益，去掉中间商环节统一在“煌大”屠宰。并把这副重担交给了小儿子褚剑去管理，她有心要放手小儿子，看他能否胜任。

江西煌大食品有限公司（简称：煌大）是煌上煌主业旗下所属的一家子公司。2007年，煌上煌走上了发展的快车道，养殖基地经过十多年的开拓摸索，已走上一条可持续发展的绿色之路。由于食品鸭子需求量大，之前在外面屠宰加工的鸭子远远达不到需求量，经过一年多的建设，“煌大”在2009年正式投产，主要负责屠宰加工成品鸭的供应。

时代不同，老一辈辛苦打拼下的事业，更要放手交给年轻的一代去实现。徐桂芬明白，吃苦的年代已经过去了，放手让下一代去做，用实践和时间来检验年轻人的能力才是企业发展之道。

褚剑上任“煌大”，这对他来说，是一次磨炼，更是一次成长。

在褚剑的心目中，对母亲又敬又爱又怕。他时常记起母亲的教导：“一个人要想取得成功，首先要战胜自己，要敢于承担一切忧患与痛苦，敢于

褚剑（右二）到养殖基地考察

迈过一切坎坷和艰险，敢于承受一切责任和使命。无论是风高月黑，还是山雨满楼，冲上去，接受洗礼和考验！”

褚剑毕业后就跟随父母创业，上学时就曾和外婆一起帮煌上煌算当天的营业收入到深夜，毕业后又经常和哥哥褚浚背着采购包去跑市场，跑销售……他是跟随煌上煌一起成长起来的。

在接管“煌大”之前，褚剑也一直在负责供应商这方面的管理工作，对屠宰加工虽然不是很了解，但一直与鸭农打交道，也一直有过接触。对于父母的安排，他自然是不负重托。在中国，有很多的富二代不愿意接管父辈打下的江山，认为太辛苦、压力大，也对父母创下的基业不太感兴趣。

而徐桂芬在培养传承接班人这一块儿，无疑是非常成功的。长子褚浚顺利接棒煌上煌上市公司，小儿子褚剑也接管了“煌大”的帅印，最后担任房地产产业老总，小女儿褚琳在“合味原”管理酒店担任董事长。徐桂芬常教导三个孩子：富日子要当穷日子过。在三个孩子身上看不到一点富二代的影子。徐桂芬也誓要打破“富不过三代”的观念。

褚剑接管“煌大”后，一直记着父母的教诲：“你到这里来，既要维护农民的利益，也要维护企业的利益；我们既然是农业产业化龙头企业，就要多带动农户，不能让农户吃亏。这样农户才会拥护我们，才能做长久的生意……”

新官上任三把火。褚剑带着母亲的叮咛，沿着父辈的足迹，踏上了“煌大”的富农之路……

困难重重，接踵而来

褚剑刚上任“煌大”时，对这个行业也不是很懂，确实没有考虑到有那么多困难，和他想象的有很大的差距，曾遇到了很多问题，在中间管理等流程方面也吃过亏。之前，虽然褚剑在管理供应商这一块负责，但却没有当过“一把手”。

而“煌大”从建设到后来招了两百多名员工，以及掌管整个“煌大”公司的运作、生产及经营环节等，对褚剑来说都是新的挑战。他一边摸索方法，一边操作实践，使公司从无到有，从建厂到竣工，从竣工到投产。“煌

煌大公司肉鸭屠宰加工生产线

大”在褚剑的带领下逐渐走向成熟。徐桂芬对小儿子基本上也是采取放手的方式，有心要锻炼褚剑独立自主的能力。

当然，对于褚剑，徐桂芬夫妇也是一步步地慢慢放手。刚开始成立“煌大”的第一年，夫妻俩几乎每周到“煌大”来视察一次。而现在，只在“煌大”每年一度的模范先进表彰大会上才去出席参加。然而，“煌大”的发展并非一帆风顺，褚剑遇到的新问题接踵而来……

谈到“煌大”，褚剑还记得几年前父亲去“突袭”考察的情景。那是一个天寒地冻的下雪天，父亲冒着鹅毛大雪一个人开着车子来到“煌大”。先是围着厂子四处转了几圈，查看门窗是否关好，厂里的电源是否安全……那天，褚剑并不在厂里，他没想到父亲会在这样寒冷的天气来厂里视察。

褚建庚是全国工商联农业产业化商会副会长，无论是在企业管理还是专业知识方面自然比儿子更有经验，他谁也没通知，临时突然去“煌大”考察，就是想看看儿子的管理能力和真实水平。当然，褚建庚对“突袭”考察的结果是满意的。“煌大”不仅负责煌上煌鸭子的屠宰供应，而且主管所有养殖合作社基地的建设及培训。每当遇到困难和问题，褚剑一般不会向父母汇报，而是自己独立解决。

没想到褚剑刚上任“煌大”不久，养殖部负责人有一天向褚剑汇报说，永修县永发养鸭合作社发生火灾，导致孵化厂的鸭蛋全部毁于一旦……

鸭农有难，在所不辞

得知情况后，褚剑原本想把这件事向母亲汇报，然而，他转念一想，自己如果什么事情都去找母亲，那不仅不能帮母亲分忧，还无形中增加了母亲身上的担子，那还要自己这个总经理干什么？于是决定亲自去处理这件事。

褚剑火速地赶到永发合作社的孵化厂。而此时，孵化厂的厂长贾大金正在为火灾中被烧毁的机器设备和鸭蛋一筹莫展。虽然此次事故与“煌大”公司无关，但褚剑还是代表公司送去了两千元的慰问金，当贾大金提出想借十几万元重新起家时，褚剑二话不说，当即拍板表示同意。

这十几万元的救急资金，仿佛一场及时雨，解决了贾大金的燃眉之急。两年之后，贾大金果然没有失信，在细心的经营下，孵化厂起死回生，不仅还了当年借的十几万元，还使公司规模不断扩大，成为当地最大的养殖场。

后来，当徐桂芬听别人说了这件事后，对小儿子刮目相看，也赞赏有加。

在父母的言传身教下，褚剑也特别能吃苦耐劳，他经常和公司一些管理人员到农户养殖基地去考察，无论刮风下雨，还是炎热酷暑，都亲自到养殖基地去了解农户的养鸭情况。有的农户见老板来了，就要请褚剑一行到外面馆子吃饭，褚剑都婉言谢绝了。一切从简，是褚剑的个性。

褚剑去基地考察，有时让农户到地里去摘点蔬菜，炒几个鸡蛋，就在农户家里随便填饱肚子。在农村，很多人看到村民家做饭的情景都嫌脏，有的人看了甚至都不敢吃，可褚剑却从来不介意，经常和农户同吃同住，从不摆老板的架子。

褚剑上任“煌大”后，对技术改造这一块也倾注了很多心血。他在节能减耗方面抓得比较紧，特别是在燃料用煤方面。过去，生产车间掏煤的次数比较多，后来，褚剑经过反复试验，花几万元安装了一个节能装置，充分利用管道余热发挥使煤得到充分利用，节约了煤的用量。经过几年的磨炼，褚剑把“煌大”经营得有声有色。

看到小儿子已完全挑起了“煌大”的重担，徐桂芬夫妇感到由衷欣慰。肩负着“煌大”重任的褚剑与父辈一样，不惧风雨，喜欢拼搏，他坚信：“煌大”的道路愈走愈宽广！

二、为农户“遮风挡雨”

隔行如隔山。可在徐桂芬看来，无论是哪行只要用心都能从“外行”到“内行”。她身上这种信心是从小经过千锤百炼铸就的。面对养鸭合作社，徐桂芬相信小儿子褚剑只要用心经营，就能闯出一番新天地。

“禽流感”来袭，一诺千金

“煌大”在褚剑七年的苦心经营下已步入了快速的发展道，但是天有不测风云，2013 年突如其来的禽流感把“煌大”推到了崩溃的边缘……

2013 年 5 月，上海发现了首例感染禽流感的一对父子，因食用在菜市场买的活鸡而导致父子双亡。紧接着，全国各地开始陆续报道禽流感 H7M9 新增情况，全国人民进入紧急防控状态，而江西也出现了几例疑似感染状况。为了预防禽流感扩散，成批的鸡鸭被处理、填埋……

这场突如其来的禽流感不仅影响了全国的鸡鸭农业市场，还让“煌大”面临着一场前所未有的严峻形势和考验。

江西省卫生防疫部门专门派人到“煌大”视察并再三强调：“千万不能让禽流感在养鸭基地大规模爆发！”

在打响禽流感防控这场艰巨的战役后，褚剑和“煌大”的全体员工三个多月没睡过一个好觉，他亲自带领几名管理人员及防疫专家等到养殖基地去蹲点。指导农户如何防疫，包括对鸭苗的防控、打预防针、鸭棚的消毒、对病鸭的及时处理等。

在抗击禽流感的一百多个日夜，共走访了三百多家合作社，南昌县，余干县，鄱阳县，新建县……足迹几乎踏遍了整个江西。褚剑和大家吃住在一起，奋战在最前沿，共同严防禽流感的大规模发生。

因为养鸭基地必须要远离农村人口密集的生活区域，很多基地甚至连车子都开不进去，吃住条件和环境也相当差，褚剑和大家一起不辞辛劳，雨天一身泥，晴天一身汗地来回奔波。碰到有问题的养殖区，大家就长期蹲点在农村，甚至有时与鸭农同眠，直到解决问题才肯罢休。

在禽流感备战期，市场的鸡鸭一下子跌到了两元一斤，这让与“煌大”合作的鸭农们着急了，有的农户担心鸭子到时没人收购，也有的担心鸭子价格暴跌导致亏本，还有的农户跑到“煌大”来找褚剑，希望“煌大”能按比市场价格稍贵一点收购，尽量让损失减少一点。

特别是樟树合作社的养鸭农户杨富华，2012 年他与“煌大”合作签约，手下有四百多家养殖户，一年养了六百多万只鸭子。没想到，刚与“煌大”合作的第一年就碰上了禽流感。杨富华为此急得睡不着觉，他担忧：“煌大会不会守信用？鸭子长大了公司会不会收？价格方面会不会有波动？”

带着这些疑问和担忧，杨富华专门从樟树来到“煌大”找褚剑询问。

“你们放心，你们跟公司签订的鸭子，我们一分钱都不会少付的，你们只管把鸭子养好，我们保证都按合同全部收购，合同定的什么价格，我们就按什么价格收购。”听褚剑这么一说，杨富华顿时像吃了“定心丸”。

排忧解难，言出必行

褚剑说到做到，等农户把鸭子送来，“煌大”按之前定的价格全部收购。然而，因受禽流感大气候的影响，市场上鸡鸭都卖不动，购买煌上煌食品的消费者也相对减少。褚剑为了兑现承诺，更为了不让农户吃亏，依然按以前价格收购鸭子，导致“煌大”每天亏损几十万元，在禽流感期间的三个多月时间里就亏了九百多万元。

有些外省的养鸭户听说“煌大”收购的价格高，就把鸭子价格压到比“煌大”合作社低出几倍的价格出售，但都被褚剑挡在了门外，价格再便宜“煌大”也不收购。他一方面担心外省的鸭子鱼龙混杂，质量无法保障；另一方面是为了保障“煌大”养殖农户的利益。一如当年母亲创办煌上煌的思路一样：宁可亏自己，不能亏别人！

经历了这场禽流感的考验，农户们更加信任煌上煌了，每个农户都这么说："今年要不是与煌上煌合作，我们就亏惨了。"

过去，煌上煌刚成立合作社时，企业对养殖户不放心，养殖户对企业也不放心。因为这次禽流感，农户对企业充满了信心，也加深了双方之间的感情。

农户在养鸭技术方面遇到问题，企业也总是想办法及时帮助解决。有的农户因为养鸭技术方面出现问题，褚剑就专门聘请省农科院畜牧研究所合作专家去现场指导，也有的合作社要建设规模化、标准化的养鸭基地，褚剑也会请专家去帮忙策划。为帮助农户培训养鸭技术，"煌大"与农科院签订了长期合作技术指导协议，不定期地去养殖基地进行研究和培训养鸭技术。

碰到有的农户资金上有困难，公司也会破例扶持一下。比如，有的农户把鸭苗引进之后，要提前订好饲料，因为饲料价格波动大，提前购买就不会受市场的影响，从而保证了养鸭成本的稳定。遇到农户购买饲料资金紧缺，公司也会酌情考虑，褚剑明白，企业与农户只有携手并进，才能互惠共赢。

通过互相支持和理解，养殖户对企业更加充满信心，在禽流感之后，外地有人要高价收购农户的鸭子，农户都不卖，用实际行动来回报企业。并表示，鸭子只供应煌上煌，只有与煌上煌合作，利益才会有保障。

褚剑用仁慈和诚信换来了养殖户们对煌上煌的信任，2003 年 7 月 29 日，他还担任了新成立的南昌鸭业协会会长，这也是徐桂芬言传身教的结果。

科学养殖，惠及鸭农

"只有帮助农户先致富，企业才能更好地发展。"这是徐桂芬的经营理念。煌上煌每年都召开一年一度的鸭业协会表彰会，以此表彰那些养鸭能手。

2013 年 1 月 18 日，来自全省的养鸭合作社负责人和养鸭大户齐聚南昌。永修艾城养鸭合作社作为煌上煌的第一车间，领到了二次分红的四万元奖励，并签下了 2013 年度以保护价向煌上煌供应 200 万羽红毛鸭的合同。该合作社的胡晓刘、熊木才等四名养鸭大户当日赴港澳旅游，同行的四十七人，都是煌上煌出资犒劳的各地养鸭能手。

谈到煌上煌，养殖户熊木才说："有'煌上煌'的订购合同在手，我们养鸭不愁销路，也不会受外界的影响而亏本。去年，饲料价格涨得凶，煌上煌的收购价每斤提高了 0.8 元。我们养 1000 羽种鸭赚了十多万元，养 4 万羽商品鸭又赚了十多万元。"

让养鸭户有钱赚，上规模，企业才有稳定的原料供应。与农民利益共享共利，是煌上煌之所以能从酱鸭起家，成就酱卤行业霸主地位的根基所在。从"公司 + 农户 + 基地"到"公司 + 合作社 + 养殖户"，产业化模式

煌大养鸭基地

与时俱进，不断创新，企业与农民共同发展。

环鄱阳湖地区水系丰富、草地肥美，堪称放养鸭子的天堂，加之煌上煌选定的红毛鸭属瘦肉高的地方品种，风味独特，是当之无愧的绿色食品。但随着规模化养殖的迅猛发展，圈养已逐步占主导，如何保证"皇禽"酱鸭的品质与安全？公司提出了"规模化、标准化、生态化、品牌化"的发展路子。

2013 年开始，煌上煌与省农科院合作，探索肉鸭规模养殖新技术，在江西省推广标准化鸭棚建设，肉鸭从席地而居变为住"吊脚楼"，发病率明显降低。为了推动养鸭方式的转型，煌上煌积极探索与农民专业合作社深度融合的模式。

2013 年开春，与万年"皇禽"养殖专业合作社，采取企业入股 70%，合作社入股 30% 的方式建立标准化养殖小区。在余干县三塘乡由公司全

资打造2000亩水面的标准化养殖小区，新建十六个300平方米的标准化鸭棚。

科学养殖方式的利润很高，很多采取这种方式的养殖户都脱贫致富、买房买车了。而“煌大”公司在五星垦殖场的养殖基地也被列为国家级农业标准化示范区。

从2004年江西省政协九届三次会议和南昌市十二届人大六次会议上，徐桂芬一口气提出了三个有关《发展三农，带动农民致富》的提案。二十几年来，煌上煌履行着当初的承诺，共带动全国养殖农民达几十万户，帮助农户增收超过三十亿，真正地带出了一批农民富翁。

为了增强农户对企业的信任，煌上煌十几年来绿色环保养殖的模式不改变，资金的扶持不改变，并重点建设了南昌县新联、新光，余干县乌泥村等十多个具有一定规模和特色的养殖基地，这种特色养殖模式得到了社会各界的认可和关注。

三、情系“三农”，矢志不渝

二十多年来，煌上煌一直秉持回报社会、共同富裕的宗旨情系“三农”。作为一家农业产业化龙头企业，煌上煌先后培育了二十七个农民养鸭专业合作社，连接合作社农户几千户，提供了“统一鸭苗，统一饲料，统一疫苗，统一技术，统一收购”的产前、产中、产后一条龙服务，为贫困村农户脱贫致富撑起了一把遮风挡雨的“连心伞”。

一段佳话，广为流传

煌上煌积极参加“千企带千村”和“百企带百村”活动，以每公斤高出一般养殖小区一元的保护价，先后对南昌县塘南镇新光村、新图村，吉安县永和镇尚书村等二十多个贫困村，让利一千多万元。

煌上煌当年是如何探索出一条与农户合作之路的呢？在这里，让我们把时间追溯到 2003 年，徐桂芬与农户王文广之间流传的一段佳话吧。

那时正是煌上煌如日中天之时，随着连锁加盟店的不断扩展，对于鸭子的需求量也随之增加，建立煌上煌养殖基地也迫在眉睫。徐桂芬为此一筹莫展，到哪才能找到合适的养殖基地呢？

恰好此时，远在永修县的养殖户王文广也正为鸭子销不出去犯愁。而作为村党支部书记的王文广整天为农民养的鸭子卖不出去而苦恼：“到哪才能找到买主，帮农民把鸭子卖出去呢？”在九江永修县，得天独厚、山清水秀的地理位置是养鸭的好地方。所以，那时当地的农户不愁养鸭子，只愁没销路。一心想帮助农民创业致富的王文广，一时苦于找不到买主。

而这时，徐桂芬通过省农业厅牵头专程到永修县找到了王文广，徐桂芬的到来无疑让王文广笑逐颜开。沉稳腼腆，清瘦精干，这就是王文广当年留给徐桂芬的第一印象。仅一面之缘，二人就达成了合作协定：筹建养鸭合作社。

几年下来，王文广从最初养几百只，到如今养几百万只，成为当地最大的养鸭合作社，也成为当地养鸭农民的福星。而王文广的名气也愈来愈大，经常有慕名而来的想高价订购他养的鸭子。

王文广知恩图报，当初若不是煌上煌收购农户的鸭子，农户的鸭子就销不出去。现在鸭子虽然不愁销路，但也不能见利忘义。遇到这种情况，他就对两个儿子说："我们能有今天，是'煌上煌'一直扶持的，如果去做对不起'煌上煌'的事，就等于做对不起自己的事，如果乱卖高价把'煌上煌'整垮了，那我们自己也就垮掉了，绝不做能做坑害'煌上煌'的事！"

市场上的鸭子开始持续走俏，王文广面对市场高价收购的诱惑丝毫不动摇，依然只供煌上煌。酱制食品原本就是个薄利的行业，如果原材料涨价无疑要摊到消费者身上，再亏也不能亏消费者，徐桂芬的经营理念，早已在王文广的心中根深蒂固。而徐桂芬早就对市场行情做过调查，她对合作了几年的王文广也更加器重，在一次公司的年终表彰大会上，徐桂芬亲手将一辆价值约二十万元的越野车钥匙交到了王文广的手中："感谢你对公司的贡献，这辆车我代表公司奖励给你。"

重奖养鸭专业户王文广一辆车

王文广与越野车合影那一幕，让他至今记忆犹新、感激不已。

与煌上煌合作十年来，在王文广的带动下，合作社的发展规模不断扩大，艾城养鸭专业合作社的规模得到空前发展，由2006年的七十六户，产值一千六百万元，扩大到如今的四百多户，社员二百八十六户，总产值突破一千多万元。目前，该社建立养殖小区十八个，覆盖区域涉及全县十多个乡镇及德安、新建、高安等县市，商品鸭销往省内外多个大中城市。合作社先后多次被江西煌上煌集团授予“诚信养殖基地”、“诚信养殖小区”、“商品鸭信得过单位”等称号，并且艾城养鸭合作社还是省、市、县级农民专业合作经济组织示范点。

养鸭子也能发家致富。在王文广的带动下，更多的养殖户加盟到煌上煌的合作社中来……

生态养鸭，农民致富

从2007年，煌上煌先后成立了永修县艾城养鸭合作社、余干县乌泥养鸭合作社、南昌县塘南养鸭合作社、新建县大庄养鸭合作社、丰城市丰禽养鸭合作社、吉安市八都养鸭合作社、吉安市红泉养鸭合作社；到2008年又先后成立了鄱阳湖县养鸭合作社、新建县乐化养鸭合作社、共青城“皇禽”肉鸭养殖合作社、新建县英名养鸭合作社、余干县瑞洪康瑞养鸭合作社、南昌县蒋巷“皇禽”肉鸭养殖合作社。

如今，煌上煌基地建设布局已然构成了井冈山下鸭满塘的一幅生态画面。

永修艾城镇养鸭合作社是由从事孵化、养殖的农户自愿联合在一起通过缴纳一定股金成立的养鸭合作社，专门从事煌上煌肉鸭养殖销售生产经营，成为集种鸭养殖、鸭苗孵化、成鸭养殖、统一销售为一体的专业合作经济组织。目前已发展有固定成员九十余户，并带动周边艾城、涂埠、虬津、三角、九合、梅棠、恒丰等乡镇以及武宁、星子、德安、共青等县区两百户农户养殖红毛鸭。合作社与煌上煌集团公司建立了长期的合作关系，保证了成品鸭的销售。现在年饲养销售量达120多万羽，销售额1560多万元。

余干县乌泥鸭业合作社年养肉鸭80万羽。有六十二户社员，带动周边信洪乡、石口镇、乌泥镇、瑞洪镇、玉亭镇、红家嘴镇、东塘乡、康垦八镇四十二村、一百七十八户农民养殖增收致富，2006 年单户收入超五万元以上的有十二户。肉鸭养殖极大地推动了水产养殖。

2008 年，饲料价格的上涨，影响了肉鸭养殖的盈利。当煌上煌询问合作社的负责人 2009 年的养殖计划时，合作社理事长吴坤生诚恳地说：明年再多给一些指标吧。当问到，饲料价格居高不下，怎样保证农户增收呢？吴坤生坦率地笑了。接着他如数家珍似的报出了一串串名字和一串串数字：

石口镇院前村彭德仕 2008 年养 2 批鸭 3.6 万羽，80 亩水面，增收十三万元；石口镇院前村彭天生 2008 年养 2 批鸭 2 万羽，300 亩水面，增收三十五万元;乌泥镇乌泥村吴科财 2008 年养 2 批鸭 3 万羽,60 亩水面，增收八万元；乌泥镇乌泥村吴海明 2008 年养 2 批鸭 1.6 万羽，80 亩水面，增收七万元……

最后说到他自己，吴坤生眼神里充满自豪。他养的 2 批鸭 3 万羽，承包了 1460 亩水面，利润可以达到五十万元。这就是立体养殖、科学养殖给农民带来的实惠。

还有余干县洪家嘴乡、何家村三十六岁的何兵团，曾经因为无所事事，穷困潦倒，妻子嫌家里太穷而离了婚。单身汉的日子当然不好受，经人介绍，一位因车祸丧失丈夫的妇女愿意嫁给他，虽说是再婚，身价可不低，对方说，没有一万元的聘金不嫁。那年，何兵团穷得叮当响，哪来的一万元钱？为了娶媳妇，只有咬咬牙，背起了一万元的高利贷。就是这一年，他在乌泥养殖小区的带领下，与其他农户一道为煌上煌养起了肉鸭，当年他就还清了一万元的本和高利贷。再接下来，尝到甜头的何兵团继续养殖，第二年的秋天，他高高兴兴地盖了一栋两层的小楼房。

走进煌上煌合作社，像何兵团这样的事，到处都能听到、看到。永修县立新乡郎湖村的李金生，一家四口就有三个是残疾人。五年前住的是两间破房子，2004 年开始养殖煌上煌的肉鸭，两年之后还清了所有的债务。2007 年又将破房改建成砖瓦房，2008 年又加了一层，添置了各种家用电器。还有养殖户鲁大翔，以前养殖每年只赚两三万元，整天骑个破摩托车风里来，雨里去。自从与煌上煌合作后，现在一年养八十多万只鸭子，带动一百多位农户养鸭。两年前还添置了一辆价值三十多万元的越野车。

像鲁大翔这样发家致富的养殖户有很多。农户在养鸭子赚钱的同时，池塘喂养的鱼也赚钱，孵化厂的鸭苗也赚钱，可以说每个环节都能赚钱，这就是立体养殖给农民带来的利好。

精准扶贫，绿色发展

二十几年来，煌上煌集团共出资上百万元，表彰奖励农户五百多人次，帮助农户增收五千多万元。每年一度的表彰机制激励广大养殖户形成了“诚信养殖，科学养殖，健康养殖，和谐养殖”的新观念。

一组组的数据记载下了煌上煌想农、为农、帮农、带农、富农的策略……农户与企业携手并进、共创辉煌。而煌上煌启动的“千户养殖脱贫行动”计划，帮助江西扶贫村建立现代化养殖基地，真正实现了“精准扶贫”。

回顾建设养鸭基地的历程，集团主席徐桂芬和总裁褚建庚感慨万千：“我们从 1998 年开始，就积极参与省农业产业结构调整，开始实施‘企业 + 基地 + 农户’的农业产业化生产模式，不断探索适合企业农业产业化发展的道路。在探索中，我们有欢乐，也有痛苦，有赢利，也有亏损……但是，我们无怨无悔地选择坚持走这条路，哪怕未来道路依然崎岖，我们也会继续走下去……”

徐桂芬到精准扶贫养殖基地考察

二十几年的寒来暑往，这条路走得实属不易。煌上煌作为国家级农业产业化优秀重点龙头企业，肩负着打造精品农业国家品牌的使命，肩负着带动农民增收，贫困农民脱贫致富的重任，为了能更好地承担起社会责任，煌上煌从 2005 年开始推行“一村一品”新模式。

“一村一品”模式是日本大分县前知事平松守彦先生于 1979 年倡导发起的。日本大分县在倡导和推广“一村一品”模式后，农民收入持续增长，农村面貌不断得到改善，成为农村开发的成功典范。“一村一品”不仅在日本，在世界上都引起了广泛的关注，许多国家领导人和政府代表纷纷前往大分县考察学习。“一村一品”在一些亚非拉国家已经推广，成为许多国家尤其是欠发达国家农村振兴的重要途径。煌上煌经过几年“一村一品”的推行，不仅带动农民养殖增收，还从养鸭的源头上保障了食品安全。

当江西省提出了“希望在山、潜力在水、重点在田、后劲在畜、出路在工”的治农方针和坚持以“品种特色化、基地规模化、生产标准化、经营产业化、投入科技化”的理念后，煌上煌又全力以赴打造发展绿色食品，努力把肉鸭养殖打造成江西省“对接长珠闽，融入全球化”的支柱产业。在江西“省绿办”的精心指导下，组织江西千名消费者参观了煌上煌集团信用体系建设，并召开了“煌上煌绿色家禽产业推进大会”。

同时，通过绿色食品认证以后，煌上煌人围绕建设“绿色农业、绿色产业、绿色产品、绿色品牌和绿色家园”的目标，坚持高标准建设绿色食品基地，打造赣产绿色食品品牌。随后，在国家标准化管理委员会召开的全国农业产业化标准示范区检验交流会上，煌上煌“皇禽”肉鸭繁育养殖标准化示范区荣获“全国农业标准化优秀示范区”称号，成为江西省唯一获此殊荣的项目。

确保广大消费者舌尖上的安全，构筑从“田野”到“餐桌”的安全链，是煌上煌一代代领导人的执着追求。

第七章

上市之路，五年漫漫新征途

徐桂芬一路披荆斩棘、驰骋疆场，煌上煌的连锁加盟店在全国遍地开花。为有源头活水来，为保证鸭子源头的环保健康，十九年来，徐桂芬夫妇不辞辛劳地来回奔波在千里之外的田间、村头……在实践中去摸索，将绿色健康的核心理念发挥得淋漓尽致。

十九年的开疆拓土，十九年的南征北战，十九年的峥嵘岁月，“煌上煌人”同舟共济，风雨兼程。十九年前徐桂芬在绳金塔下点燃的这把“星星之火”，如今以燎原之势在全国蔓延，“煌上煌人”永远会铭记2012年9月5日，这个在煌上煌发展史册上具有非凡意义的一天，“中国酱卤行业第一股”在这一天诞生了。

时间定格到2012年9月5日。这一天，注定是不平凡的一天。在深圳证券交易所大厅，身着红色上衣的徐桂芬，将系着红丝带的锤子高举过头，敲响了高高悬挂在前方的上市宝钟。

上市，势在必行！

一、青出于蓝，上市之争

从家庭小作坊到企业化规范管理，煌上煌一路闯关成功。这其中，包含着徐桂芬太多心血和汗水。人生就像一条河，只要抓住机遇，勇于搏击，坚定信念，相信自己，就一定能成功，就一定能够到达胜利的彼岸！

为何上市？

最早提出上市这一提议的时间，徐桂芬记得好像是在 2008 年，现任煌上煌集团食品股份有限公司董事长兼总经理褚浚提出来的，她也清楚地记得当时的第一反应就是反问道："干嘛要上市？"

褚浚知道母亲的潜在之辞是："我们煌上煌不缺钱，干嘛还要去上市？"

深知母亲脾性的他，自然不会多做解释。讲完这个提议之后，褚浚并没有流露出丝毫失望的神色，在母亲身边工作这么多年，与母亲的雷厉风行和直言直语相反，他的身上更多透露出来的是作为一个企业领导者的沉稳和不露声色。

他回到自己的办公室，在偌大的办公桌后面的黑色老板椅上坐下来。这把椅子是母亲亲自挑选的，与母亲办公室的那把椅子完全相同，椅背舒适可旋转，很适合仰躺着思考。可是，从来没有一个员工走进褚浚董事长办公室时，看到他背靠座椅的姿势，任何时候坐在办公椅上的他，都保持着直立或前倾的角度与大家谈话，谦逊而真诚。

这也是徐桂芬很赞赏儿子的一方面，她在谈起儿子时，常常在不经意中流露出对儿子的欣赏和赞扬。这也是一个母亲对儿子的期望，徐桂芬比任何人都殷切地期望儿子能担当起一个企业领导人的重任，这一点仅从她

1999年，徐桂芬与两个儿子合影

亲自为儿子在小蓝老厂办公室设计的办公室就可见一斑。

褚浚现在的办公室整体设计与过去的办公室如出一辙。当初，儿子一步步从基层历练，等到徐桂芬认为能够委以重任时，便将自己办公室对面相邻过道的两间办公室中的一间指派给他，另一间则留给小儿子褚剑。徐桂芬这样安排，是出于“一碗水要端平”的考虑。

过去，褚剑担任煌上煌旗下的江西煌大食品有限公司（简称：煌大）总经理后，主要在“煌大”园区内的办公室办公，这边的办公室基本空置着。企业上市之前，长子褚浚担任“江西煌上煌集团食品股份有限公司”总经理，徐桂芬便决定将原来这两间隔开的办公室打通，连成一个里外间的整体办公室，并用屏风里外隔开，使整体近乎通透，显得大气沉稳。

这间办公室的陈设细节也很值得深究，尤其是摆放在特别显眼位置上的四件陈设品。其一是一条“水晶龙”，因为褚浚是属龙的；其二是墙上有个“搏”字，意味着希望儿子去拼搏；其三是一个“航海罗盘”，取“舵手”

之意，期望儿子能够肩负起煌上煌这艘“航母”掌舵者的重任，今后褚浚是企业的掌舵人，其他人就护航；其四是一个“地球仪”，寓意胸怀天下，期望儿子能够胸怀宽广，放眼世界，引领企业走向国际市场，将煌上煌的事业发扬光大。

2015 年再次搬迁新厂，新办公室比老厂各方面条件都上了一个档次，但是这四个陈设品仍然搬迁到了褚浚的新办公室。因为这四件陈设品承载着母亲对儿子事业的重托。

褚浚办公室里还有一个大鱼缸，也是希望企业年年有余、吉祥如意。办公室不是享受的地方，在办公桌的前面是一个小茶桌，是企业高管商讨重大决策的地方，办公室内还有一个十二人的小会议桌。整个办公室的设计不仅古香古色有着浓厚的文化气息，还充满了商业谈判的气息。对于褚浚办公室的整体设计，徐桂芬可谓是煞费苦心。这其中，不仅包含着她对儿子寄予的厚望，更体现了褚浚对煌上煌事业肩负的使命和责任。不过，当褚浚跟母亲提起上市，回到办公室坐下来之后，并没有想太多，母亲会反对，这完全在褚浚的意料之中。

他知道要母亲接受这个提议需要一个过程，毕竟对于母亲来说，煌上煌就像自己一样，也是母亲一手带大的孩子，母亲对这个企业，倾注了全部的心血啊！通俗一点讲，让煌上煌去上市，变成公众企业，那岂不是相当于割掉了母亲的一块心头肉吗？

上市之痛

这之后很长一段时间，褚浚再没有在母亲面前提过上市的构想。不过他在做好母亲交给他的各项工作，证明自己能力的同时，依然在心底不断坚定着要让煌上煌上市的梦想。

正如我们之前所讲，褚浚是学外贸经济管理系，他 1996 年大学毕业到母亲公司来打工时，煌上煌仅仅“3 岁”。

其实，褚浚大学毕业以后，他的梦想是自己独立去开创一番天地，不想睡在父母的功劳本上；在煌上煌这么多年，他都没把这个思路扭转过来。他想在煌上煌先锻炼，以后自己去单干。

那段时间，徐桂芬反复地做儿子的思想工作：“李嘉诚的事业，也要他儿子来继承，这并不会显示你没面子……”可任凭母亲怎么说，褚浚依然不愿意加入煌上煌。并且，那时煌上煌也时常被媒体推到风口浪尖，网上也谣言四起：“徐桂芬的长子是吃老本的……”大家总觉得这个企业就是徐桂芬的。这更加坚定了褚浚要单干的念头。当年，也是一个偶然的机会，煌上煌收购了丁公路的一家国有食品厂，褚浚主动找到母亲说，要去开酒店。褚浚此举，是想向父母证明自己的能力。随后褚浚在合味原发展，这是后话。

然而，事与愿违。当褚浚看到父母年纪大了，还要每天操持公司的事，承受企业的压力时，褚浚就不忍心，不得不听从父母的安排。

2008 年，褚浚恋恋不舍离开合味原，接任煌上煌食品公司总经理一职，协助父母全面管理公司。褚浚看到煌上煌的发展迫切需要与现代经营管理理念相融合，顶着被别人认为进入家族企业受父辈荫蔽的压力，义无反顾地选择了加入煌上煌——这个母亲一手创办的家族企业。因为他很清楚，煌上煌重担迟早要压到他自己身上，谁让他是家里的长子呢？从一开始在基层，煌上煌的每一份工作，对于他来说，都不是简单的工作职责；而是一份来自褚氏家族酱鸭的传承、来自母亲的沉甸甸的责任，也是他选择学习经营管理后，梦寐以求不断进步、不断超越的事业。

从生产到营销，褚浚经常深入到各个车间工厂去查看，他看到现在劳动力愈来愈贵，人也愈来愈难请，就进行了很多技术改革，他要把传统手工制作，逐步改造成机械制作。在褚浚担任总经理以来，在他手上发明创造了很多项目，比如工艺改革、引进先进设备、生产智能化、办公智能化等。也就是这个时候，褚浚产生了要上市的想法。

褚浚用实际行动向母亲证明了自己，徐桂芬终于理解了儿子的一番苦心，通过十几年让儿子在基层的磨炼，她明白儿子早已不是当年那个骑着自行车进货，经常来妈妈店里帮忙端盘子的小男孩了。已过而立之年的褚浚经过父母几十年的培养，早已历练得成熟稳重，能独当一面。

“是该放手了。”徐桂芬感到随着年纪的增大，已有些力不从心，是时候腾出位子给年轻人去锻炼了。

而上市这个梦想，对于褚浚来说，是他从担任总经理一开始就给自己设定的目标。这也是他与母亲完全不同的成长环境和时代背景所造就的思维角度的不同。也正是因为这样，在这件事情上，他对母亲其实是不够理解的。他想母亲是基于企业在现金流方面一直都是充盈的，才没有考虑上市；不过有时候他也会想，一向在企业里说一不二的母亲，是不是担心自己一手创办经营的煌上煌转变为公众企业，从而不能一切尽在掌握？

其实，徐桂芬考虑的远远不止这些。知子莫若母。褚浚的梦想以及他对煌上煌的未来规划，作为母亲又何尝不知？在煌上煌，没有谁比她更想让这个企业发展壮大。如果说当初成立烤禽社的时候，她并未做过太长远宏大的设想还情有可原，如今，在商场征战这么多年，历经企业风风雨雨、起起落落的徐桂芬，从企业初期发展到拓展开发全国市场，在多元化发展风生水起之时，早已经不是别人所认为的那种“重实体经营，轻资本运营”的实业家。徐桂芬的脑海中如果没有高屋建瓴的构建和企业远景，是绝对不可能走到今天的！

褚浚不知道，母亲在他第一次提过上市之后，就在心里反反复复地思考着儿子的这一提议。她深知，煌上煌要做百年企业，走出江西，走向全国，进而走向世界。上市融入资本市场是迟早的事；但是，不是现在！

褚浚更不知道，他的这一提议也深深地触痛了母亲心底很不愿意提及的那一段往事。那就是前面我们讲过的，1996年煌上煌所经历的那一场“惊心动魄”的去家族化的现代企业改制。在那一场改制中，徐桂芬硬是顶着巨大的家族压力，支持丈夫褚建庚将现代企业经营管理理念引入煌上煌的前身，当年那个家族作坊式的小店。

那一场改制中，褚浚刚大学毕业进入企业，并没有很深的理解，自然就不知道，这件事在表面上看起来是母亲家族的管理人员在得到经济补偿后同意改制，使得煌上煌引入新的管理制度，平稳进入了规范的现代企业管理模式。他不知道在顺利改制的背后，母亲在深夜偷偷地流过了多少眼泪，而且，这件事也埋下了她一生都难以磨灭的心结。

当年，为了成功打破作坊式企业的弊端，徐桂芬和父母兄弟姐妹在之后的近十年中，都一度陷入冷战困境。这对于一个女儿来说，该是怎样的心痛？虽然在父母晚年，徐桂芬竭尽心力去弥补这几年空缺的孝心，可心底的那个结，却是怎么也无法消解的。这也是一个女人，要成就一番事业，“鱼和熊掌”不可兼得所要面对和承担的痛苦。

当褚浚提出上市的提议后，当年改制的种种场景突然涌上徐桂芬的脑海，父亲生气涨红的脸和母亲埋怨哭肿的双眼……往事一下子清晰浮现在眼前。那一刻，徐桂芬全身一激灵，重重地反问褚浚说："干嘛要上市？"

上市究竟触痛了什么？这一切，褚浚当然还不能完全理解母亲。

上市！

当褚浚不再提及上市后，徐桂芬的心情才慢慢地平静下来。

正如褚浚所想的，徐桂芬作为一个企业经营者，关于上市，她首先想到最重要的收益是获得资金支持，开通未来在公开资本市场的融资通道，增加融资能力。但是对于煌上煌来讲，并不缺少现金流，煌上煌的现金流足够保障企业发展壮大，根本不需要像很多面临发展资金困境的企业那样，通过企业上市圈钱融资。

同时，徐桂芬想得更多的是，上市是一把"双刃剑"，一方面，企业上市将给煌上煌带来开放和裂变效应，推动煌上煌向更高层次、更大规模、更快速度发展，绝对是煌上煌做大做强、提升品牌影响力和竞争力的有效途径；另一方面，一旦上市，这种开放和裂变效应都是难以估量的，煌上煌现有的企业基础条件，包括生产能力、企业管理水平、企业高管及员工的素质等是不是能禁得起这种开放和裂变效应，一切都是未知数……

还有一点，如果她放手让褚浚负责做煌上煌上市的准备，褚浚有没有足够的能力？企业上市后经营风险增加，经营压力增大，作为煌上煌的总经理，褚浚究竟能不能担此大任，是不是可以让她百分百信任呢？

思来想去，徐桂芬还是决定不打盲目之战，虽然这么多年她一直努力培养儿子，而褚浚的表现也让人很满意。但是，毕竟褚浚是她的儿子，在母亲的眼里，儿子总是不够成熟，相对考虑问题不及自己周全，他还需要历练。让徐桂芬感到欣慰的是，当她把这些想法与丈夫褚建庚讲明后，一向稳健的褚建庚非常理解她的想法，也认为上市并不是一朝一夕可以完成的事，不能急于求成。而且，同样对煌上煌未来充满信心的褚建庚也明确表示，上市是煌上煌将来发展的必经之路。

关于上市的构想，自从被褚浚提出后，就在徐桂芬夫妇的酝酿下开始逐步走向成熟。在这期间，徐桂芬刻意放手让褚浚负责一些市场营销拓展以及酒店发展方面的工作。事实证明，褚浚成长得很快，他不但传承了母亲徐桂芬稳扎稳打的实干精神，也善于将各种新的管理理念引入实际管理中来，并赢得了企业高管和员工的一致认同。

徐桂芬还记得，在煌上煌上市之前，深圳市的“达晨创业投资”有限公司（以下简称：达晨）主动找到煌上煌，这家公司看好煌上煌是国家农产品深加工的示范基地，同时也是农业产业化国家重点龙头企业，潜力巨大。“达晨”作为一家专业的风投公司，他们的选择不是盲目的，他们有自己的投资项目六项规定，首先要看这个行业是否属于国家鼓励政策支持的范围，再看企业的技术水平是否领先，行业地位是否在前三名，以及创业团队是否具备现代化管理思想。

尽管“达晨”公司觉得煌上煌具备了上市的各种条件，但徐桂芬却对融资并不感兴趣。当时的煌上煌采取的是典型的“骆驼公司”的模式，所谓骆驼公司是指拒绝风险投资和资本运作，依靠自身积累稳健发展的企业，对于资本市场，煌上煌因缺乏了解而不愿接受。但是“达晨”公司没有放弃，他们保持了一个月一次电话穷追不舍的攻势，经过近一年的电话联络，不断向高管们灌输上市融资的概念。2007 年，煌上煌终于同意和“达晨”公司面谈一次。

“我丈夫和孩子都想通了，就我还没想通。”“达晨”公司好不容易约到了与徐桂芬夫妇见面，一见面，徐桂芬提出的第一个问题就把达晨公司的人问懵了。

“煌上煌为什么要上市？我们不缺钱。”

“上市为什么要引进一个创投机构？”

“我们企业不想上市。”

……

一个个不上市的理由让“达晨”公司的人拿煌上煌没辙了，煌上煌高管们的提问犹如当头一棒，把“达晨”公司的人砸晕了。当时，徐桂芬不上市的观点非常明确：企业做得很稳，各项管理也经过十几年的积累逐步走向规范化，企业也不缺少现金流，更不缺少发展资金，根本没有必要通过上市来融资。也没有必要通过稀释股份引进“风投”来获取资金，煌上煌完全可以通过自身的能力来做强、做大。

“达晨”公司没有放弃，他们使出浑身解数来说服徐桂芬。由古今中外的家族企业谈到当代的民营企业，并举了很多案例来传递上市给企业带来的种种利好。其实，从 2005 年开始，就陆续有很多风投公司找到煌上煌。那时，徐桂芬对上市概念了解不深刻，觉得上市引进“风投”对企业会产生不利影响和更多的矛盾，并且也没有公司上市的思想准备，就都拒绝了。而“达晨”是众多风投公司里跟踪最紧、比较有实力的一家。

作为国内最早瞄准现代农业的投资者之一，“达晨”投资的麦当劳、肯德基的鸡肉股业上，“福建圣农”成为第一家获准首发股票的农业板块，成就了“达晨”三年赚七倍的财富神话。“圣农”的成功为“达晨”深度挖掘农业项目打了一剂强心针，在他们看来，中国农业随着行业开始集中，现代农业具有较大的发展空间，无论是养殖、种植还是农产品深加工都将迎来发展的好时代。所以，“达晨”将现代农业作为公司主要投资方向之一。当江西朋友推荐煌上煌时，“达晨”公司眼前顿时一亮，立刻锁定目标，穷追不舍。

当“达晨”公司谈到企业上市后，将从一个封闭的家族企业发展成为一个开放透明的规范企业，实现企业可持续发展，并能将企业品牌努力打造成一个百年“老字号”时，这一点，徐桂芬心动了。也就是这一刻，她终于想通了：“通过上市将品牌进一步扩大，还可以借上市来规范企业内部管理，上市无形中可以推动企业发展。这不就是自己内心深处一直想实现的目标吗？”

当 2009 年褚浚再一次提出上市的构想时，徐桂芬感到时机已经成熟，立即召开家庭会议协商。之后，又召集煌上煌的所有高管共同商议。在认真听取了意见和建议之后，最终拍板决定：上市！

打造“百年老店”这一梦想迅速点燃了徐桂芬对上市的热情。2009 年 7 月 17 日，煌上煌终于与“达晨”公司签约，正式引进创投机构，便于进一步完善煌上煌公司治理机构和投权结构。正式引进创投机构，便于进一步完善煌上煌公司治理结构和股权结构。由此，煌上煌开始走上了漫漫的上市之路……

二、不进则退：艰难地整改蜕变

细节决定成败。漫漫五年的上市之路，对煌上煌每个人来说，任何点滴的差错都可能导致所有的心血付之东流。这是对煌上煌人的一种考验，一种信任。徐桂芬明白，艰难的上市之路，是煌上煌的又一个新征程……

棘手问题，纷至沓来

"我们煌上煌要上市了！"2009 年，上市改制计划正式启动。上至集团高管下至普通员工，在得到准备上市的工作计划后，都进入了异常兴奋的备战状态。员工们奔走相告，自豪感油然而生，自然是信心满满，干劲十足。

然而，上市是一个系统性工程，需要各方面的准备和积累，并不是凭着集团上下所有员工的一腔热情就可以做好的。这一点，徐桂芬明白，高管们也明白。上市这一决定，拍板并不难，难的是决定上市后需要面对的问题以及如何解决问题。这是一场只能取胜的战役，但也是一场耗费巨大的战役。

这一切，徐桂芬之前早有预料，她也知道，企业的决心和意志是上市成功与否的关键，尤其是企业决策者的决心。就像以往每一次重大决策一样，徐桂芬心里的念头依然不变：既然决定了，就勇往直前，不达目标誓不罢休！

国家在民营企业上市的市场准入上有着严格的限制。如今，摆在徐桂芬面前的最迫切也最耗时的一个问题是企业整改，像其他的家庭化管理企业一样，煌上煌虽然经过了之前的那场企业改制，但依然存在着产权关系不清、企业治理结构不合理等问题，在准备上市前必须建立起产权明晰，管理科学的现代企业制度。

徐桂芬在整改动员大会上斩钉截铁地说："改！一切都按照公司改制上市基本要求来实行梳理和整改！"

这么多年商场征战，徐桂芬身边汇聚了不少与企业同进退的得力干将，他们各自的优势徐桂芬都了如指掌，让谁去负责什么方面，她很快心里就有了底儿，上市战略紧张有序地展开实施了。

整改最核心的部门自然是财务部门，从2008年股改开始，财务手工账目要全部实现会计电算化，财务要求严格规范，每一件压入箱底的历史资料都要重新翻出来进行梳理，财务部门天天晚上加班，节假日也不例外。

谈到财务部门，这里不得不提到一个上市的关键人物——曾细华。曾细华是煌上煌的财务总监、董事会的秘书、注册会计师。他在没有到煌上煌工作之前，曾在一家制药企业负责财务部门的管理工作。

谈到为什么会跳槽到煌上煌？曾细华说，因为煌上煌是一家有前景的企业，跳槽到煌上煌也是为了给自己一个更好的发展平台。当年，三十出头的曾细华在一家制药企业也干得不错。一个偶然的机会，在朋友的引荐下认识了煌上煌的创始人徐桂芬。他清楚地记得，第一次单独与徐桂芬见面是在煌上煌的美程酒店，当时，两人坐在一楼的休闲茶厅，徐桂芬的手机电话不断，曾细华还记得当时徐桂芬单刀直入地只问了几个简单的问题。

一、你原来有没有做过上市？二、你愿不愿意到煌上煌来？三、如果愿意你回去和家人商量，那边尽快办理辞职手续。四、推动一个企业上市对你是一个提升，希望你能抓住这个机会。

徐桂芬简单的几句话，打动了曾细华，他从心底由衷地敬佩面前这个女强人。当然，最终打动曾细华是徐桂芬当年说的那句："趁着年轻，为了家人生活过得更好，也为了自己干出一番事业"。不到一小时的面谈，曾细华就被徐桂芬的坦率和真诚所打动，决定破釜沉舟跳槽到煌上煌。

开弓没有回头箭。对曾细华来说前面只有两条路可选：一是成功协助煌上煌上市；二是失败后黯然离开煌上煌。

2007年，煌上煌正憋足了劲为上市做准备。徐桂芬非常注重人才，曾细华刚入职煌上煌时，就被任命为财务总监和"上市办"成员，对曾细华的工作，徐桂芬给予了极大的支持和信任。

在煌上煌筹备上市的那段日子，曾细华带领着一支平均年龄三十岁的团队日夜奋战，企业资产的清产核资、企业历史沿革的演变、财务数据等账目的核审……每当发现问题，财务部就要进行开会、调研、协调、处理。那段日子，曾细华经常为烦琐的工作焦头烂额，团队的精英汤晓春、姜丽、刘忠、邓淑珍、江清英等都感到很疲惫。徐桂芬自然理解上市对财务部门来说是一场最困难的“攻坚战”，看到财务部经常通宵达旦，天天加班，她亲自到财务部来了解进展和情况，碰到财务部遇到困难和问题，马上及时地给予解决，这给曾细华带来了极大鼓舞和战胜困难的信心。

信心比黄金重要。这句话如今回想起来，曾细华有很多的切身感受，对于他来说，公司上市之前那段日子是煎熬的。

机遇与挑战并存，如果曾细华干得好，那前面就是阳光大道；如果干不好上市失败了，那就是悬崖峭壁。漫漫五年上市之路，中途也有些人坚持不下来离开了，但曾细华始终对煌上煌充满希望。

他认为，煌上煌不仅是一家农业食品企业，营销模式很创新，又是一家终端的连锁经营企业，这样的企业“复制”能力很强，吃这点苦不算什么，只要努力没有做不成的事。既然来了就要静下心来做点事，如果到处跳槽，到处挖坑打井，那打得到处都是坑，结果一滴水都没看到，也永远挖不出井水。只有一心一意打井挖坑，坚持挖下去永不放弃，井水才会如泉涌般地冒出来。就是靠着这种坚定的意志和信念，曾细华才说服自己继续留了下来。

对于年轻人来说，煌上煌就是一个绝佳的历练平台，只有经历了痛苦的煎熬和超强的耐力，才能品尝到成功的喜悦。青春只有经历了风雨的洗礼和奋斗才有值得炫耀的资本。

直到煌上煌成功上市后，曾细华才终于骄傲地说：“我曾为煌上煌上市贡献了自己的一分力量。”

当然，煌上煌上市前工作强度和工作压力最大的，首当其冲的还是徐桂芬。虽然她对上市的准备工作做了充分的预期，但事情的繁杂琐碎是她之前并没有料想到的。公司的管理难度明显增大，各项业务都要求一板一眼的正规化，不得违反相关法规，从而降低了公司事务的处理弹性。

徐桂芬的电话二十四小时不关机，随时都有各种情况反馈来，当历史资料重新翻开，每一笔报账的来龙去脉，甚至企业每一次更名的流程是如何进行的，是否规范等细节都需要她一一回忆，再协调解决落实。另外，上市准备工作所带来的各种棘手问题纷至沓来：外部各地市场规范问题、内部管理制度完善问题……

决定上市的那段日子，她亲自督促财务部整理资料，时常鼓励大家要有信心，按照上市的要求整改各项管理制度。当然，徐桂芬默默地在背后为上市所做的准备，褚浚并不清楚，等徐桂芬把准备上市的材料整理好之后，这才交给他去打理。徐桂芬知道，下一步就是完善制度，将来这个企业总是要交给下一代，何不让褚浚亲自去抓？

正是出于这样的考虑，徐桂芬这才准备慢慢地放手，让儿子继续去完成上市流程。但是，褚浚能担此重任吗？

放手！

各种问题横亘在徐桂芬面前，这其中，最迫切的是人员调配问题，归根结底，所有的问题都需要强有力的人来实施解决。徐桂芬的心里突然闪过一个念头："何不让褚浚放手一搏呢？"

从心底讲，徐桂芬还是对褚浚有些放心不下。尽管曾经不止一次地听到大家对他的种种好评，抛却恭维之辞，更多的是发自内心的赞赏，尤其是她身边的得力干将们对褚浚的客观评价，以及褚浚工作所做出的成绩，都充分显示了儿子这些年在企业的历练结果足以让母亲欣慰。

母亲爱孩子是一种本能，总觉得孩子长不大也是一种潜在意识，可是，孩子不可能永远在父母的羽翼下生活。徐桂芬心想，将煌上煌上市是褚浚一直以来的梦想，而自己作为母亲的梦想，不就是一直培养儿子，希望儿子能够担当大任么？这个时候不放手还待何时？

于是，徐桂芬做出了一个大胆的决定：放手！

她说到做到，放手让褚浚去具体部署实施上市的准备，自己和丈夫则坐镇后方，负责协调事宜。对于褚浚来说，从母亲拍板决定上市的那一刻起，他的心里就没有平静过，他明白母亲做这个决定是多么不易，而且他也明白，母亲做这个决定有一部分动因是来自对他的肯定和信任，他也有足够的自信来挑起母亲赋予他的重任。

当时，褚浚被委任“江西煌上煌集团食品股份有限公司”副董事长、总经理。徐桂芬的放手让褚浚在充满了勇气的同时，也感受到了更多沉甸甸的责任和无形的压力。在母亲的全力支持下，褚浚开始了大刀阔斧地整改工作……

褚浚主持企业高管会议

在市场营销方面，褚浚强化营销手段，迅速出牌，确立了“立足江西，布局全国”的扩展战略。这一全国化布局也让煌上煌发展异常迅猛。这些不停滚动上升的销售数据，为煌上煌上市铺开了强有力的市场拓展基础。但是，在高速扩展的同时，如何保障产品的品质与安全？这不但是上市监管部门关心的问题，也是作为食品企业最核心的问题。

这点毫无疑问也在褚浚的整改范围之类，在加大市场营销力度的同时，褚浚将之前企业食品安全保障控制方面的统一标准进行了完善，最终确定了“十个统一”:“统一门店形象、统一进货、统一配送、统一价格、统一核算、统一服务、统一培训、统一广告、统一信息、统一监督管理”，在统一规范的基础上进行标准运营，不但要掌控产品的品质，还要掌控产品的服务，还要进行强有力的监督管理。企业确定上市战略之后，对人才的需求更加迫切，现任上市公司副总经理兼财务总监曾细华就是此时引进的高级人才之一。曾细华曾经全程参与过一家国有企业的上市工作，这个经验对准备上市的煌上煌来说非常可贵。

然而，曾细华当年参与的那家企业是 1997 年上市，1997 年到 2009 年，期间整整相差十二年，市场环境经过了很多次革新转变。并且，引发华尔街金融海啸且很快蔓延到全世界的 2007 — 2009 年环球金融大危机也正是在煌上煌全面启动的这个阶段迸发，国际股市动荡，国内免不了受到波及。

此时筹备上市，是否风险太大？曾细华作为财务总监，能为煌上煌上市助一臂之力吗？

为国际国内市场形势所迫，国内很多积极准备上市的企业都不约而同地放缓了上市的脚步，面对纷至沓来的各种情况，煌上煌又该如何应对？

一个词：坚持！

“坚持加毅力很重要，也就是做事持之以恒很重要，这一点，徐主席和总经理都有很好的把握。”财务总监曾细华肯定地说。

曾细华举了个形象的例子：“有很多企业都是在股市行情一片大好的时候，很快算一下上市能融资多少元，就想抓住机会很快上市。可一旦看到股市低迷，又不想上市了。这样一来一去，上市准备工作做不扎实，就错过了很多机会。”

而对于煌上煌来说，曾细华认真地说：“我们从启动上市战略起，集团上下众志成城，丝毫没有受到股市行情的干扰，而是一步一步按照证监会的要求来规范企业，没有过任何懈怠。”

回想上市前的那一段日子，曾担任财务部经理的汤晓春禁不住感叹道：“那时候，对于我们每一个财务人员来说，都是一次难得的历练机会。大家没有一个人喊累，‘煌上煌’给了我们这次机会，我们就一心想着全力以赴去把握，憋足劲往前冲，压根就不会在乎个人得失。”

要说憋足劲往前冲，不仅曾细华等财务部门有感受，全集团上上下下每一个人，都处于紧张有序的战备状态。就这样，所有上市工作都在紧张中突飞猛进：一个个生产基地的规范、一家家专卖店的统一、质量检验、环保检验……任何一个环节都要精雕细琢，都不能有丝毫纰漏。

本公司管理层共同努力下，公司 2008 年 10 月完成股份制改造工作，2010 年 3 月初完成上市辅导验收工作，2010 年 3 月 30 号，煌上煌向证监会正式提交了上市材料。证监会按照相关法律制度程序，进行反复审核和意见反馈，公司反复整改，并于 2011 年 12 月底，反馈意见回复结束，2012 年 5 月 7 日一次性通过了发审会。

然而，这并不是终点，在拿到批文以后，褚浚总经理便开始在北、上、广进行“预路演”，如何把煌上煌的优势展现给广大投资者和投资机构，又是摆在大家面前的一个迫切任务。北京、上海、深圳、广州，从 PPT 制作到会场布置，每一个小小的细节都不容小觑，任何一个细节做不到位就会影响集团的整体形象，进而影响对方对集团的判断。

尤其对于褚浚来说，作为主讲人，虽然对于集团的各种情况，包括财务状况、经营业绩、门店管理、生产基地管理、食品安全保障、未来发展等等都早已熟记于心并且信心十足，但在这种关键时刻，往返奔波于各地，应对专业人士和投资者的各种无法预料的犀利追问，所承受的压力是其他人都很难感受到的。褚浚也说过："这次企业上市前前后后所经历的事情，恐怕我这一辈子都忘不了。"

特别是最后一次在深圳证交所下面的信息公司"全景网"跟广大投资者进行交流的这次路演，让徐桂芬感到一种从未有过的激动和兴奋，网上投资者不仅关注煌上煌未来的发展，也关注煌上煌的历史沿革。

上市路演徐桂芬与投资者互动交流

"关于市场的发展指标，煌上煌今年的门店有多少？未来的经营指标怎么样？"

"目前煌上煌有多少直营店？明年大约要开多少店？主要来源有哪些？为了达到这个目标，你们公司的基础结构怎样？"

"在企业人才方面的引进有哪些新思路？企业未来如何发展？"

……

徐桂芬耐心地一一回答了网上投资者的提问。正式拿到证监会的批文，是 2012 年 6 月，那一刻，煌上煌上下所有人的兴奋可想而知，用徐桂芬的话说："所有人目标一致，齐心协力，这一时刻，确确实实得来不易，大家的心情自然是不可言喻。"

褚浚忘不了的，当然也包括 2012 年 9 月 5 日，母亲在深圳证券交易所大厅敲响上市宝钟的那一幕。徐桂芬的那一回眸，寓意深长……

三、逆市出击：资本寒冬，“酱卤世家”上市

岁月绵长，十年一剑。从 1993 年的小作坊到 2012 年的全国连锁，十九年征程并非一路礼花绽放，在磕磕绊绊中走过十九年的煌上煌终于在深圳证券交易所敲响了上市的钟声。2012 年 9 月 5 日，中国酱卤行业第一股就此诞生！

中国酱卤行业第一股

2012 年 9 月 5 日，徐桂芬在深圳证券交易所大厅敲响上市宝钟，虽然当时并没有进行现场直播，但当天各大新闻媒体在醒目位置刊登的照片，在第一时间便传回到了煌上煌集团总部。

公司新闻部将这一历史性时刻反映到了集团报纸和网站上，集团报纸《今日煌上煌》这样报道了当时的情景：“九月的深圳，天蓝水碧，繁花似锦。9 月 5 日上午，江西煌上煌集团食品股份有限公司首次公开发行 A 股（股票代码：002695）上市仪式在深圳证券交易所大厅隆重举行。伴随着江西省省委常委、统战部长蔡晓明，江西煌上煌集团股份有限公司董事长徐桂芬等共同敲响宝钟，标志着煌上煌正式挂牌上市登陆资本市场，至此，中国酱卤肉制品领域第一股煌上煌隆重诞生。”

在很多媒体报纸的醒目位置：“热烈庆祝煌上煌在深交所隆重挂牌上市！”的红色大字显得喜气洋洋，这种喜庆气氛在前一天晚上，即 9 月 4 号晚上在深圳华侨城洲际酒店宴会厅举办的上市庆典酒会上就表现得淋漓尽致。

酒会的宴会厅显然经过精心布置，古色古香，会场里处处花团锦簇，

礼仪小姐身着盛装亭亭玉立在迎宾席两侧，笑容可掬。与会嘉宾有不少是政界和商界知名人士，尤其是江西省政府亲临现场的部门之多，就足以显示出领导们对煌上煌的厚爱有加。包括江西证监局、省金融办、省工信委、省工商局、省政府驻深圳办事处、南昌市政府在内的各部门领导共计一百二十人前来深圳，见证当晚煌上煌上市股票代码启动仪式这一重要时刻。

上市股票代码启动仪式现场

徐桂芬与丈夫褚建庚满面春风，在与省委常委、省委统战部部长蔡晓明、国信证券董事长何如，以及深圳证券交易所首席研究员金立扬一起拉起数字推杆，看到大屏幕上浮现出“002695”的字样时，徐桂芬丝毫不掩饰自己的激动心情，带头鼓起掌来。

说来也巧，徐桂芬的大孙女在2012年的6月22日出生，让一家人时刻牢记住了“6·22”这个“食品安全日”。而这次去深圳之前，徐桂芬还半开玩笑地对快要生产的小儿媳妇说：“要是你肚子里的宝宝在我们上市的这一天生下来就好了，那我们就双喜临门了”。

没想到果然比预产期提前几天，在9月4日中午小儿媳妇顺利生下小孙子，正好是股票代码仪式正式启动的这一天，而9月5日也是敲响了煌

2012年9月5日在上市仪式上徐桂芬发言

上煌上市宝钟的一天。一个“龙孙女”，一个“龙孙子”的出生，让全家人都牢记了这两个不同寻常的特殊日子：6 月 22 日和 9 月 5 日，一个是始终牢记食品安全，一个是牢记煌上煌上市。

9 月 5 日这一天，深圳交易所现场一时掌声雷动，徐桂芬看着大屏幕上的股票代码，从内心深处升腾起了一种难言的欣慰。正如她自己所讲：“煌上煌成功登陆 A 股资本市场，是煌上煌发展历程中的一个重大里程碑，这将推动公司上升到一个崭新的高度和平台。由此，煌上煌将接受新的检阅、迎接新的考验、迈向新的征程！”

而这新的检阅、新的考验和新的征程，也许不久的将来，就可以放心地交给褚浚了。在当天晚上的酒会发言环节中，她还特意安排了褚浚发言，这不仅因为褚浚在上市的过程中不负众望尽心尽责取得了圆满的成绩，也是因为她想创造更多的机会让褚浚代表煌上煌去面对公众，历练儿子的同时也让更多的人看到，褚浚作为一个企业的领导人已经完全成长起来了。徐桂芬也知道，这样一来，褚浚身上的担子会越来越重。

股民热议，上市遇冷？

作为中国酱卤行业第一股，煌上煌成功上市。喜庆过后，当日收盘，徐桂芬以及集团上下全体员工得到的消息是：煌上煌以每股三十元发行价登陆 A 股中小板后，新盘遇冷，最大跌幅逾 10%。

这个消息无疑是所有煌上煌人始料未及的，接踵而至的是行内外投资者和媒体的议论纷纷。开盘当天遇冷，自然会引来不少争议。

在上市之前就有“鸭脖第一股”之称的煌上煌，有些评论者诙谐又不乏犀利地称之为“赶鸭子上架”。其实在煌上煌等待证监会发审委的审核结果之前，各种议论就早已四起，当时就有人认为证监会对食品连锁企业的过会要求近乎严苛，煌上煌的上市之举是在“碰运气”。

煌上煌上市遇冷之后，热议声很自然的一分为二。看好者认为：煌上煌是比较知名的卤品企业，目前公司的市场占有率却不足 2%，仍有巨大的提升空间。未来，凭借品牌和资金优势，销售终端的外延式扩张将成为驱动业绩成长的主要力量，有望推动公司市场份额持续提升，至 2016 年，预计公司的门店数量将增加 150% 以上，覆盖全国二十五个省市自治区，75% 以上的地级市。

不看好者则认为：煌上煌的主要危机是食品安全问题，目前国内的问题是消费者对食品的信任度不高，一旦行业内一家公司出现食品安全问题，就会殃及全行业。煌上煌以卤味为主，行业前景很好，但是大环境上来说不太乐观。煌上煌食品的销售模式是连锁经营模式和商超销售模式并行，其中连锁经营模式采用了“直营连锁和特许经营连锁”两种方式，近年来连锁食品企业扩张加速，加盟商和供应商管理成为最大的问题。

对此，看好者的回应是：煌上煌作为快速消费类企业，包括其在内的食品类企业都会受到食品安全问题的影响，这个问题不能百分之百的消除，即使在欧美国家也会出现食品安全问题。但是，不能出大问题，企业要及时地发现问题，防患于未然，并且对食品安全问题更加重视。如此争论，自然不会有什么定论。在各种积极或消极的热议中，也不乏中肯者认为把煌上煌这只股票上市称作“赶鸭子上市”的观点值得商榷。

煌上煌作为一家从事酱卤肉制品生产企业，既不是规模型企业，也不是高科技企业，但是民以食为天，煌上煌的发展前景广阔。煌上煌成功上市是好事，作为新股，出现破发，也比较正常，因为股市本身就存在一定的风险，何况投机者甚多。我们需要关注的问题不是“赶鸭子上市”，而是有了资本不等于有了市场。正是因为有资本不等于有市场，所以出现新股煌上煌开盘破发市场不买账现象。因此，煌上煌上市公司就必须实实在在地拿出业绩来回报给市场，只有这样，这只新股才能名副其实，从而为中国的股市增添活力，不被股民抛弃。

这位中肯的评论者还举出麦当劳和肯德基的案例，认为在中国需要大力发展像煌上煌这样属于自己的本土食品加工连锁企业和上市公司，指出煌上煌之所以在国内的影响不够，就是因为缺少资本以及品牌管理和市场运营等方面存在缺陷。

从这些评论者的言语之中，处处透露出对煌上煌这样一个发展中的本土食品加工企业的期望，从这一点来讲，煌上煌自从上市之日起，便担负起了股民、消费者更多的关注和希望。好在煌上煌虽然上市遇冷，股民是“赶鸭子上架”，煌上煌的股票市值从最开始的 37 亿元，到最高时涨到了 100 多亿元！面对大多数股民的支持，煌上煌没有任何理由懈怠。

任重道远，使命在肩

对于煌上煌首发遇冷以及坊间热议，终究不可能轻易做出非黑即白的判断。一方面，当煌上煌成功登陆 A 股中小板的锣鼓声响起时，我们就不能简单地用碰到了好运气来定义煌上煌上市成功，能经过证监会的层层审核，就足以体现出煌上煌在财务核算管理、食品安全保证体系、销售网络体系、全国市场布局等方面得到了专业机构的充分肯定。

另一方面，新股遇冷其实是为煌上煌敲响了警钟，这种鞭策的力量是难以估量的，这足以让煌上煌集团上下以更冷静的态度来面对上市这一喜讯，要从坊间热议的焦点中提炼正能量，不能因为上市而有丝毫懈怠，而是继续查缺补漏，以更严谨认真的态度来规划企业下一步的发展。

对于这一点，徐桂芬心知肚明，她不会施压给褚浚，她认为褚浚有足够的能力处理好上市后面临的种种问题。

一向重视行动而从不夸夸其谈的褚浚，则依然保持着他一贯沉稳的行事作风，感慨地说："上市是公司产业化与现代化征程上的一个里程碑，未来煌上煌的路还长。"

关于上市遇冷，褚浚并不多做解释，而是马上投入煌上煌新一轮的工作。每一个参加过他组织召开的高中层领导会议的高管，都深深记住了他在会上反复强调的这样一句话："企业转型上市是一件大快人心的大好喜事，也是社会赋予我们新的历史使命，既光荣又艰巨。我们一定要居安思危，有忧患意识，扎扎实实、脚踏实地地做好工作。"

褚浚与公司高管在一起探讨工作，针对股民以及消费者最关心的食品安全问题，在随即而来的中秋节、国庆节双节假日，褚浚特意提前安排召开了"2012 年中秋、国庆两节食品销售安全会议"。会议安排在煌上煌的锦怡大酒店，各中心负责人围绕食品安全工作总体要求、销售环节加强卫生管理、提高服务意识的相关流程，产品发货安排、窗口提货和关键控制点上如何进一步加强和改进食品安全工作，各门店对节前准备工作的详细部署安排做了细致的汇报。

褚浚很认真倾听，不时地记录着、思索着，最后，他郑重地强调："食品安全工作是一个系统工程，需要各个环节的紧密配合。公司今后将进一步明确食品安全管理工作，加强食品销售管理体系，强化管理力度，全面提升企业整体食品安全管理工作。"

褚浚讲话的声音不大，但是却字字铿锵，语气中透出了不容置疑的信心和决心。这次会议，徐桂芬并没有参加，经过上市这前前后后的各种考验后，她对儿子更加有信心！对煌上煌的明天更加有信心！

雄关漫道真如铁，而今迈步从头越。上市，是煌上煌新征程的开场！从十几年前在绳金塔下的举步维艰到"中国酱卤行业"第一股……

煌上煌经历了无数暴风雨的洗礼已然成为中国卤制品行业的翘楚，而新一代的领导人褚浚在煌上煌上市后，一定会沿着父辈的奋斗足迹继往开来，去迎接煌上煌下一个辉煌！

煌上煌走过上市之前"黎明前的黑暗"后，马不停蹄地开启了上市之后的"破冰之旅"……

第八章

破冰之旅，乘风破浪再启航

煌上煌成功上市之后，如“鲤鱼跳龙门”般成功一跃，成为A股市场“鸭脖第一股”。不仅开创了酱卤行业的先河，也为酱卤企业进入资本市场打开了一扇门。

然而，上市之后的煌上煌却一直发展缓慢，裹足不前。很多同行甚至直接“复制”了煌上煌的商业模式，也在全国发展连锁加盟。看到同行业的快速发展，徐桂芬感受到了前所未有的危机。商海搏击，逆水行舟，不进则退。如何转“危”为“机”，把上市作为煌上煌的新征程？

经历了大风大浪的徐桂芬，从企业创办之日起就有深刻的危机意识：如果不先人一步，就意味着被人领先，不在变革中衰落消亡，就在变革中涅槃重生。

一、发出煌上煌的最强音

食品安全大于天。徐桂芬认识到，从食品安全出发，对企业进行智能升级、突破创新已迫在眉睫。曾在把煤球炉改革创新为蒸汽炉中尝到甜头的徐桂芬，意识到，从食品安全的“点”出发，在煌上煌网络信息化、自动化、智能化的基础上，必需打造一家走在行业前列的“物联网”式一体化的智慧工厂。

再次搬厂，辞旧迎新

2015 年 8 月 10 日，对煌上煌而言是一个喜庆而伟大的日子，在煌上煌上市后的第三年，由于旧厂搞房地产开发，历经磨难的煌上煌再次搬厂。新厂房位于国家级小蓝经济开发区小蓝大道 66 号，交通便利，厂房占地面积 300 多亩地。现代化先进的厂房让煌上煌又站在了最高点，成为同行之首。

搬厂当天，艳阳高照，晴空万里，预示着煌上煌又将迎来一个新的辉煌。徐桂芬记得上一次搬厂是“6・22”中毒事件之后，与那时沉重的心情截然相反，这次搬厂她感到尤为轻松。回想 20 多年来，煌上煌在 1993 年创业之初，从一个不足 10 平方米的小门店起步，在二十五年的拼搏和技术革新进程中，先后历经了 6 次的厂房变迁，每一次的搬迁、改造、变革……都清晰地记录了一个民营企业从小到大，由弱到强的艰辛发展历程。

1993 年 2 月 9 日，煌上煌品牌刚刚创立，生产销售就在南昌绳金塔下一个不足 10 平方米的街边小店和 30 平方米的小作坊；

1994 年 3 月 8 日，创业初期搬迁到十字街，租了一个约 170 平方米的农舍做作坊。

随后因为国营厂房闲置的比较多，1994 年 9 月 8 日又搬到 3000 平方米闲置的塑料四厂厂房；

1999 年 1 月 18 日，再次搬迁到 2 万平方米的南昌橡胶三厂，扩大了生产加工规模；

2004 年 9 月 6 日，煌上煌在经历了“6·22”中毒事件后，火速搬迁到南昌县迎宾大道六万平方米食品加工基地，实现跨越式发展；

2015 年 8 月 10 日，搬迁至历经两年建设的小蓝经开区食品加工联合厂房，实现了智能化生产的转型升级；

……

想起创业之初那间 28 平方米的小作坊，前面不到十个平方米用来销售，后面用来制作卤菜，煌上煌就这么简简单单起家的。如今徐桂芬回想起来不禁为安全捏一把汗。上面闷热的小阁楼睡着范旭明等员工，同时制作卤菜的三个大煤球炉像蒸笼一样散发着热量，影响到了三楼的住户。三楼的住户开始以为徐桂芬卖烤鸡、卤鸭，可能经营几个月就维持不下去关门大吉了。没想到楼下煌上煌的生意愈来愈“跑火”，再也受不了直接下了“逐客令”。

万般无奈下，徐桂芬只能去另找厂房，在十字街找到一处 170 平方米的农民房子。也就是在这一年，她买了一辆三轮车风里来、雨里去，日夜奋战。正当生意如日中天时,村民也开始“赶人”,不租给徐桂芬了。没办法，只能被迫搬到一家闲置的约 500 平方米的旧国营塑料四厂。再后来，煌上煌飞速发展，从 500 平方米的厂房扩大到 3000 平方米。而徐桂芬也在这几次搬厂中积累了经验。

没过半年，随着产量火速增加，她又开始寻找能满足生产负荷的新厂房。要达到这种需求，她的目标锁定在郊区，她通过南昌市民政局的介绍找到了郊区的橡胶三厂。当时橡胶三厂厂长正愁发不出工资，急于将厂房租出去救急。也就是从这时起，煌上煌走上了自动化生产的流水线，连锁加盟如雨后春笋一样发展。就在这一年，徐桂芬把目光瞄向了北京，结果，在北京黯然退场。

再后来由于 6·22 事件，使徐桂芬加速搬到小蓝经开区迎宾大道

1298 号厂房。如今回想起煌上煌每次迁厂的点点滴滴，徐桂芬更多的是感谢，感谢那些“赶走”她的人，是他们一步步地成就了煌上煌的今天。直到二十多年后的今天，她再次将工厂搬迁到小蓝经开区小蓝大道 66 号，才拥有了如今的现代化食品工业园。

如今，鸟瞰这座总建筑面积 54000 平方米，使用面积 36900 平方米，年产能 3 万吨，满足肉制品、蛋制品、水产品制品、蔬菜制品、豆制品、海鲜类六大类食品的花园式现代大型食品加工园区，“煌上煌人”对未来充满信心。

生产智能“大变革”

在这次搬厂的头天晚上八点多钟，由于有十年前桃花搬厂经验，生产车间 400 多人早已将一些重要的生产设备搬进新厂，并将当天新鲜出炉的近 50 吨的卤制食品打包发货，这近千家的货发完就到了子夜一点多。为了确保搬厂后第二天不影响生产，生产车间的员工们已经连续奋战了 36 个小时。在搬厂当天凌晨三点左右，负责生产制作的员工们小心翼翼地将“老汤”装好，等着专车上货。

按照民间风俗，道路越走越光明的寓意，8 月 10 日搬厂当天凌晨 4 点 28 分钟就出发了。徐桂芬与丈夫坐在车上，看到两旁早已守候多时几百名“煌上煌人”，想到上次“6·22”事件后火速搬厂的情景时百感交集，她从车窗向他们挥手示意。随着她的一声令下，车队开始缓缓向新厂方向驶去。

到了新厂，由上市公司总经理褚浚为首的高管褚剑、范旭明、章启武、曾细华五位年轻有为的干将在锣鼓喧天、鞭炮齐鸣声中为新厂揭牌，此举标志着煌上煌开始向着更辉煌的未来

2015年8月新厂搬迁，徐桂芬夫妻为舞狮点睛

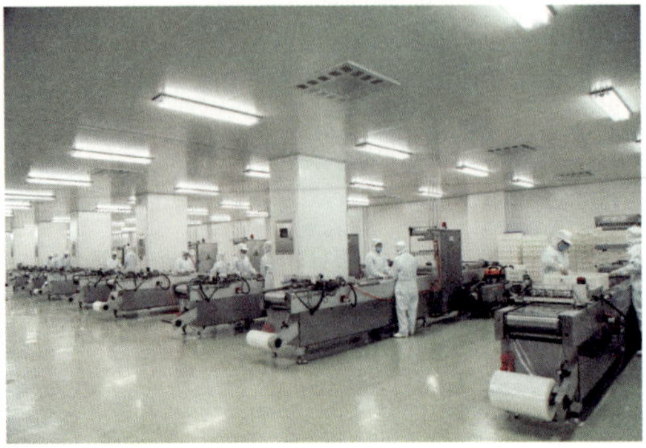
十万级净化标准预包装处理车间

阔步前进。而后，在褚浚的精心策划下，安排母亲徐桂芬、父亲褚建庚为舞狮画龙点睛。

回顾煌上煌几次搬厂，每一次搬厂都意味着生产车间的不断转型升级。从最初的小作坊烧煤球炉，到如今的总建筑面积 54000 平方米的花园式现代大型食品加工园区，励精图治的煌上煌终于打造了一流的智能化厂房。

其实，早在三年前煌上煌上市后，徐桂芬就明白，必需打造一家走在行业前列的“物联网”式一体化的智慧工厂。煌上煌依托上市资金，在 2013 年投资 3 亿元，启动了建设 3 万吨肉制品加工项目工程。历经两年的建设，终于 2015 年 8 月 10 日搬进新厂房。

新厂房的生产车间设置有3000平方米的10万级净化标准的包装车间，规模居全国同行之首。

在智能化厂房投入运行后，煌上煌又在联合厂房内建立全自动智能化生产线和制造执行 MES 系统，打造自动化、标准化、智能化的生产工厂。

无论是技术工艺还是科研开发转型升级，煌上煌 3 万吨食品联合加工厂房的建成和使用，无不展示了煌上煌传统食品加工工艺技术的先进性、生产流水线的智能性、食品质量安全的可控性、节能减排的环保性。这次生产智能化的变革，是煌上煌二十多年来食品加工产业发展、进步、创新成果的一个重要“里程碑”。

创新发展，勇立潮头

徐桂芬明白，当今企业再靠过去的老方法肯定是行不通的，时代不同、方式也不同，领导人和企业一样，要与时俱进才能立于不败之地。

褚浚接棒新一代的领导人后，从公司管理水平和提升办公效率层面入手，有条不紊地开启了企业信息化建设的步伐，通过各种系统的无缝衔接和互相促进建成并实现畅通高效运行。实现了流程数字化、核算实时化、市场透明化、生产智能化。

在实施 ERP 集成统一管理后，供应链对业务流程进行了优化，完善了企业的各项标准，并复制到企业各个基地，实现统一管控，并为企业快速扩张和全国布局做好准备。信息适时采集、录入和处理，同时，可实时看到集团整体绩效运营指标，随时关注流程细节的信息，真正实现了信息透明。

实现办公移动智能终端化，走到哪都能进行办公，走到哪都能进行流程审批，每个流程的运行效率一览无遗。甚至在千里之外，管理者都随时能实现移动智能化审批，能查看公司各项经营数据。

在煌上煌工业园区，集团投入巨资打造了食品安全质量检验中心，建筑面积 2000 平方米，按照实验室标准建设，引进美国、日本、奥地利检验仪器设备，为加工产品提供全方位技术检验检测，为煌上煌食品安全“保驾护航”。

同时，为实现资源共享，公司依托食品安全质量检验中心，成立了九州检验检测有限公司。2018 年 6 月 30 日，九州检验检测有限公司顺利通过实验室 CMA 资质认可，成为江西省第一家非公有制的食品类第三方检测机构，以保障食品安全。

2018 年 10 月 26 日，煌上煌还与中国工程院院士朱蓓薇教授联合设立了院士工作站。这标志着煌上煌院士工作站正式起航，开创了同行业的又一个率先！

上市后，褚浚用资本战略、跨界整合的新思维把市场延伸到其他产品。

煌上煌上市两年后，“酱卤第一股”江西煌上煌与嘉兴市“真真老老”食品有限公司股东签署了《股权转让意向性协议》，通过股权转让的方式收购真真老老 67% 股权。根据协议，收购完成后，“真真老老”原股东仍将负责标的公司的日常营运工作。

嘉兴市“真真老老”食品有限公司成立于 2005 年 12 月，坐落于嘉兴市秀洲区油车港镇正阳东路 199 号，已建成用地 53 亩，厂房面积 4.5 万平方米，公司目前主营粽子的生产及销售，公司股东结构由法人股及个人股构成。

“真真老老”，这个经历过百年风雨的“老字号”，在煌上煌尊重品牌、尊重价值和追求双赢的强强联合下，注入了新活力，让粽子这种最古老的食品历久弥新，让“粽子传人”的老故事在煌上煌书写新辉煌。

嘉兴“真真老老”粽子博物馆

“真真老老”秉承“认认真真工作，老老实实经营”企业经营理念，传承了嘉兴粽子久远的历史文化，创办了全国唯一一家粽子文化博物馆，在最近十年的发展历程中，已成为国内第二大粽子生产企业。

煌上煌在收购了“真真老老”之后，在2015年的第一个端午节利用全国2000多家连锁店，优势互补、产销联合销售粽子，使“真真老老”粽子在端午节期间销量增长了近20%。

褚浚成功并购“真真老老”的举措，不仅加速了公司的经济总量快速增加，还发挥了资本优势，结合产业特点，走上了以资本运作来增大经济总量的“快车道”。

然而，任何人都有一个高峰期，企业也不例外，有人说，任何一个成功的企业都是领军者在关键的时刻做出正确抉择的结果。从1993年徐桂芬创办煌上煌到如今生产智能转型升级，以及设立院士工作站、成立九洲检测公司、进行科技创新、跨界整合“真真老老”……煌上煌就像是一部历史剧，在二十五年的蓄势中，冲破了重重障碍和艰难险阻，在百转千回中再次破冰前行……

二、不在变革中重生，就在变革中消亡

煌上煌自 2012 年成功上市后，在褚浚的带领下稳步发展，并对集团进行了大刀阔斧的创新改制，在生产智能化、信息化科技创新等硬件设施领先于同行。

但徐桂芬看到这两年间，同行的加盟连锁店如雨后春笋，甚至都开到煌上煌江西的“主战场”来了。此时，她明白，企来不进则退，只有竞争，才有动力。煌上煌的产品虽然在同行里有绝对的优势，但当看到目前集团“主业”在市场营销方面存在不足时，徐桂芬那颗“不安分”的心又开始蠢蠢欲动……

从传统的“守摊子”到痛苦变革

看到煌上煌优势市场逐渐被竞争对手占领，而新市场发展不尽如人意，甚至成了“烂摊子”时，虽然作为董事局主席的徐桂芬如坐针毡，但是集团高管们却按兵不动，觉得市场这么大，几大品牌理应各占一席之地、共同发展。可是，从过去残酷的市场竞争中一路闯关走到今天的徐桂芬却认为，企业发展到一定程度，遇到“瓶颈”就要想办法去突破。

过去的“红海”竞争虽然残酷无情，却是促使企业不断发展的“催化剂”。

煌上煌的强势在产品，弱势在市场营销。虽然上市后两年间也陆续在营销方面引进了很多人才，但却走了很多弯路，以致企业在市场营销方面发展缓慢。与过去传统营销模式不同，如今是“酒香也怕巷子深”。也就是在这个节骨眼上，徐桂芬想到一个忠心耿耿的“老臣”范旭明。

2014年底，徐桂芬对集团内部的高管们进行大刀阔斧地“变革”，把一直在生产车间工作了二十多年的副总范旭明调任营销负责人，让分管供应的副总章启武接管生产。这一步“险棋”，无疑是在煌上煌内部掀起了惊涛骇浪，两位高管也迎来了新的挑战！

此话怎讲？让我们先来介绍一下煌上煌的上市公司副总经理范旭明，这位二十多年来一路跟随徐桂芬夫妇创办煌上煌的功臣。他从十七岁至今，一路追随着徐桂芬夫妇，为煌上煌的发展竭尽全力。然而，当年如果没有徐桂芬的“慧眼识珠”，范旭明也就没有机会在这个平台上实现自己的人生价值。

范旭明是徐桂芬堂姐的孩子，从刚创办“神凤烤鸡店社”开始，他就被父母送到了徐桂芬这里。至今，徐桂芬还记得与范旭明第一次见面的情景。

那是1992年底，范旭明的母亲语重心长地对徐桂芬说：“妹子，我这个儿子就交给你了，你就当多了个儿子，随便你每月给多少工资。他在外面学修理汽车我不放心，我担心他在外面会学坏，交给你我放心。”

看着这个又黑又瘦，又不爱说话的男孩，徐桂芬刚开始并不想要，但是碍于父亲的面子，她还是收下了，正好店里也需要人手。十七岁的范旭明就这样懵懵懂懂地被父母送到了这里。原本，他以为城市里的生活比农村好，他也有梦想，憧憬着能有一片属于自己的天地。然而，在这里每天就是“打杂”，周而复始地清洗着一口比他身体还大的铁锅，加煤、掏灰，起早摸黑地干着繁重的活。他在心内挣扎、呐喊，想冲出这个地方去追求自己的新生活，这就是当年十七岁的范旭明刚到徐桂芬这里来的情景。

范旭明一次次地跑回家，又一次次地被父母送回来。每一次范旭明离开，徐桂芬从来不指责，大度、宽容，在她身上体现得淋漓尽致。在煌上煌后来的发展中，只要是她“作兴”（注：南昌话，意思为喜欢、赏识）的人，她会“几顾茅庐”去邀请，这就是徐桂芬豁达的个性。

徐桂芬永远不会忘记，范旭明的父亲只要一来南昌城里就会蹲在店门口的路边，苦口婆心做儿子的思想工作，一谈就是几个钟头。范旭明的父亲是老师，他时常告诫儿子要沉下心来，并教导儿子说，世上做什么事都要吃苦的，哪有这么好赚的钱呢？并引导儿子安心学技术。随着父亲的多次教诲和徐桂芬的引导，范旭明慢慢沉下心来。

正好那时徐桂芬正在研发把褚氏卤鸭改良成“皇上皇”酱鸭阶段，店里缺个人手学习烤卤技术，范旭明开始用心学习烤卤技术、学做酱鸭。他怕鸭子掌握不好火候被烤焦，基本上每晚只睡几个小时。范旭明也渐渐地把整个加工厂的管理工作承担下来。随着煌上煌的不断发展壮大，生产车间也由过去的八平方米扩张到现在的几万平方米，就这样，范旭明在煌上煌的生产车间一干就是二十多年。

正因为范旭明一直在煌上煌负责管理生产车间，所以在 2014 年底，当征求褚浚同意后徐桂芬将自己的想法跟范旭明进行沟通，希望他去挑起煌上煌市场营销的重担时，范旭明把头摇得像“拨浪鼓”:“主席，我不行，我一直在生产车间负责，从来没有做过销售，您还是另请高明吧！”

范旭明此番话出自肺腑，并极力推荐年轻有为且营销经验丰富的章启武。毕竟，章启武当年在深圳市场打了一个漂亮的大胜仗，有着丰富的市场营销实战经验。范旭明诚恳地再三表示，愿意尽全力去协助章启武开拓市场。

章启武虽然被调去管生产，但他所面对的困难和挑战相对比范旭明更小。为什么这么说？因为章启武在深圳统管生产和销售，并且，章启武曾经也负责供应和采购，对生产比较熟知。章启武在接到任命后，看到老板把这么大的车间交给他，深感重担在肩。凭着聪慧的头脑和过去的经验，他对每个车间的管理体系都得心应手。

范旭明则与章启武截然相反，他从来没有从事过市场营销的经验。可以说是 :“大姑娘上花轿，头一回。”

“旭明，企业有难，你不能袖手旁观，目前营销再经不起打击，你只要用心，我相信你一定可以胜任。全国几千家专卖店，人员多，情况比较复杂，你做事更细心、脾气沉稳、有亲和力，章启武和我一样脾气比较急躁，我觉得你比章启武更合适。”徐桂芬推心置腹的一番话让范旭明不得不临危受命。

“我做不了煌上煌的功臣，也不能做煌上煌的罪人，如果我做不好，绝对不会是态度的问题，只能是我能力不够。”范旭明是担心自己不能胜任，毁了煌上煌未来的发展，他向徐桂芬表态道。

军令如山，不得不从。自从 2014 年 12 月 6 日接下“军令状”的那天起，范旭明身边反对的声音如潮水般向他涌来……

忍辱负重，排除万难

贤惠的妻子开始吹枕边风：“你在生产车间做得这么好，为什么要去负责营销？营销中心换了那么多有经验的营销总监都做不好，你真不应该答应徐主席。”

年迈的父母开始劝儿子：“你管生产二十多年，从来没有从做过市场营销，你没有去专门学过市场营销，你可不能拖煌上煌的后腿呀。”父母担心儿子没有能力堪当此任。

朋友和同事也开始七嘴八舌地轮番“轰炸”：“范总，你从来没有做过销售，你在煌上煌的一世英明可能就要毁于一旦了。”

……

焦头烂额的范旭明每天几乎被各种反对的声音包围，他索性豁出去了，暗暗地给自己立下“生死状”：“死都要死在这个岗位上！”

其实，这步“险棋”对徐桂芬来说又何尝不是一次“地动山摇”的大变革？她的这次“蓝海”战略，打破了煌上煌二十多年来一成不变的格局，意在“变”中求胜，还有一点徐桂芬看得很清楚，外来空降兵大多数工作中碰到困难就走，企业经不起风吹雨打，只有稳定的营销领头人才是关键，范旭明今天不懂，明天练练出来就是一条好汉，很多成功企业不就是这样培养自己稳定关键人才吗？徐桂芬的决策能使煌上煌在传统的“守摊子”中成功突破“瓶颈”吗？

走马上任后，范旭明仿佛纵身一跃，从过去按部就班的生产车间跳到

徐桂芬为加盟商联合会会长范旭明授牌

了一场轰轰烈烈的市场洪流中。如果把生产车间比喻成“冰”，冰冷的机器以及冰冷的流水生产线……那市场营销部就像“烈火”，经历了二十多年“冰”的洗礼，他要再接受这场“火”的考验。

煌上煌过去传统的加盟连锁营销模式是打“陆地战”，在繁华地段找到店铺后敲锣打鼓热热闹闹地在促销活动中开张，然后坐等顾客主动上门购买，可以说是“守摊子”式的销售方式。面对互联网对实体店的冲突，凭过去的传统销售方式能拓展市场吗？范旭明陷入沉思。自从立下“军令状”上任营销负责人后，他每晚都无法入眠。全国几千家煌上煌实体专卖店，且不说上千名的加盟商就足够让人焦头烂额，重点是从哪里寻找“缺口”迅速提升销售和开拓市场？

在范旭明上任后的几个月，集团也在不断地从外面“空降”营销总监，这些总监大都有着丰富的营销经验，他们对范旭明这个“门外汉”不屑一顾，经常跨过营销部负责人直接向上市公司董事长汇报工作，这让范旭明很难开展工作。除了各种反对的声音，营销团队的内部也出现“内讧”，各种抱怨以及负面消极的声音扑面而来。

有的人说：“老板既不认同你，又不相信你，你怎么还那么拼命？”

也有的人嗤之以鼻：“范总根本不懂营销，他死定了。”

都说男人的胸怀是“委屈”撑大的，此话不假。大家愈是反对，范旭明愈是要往前冲，他不能辜负了徐桂芬对他的那份信任：只要你用心，我相信你能行！

范旭明知道，一个团队一旦发出了几种声音，那工作就很难展开，他骨子里是个倔强不认输的人：“只要我负责一天，大家就要服从一天，如果我决策上有什么错误，违反了规定，大家可以当面指出来，但我不允许我们团队有不同的声音出现！”

而这一切，徐桂芬自然看在眼里，褚浚更是胸有成竹，叮嘱母亲用人不疑，疑人不用，这个道理她比谁都更明白。说到底，经营企业，最终还是经营人。人经营好了，企业自然就经营好了。

但有一点范旭明非常清楚，如果还是用老方法，用传统的模式去“复制”，那注定是要失败的。在摸清了全国两千多家的专卖店，并分析了每家专卖店的销售情况后，范旭明的思路愈来愈清晰了。内部的问题解决了，就开始解决外部的问题。范旭明决定首先发挥煌上煌加盟商联合会的作用。煌上煌加盟商联合会早在 2015 年就成立了，只是由于缺乏管理，基本上名存实亡。在充分调整加盟商联合会的团队作用后，范旭明一手抓内部管理，一手抓门店标准化运营。

老板不是要看你工作是怎么干的，而是要看具体数据的，但是数据不会很快就有结果，整整半年时间，范旭明的市场开拓进行缓慢。直到在一次高管会上，总经理褚浚看到煌上煌位于河南、西安、沈阳等地的专卖店一直处于亏损状态时，直言不讳地说，不如把这些“烂摊子”都关掉，只要不继续亏损就行。

这一下，顿时把范旭明给“激活”了，他浑身打了一个激灵：“是我在负责，不能放弃，一个店都不能放弃！”

范旭明当时只有一个念头：不到万不得已决不能放弃，不能让一个区域市场在我手上消亡！我要不惜一切代价让“烂摊子”起死回生！

是做“末代煌帝”？还是绝地重生？

2016 年初，在褚浚的支持和默许下，范旭明决定去全国各地以及河南、西安、沈阳等地的一些“烂摊子”转一圈。

他发现这些市场有很多优秀的加盟商，团队也很敬业，只是多年来管理松散，离总部太远，关心不够。让他看到了希望，更加坚定了当初的决定。几乎大半年的时间，范旭明都在全国各地调研和调整市场，并经常和加盟商在一起进行市场讨论。

他发现无论是好是坏，全国市场都有一些优秀的加盟商。“何不把这些优秀的案例复制到全国呢？”范旭明突发奇想。

于是，2016 年 10 月 30 日，范旭明在集团总部召开了第一次全国营销分享会议，这次会议有六百多个加盟商参会，他的想法很简单，就想让全国最优秀的加盟商来分享成功的经验。以前召开全国营销大会，只不过象征性地请几个省外的成功个案来“走秀”，大部分来参会的还是江西的加盟商。

这次范旭明打开思路，无论是优秀的加盟商，还是最差的加盟商，全都请到集团总部来开会。成功总有方法，失败总有原因，过去那些加盟商，遇到生意不好就想关闭，看到别人生意好也不会分析原因。

为什么有的加盟商能成功？有的却总是以失败告终？此次大会，非常成功！真正达到了共享、共进、共创、共赢的效果，这让范旭明看到了加盟商分享后带来的动力。

此次大会，让来自西安的胡榜娥转变了观念：她加盟煌上煌有很多年，刚加盟时生意一直很好，但后来生意每况愈下，她就寻思着想关门。但参加了这次分享大会，听了很多优秀加盟商的成功案例后，她的想法变了："为什么别人能经营得这么好？我又不比别人起点低，又不比别人差。"

回去后，她借鉴了其他加盟商的成功方法，虚心向那些优秀的加盟商请教，短短几个月她的专卖店就起死回生。从"守摊子"到"主动销售"，从日均200元到日均5000多元，从单一门店到4家门店和3台移动售卖车，从此轻车熟路，成为销售行家。

还有沈阳分会的黄华会长，当初范旭明在走访她的专卖店时，她的专卖店平均每天销售一千多元，她满足于"小富即安"。后来，在范旭明以及其他优秀加盟商的鼓励下，开创了煌上煌微商模式，门店从1000元到4000元以上。作为成功的案例，第一次请她登台做分享时，她没有按之前准备的PPT来，完全是临场发挥即兴演说。在分享的过程中，台下的掌声一次次把她的话语打断："没有煌上煌这个平台，就没有我黄华的今天……"短短一年多时间就连续开了十几家专卖店。

"是让专卖店消失？还是绝地重生？这个选择权就在你们自己手中。"范旭明在大会上明确表态，一方面是鼓励加盟商们共同奋进，另一方面是勉励自己，不能让一个市场在自己手中消亡！坚决不做"末代煌帝"！

后起之秀，锐不可当

古人云，商道即人道。企之重器、人才最重，为了打造开放、共享型事业平台，煌上煌推行"梦想合伙人"的机制，打破了原有雇佣关系，以管理入股、资源入股、资金入股等多种合作共赢形式，吸引更多优秀人才加盟到煌上煌的大家庭中来，在煌上煌实现自己的梦想。

前面我们讲过，煌上煌对加盟商从过去的"城管式"到"保姆式"再到如今的"奶妈式"管理，宛如走过了一条漫长曲折的道路。要击碎二十多年的“坚冰”谈何容易？

在煌上煌打破了传统的“论资排辈”、“地域代理”等原有的营销规则后，这无疑是动了很多老资格加盟商们的“奶酪”。而一些80后、90后等年轻的“新生代”加盟煌上煌后，个个骁勇善战、势不可挡，这其中，就有一位曾经做建材生意血本无归的加盟商——朱文华，他加盟煌上煌后不仅成就了自己的事业，还演绎了一段脍炙人口的传奇故事。

朱文华的家在深圳布吉，2015年他做建材生意不仅亏了200万元，还欠下了十几万元的债务。当时他非常沮丧和消沉，就在布吉开了一家麻将馆，过着白天睡觉、晚上打牌，经济没有保障的颓废日子。好在他的妻子在麻将馆附近开了一家煌上煌专卖店，勉强也能支撑一家三口的生活。

2015年4月的一天晚上，朱文华照例在麻将馆“酣战”，到了晚上10点多，看到妻子店门口几个陌生的人正在卖力地帮着推销，他有些纳闷，正好这场牌局已经结束，便好奇地过去看看。原来，是煌上煌大区派的张胜忠等几个人正在搞“地推式”销售。这也就是“奶妈式”管理，就是无条件地帮扶，不让煌上煌一个店关门！

看到这几个人这么卖力用音响和话筒叫卖，连一口水都没喝，朱文华内心有些过意不去，按说妻子的店他都没去主动帮忙，而素不相识的人却来无条件地帮忙，便主动上前说请他们吃夜宵。其实，那时的朱文华压根看不上妻子这个小店，觉得卖卤菜也赚不到什么钱。事实也是如此，妻子的小店每个月只能勉强维持生活。

朱文华在和他们吃夜宵的过程中了解到加盟商这方面的信息，也了解到集团总部领导观念的转变，但当时他并没想去加盟煌上煌，后来加盟煌上煌最主要的原因是想去帮助妻子。

朱文华开过小卖部、做过建材、做过餐饮，还做过高大上的房地产，在商海中打拼了近十年都没赚到钱，还亏得血本无归。可妻子却从来没有抱怨，他觉得对不起妻子，再说开麻将馆输多赢少也不是长久之计。当看到妻子的店生意冷清快经营不下去的时候，朱文华在麻将桌上再也打不下去了，他第一次走进了全国加盟商的营销大会。来到集团总部，他看到一片朝气蓬勃、欣欣向荣的景象，和全国的加盟商们在一起，他内心燃起了渴望成功的熊熊烈火。

连锁门店遍地开花

回去之后，朱文华关掉了麻将馆，正式成为煌上煌的加盟商。

2015 年，朱文华的“商超模式”的煌上煌专卖店在商场和超市陆续开张。短短两年间，“商超模式”在竞争激烈的深圳市场创下佳绩，从一个店、三个店到 2017 年的二十二家店；从一个人、夫妻俩到一百多人的团队；从当初的单打独斗发展到公司合伙人制。朱文华不仅在煌上煌的平台上实现了买房买车，而且让更多的人加盟到煌上煌这个大家庭中共同致富。

煌上煌的一位老店长感慨地说：“后生可畏啊，煌上煌新一代的年轻人这么厉害，我们这些老一代的煌上煌人即便退下来，看到我们以前为此奋斗过的事业今天有了接班人，沿着我们的足迹继续拼搏，甚至比我们做得更精彩，也是值得骄傲的。”

王牌店长，身先士卒

像朱文华这样的“新生代”在煌上煌有很多，他们把煌上煌当成自己的事业，无怨无悔地为此而奋斗，在这里奉献他们的热血和青春。还有很多的“煌二代”，父母是开创煌上煌的第一代加盟商，当他们年老体衰力不从心时，他们的孩子义无反顾地帮父母挑起重担，沿着父辈的足迹前赴后继、继往开来，陈俊言就是其中的“煌二代”。

陈俊言的母亲涂理红，1997 年加盟了煌上煌，二十年来她从一家专卖店发展到八家连锁店，从一个店长到成为“煌一代”的加盟商。陈俊言从记事起每天都能看到母亲在店里忙碌的身影，对煌上煌很了解，2015 年体校毕业后，看到母亲有时忙不过来，自然而然就到母亲店里去帮忙。那时他也在做着音响生意，但生意并不景气。再后来，陈俊言在母亲的鼓励下正式“接班”，成为“煌二代”。正所谓：开店容易守店难，陈俊言在开拓市场时也遇到过困难，比如城管会来制止在店门口从事促销；一些不讲理的房东看见你生意好就涨房租；还有故意找茬的顾客等，但这些困难都阻挡不了他的闯劲。经过两年多的市场开拓，陈俊言从一个帮母亲看店的店长到成为“乌镇峰会”获最高奖项的优秀加盟商，是煌上煌让他实现了自身的价值。如今，陈俊言和母亲一起奋战，已发展到二十多家专卖店。

“我们要做像麦当劳、肯德基这样的企业。”这是当年褚建庚对徐桂芬说过的话，而今，这句话再次被人提及，这个人就是曾在麦当劳工作十年后加盟煌上煌的陆萍。回首加盟煌上煌的这三年，陆萍的千言万语都化为五个字：感谢煌上煌。

出生于 1982 年的陆萍在没有加盟煌上煌之前和丈夫都在麦当劳工作，在麦当劳工作的十年间，她和丈夫基本没时间出去旅游，也没有节假日，与家人朋友相聚的时间都很少，每天像机器一样没日没夜地工作。直到有一天，一个天降意外让她毅然选择离开这个工作岗位：一个暴雨的晚上，丈夫如往常一样拖着疲惫的身体从麦当劳下班，在回家的路上却被一颗刮倒的大树砸伤，造成腰部骨折。丈夫在医院躺了一个多月，又回家休养，直到三个月后才完全康复。在这期间，陆萍看着两个孩子，大的五岁，小的才两岁多，思想发生了激烈的斗争：“我已经三十岁了，难道我要一辈子过这样看不到希望的生活吗？”

“我不要过这样的生活！”陆萍的内心在挣扎、呐喊……随后，她毅然离职。

从麦当劳离职，陆萍仿佛经历生离死别一样难过。毕竟她在麦当劳已经升职到餐厅经理，可以说是一个白领阶层。离开麦当劳，陆萍因为有一定的餐厅管理经验，并熟知麦当劳的加盟连锁流程，自然就想去熟悉的领域找工作，她想先去一家卤菜店。陆萍先找到湖南一家知名的卤制品企业，但对方却因为她选店的位置和旁边的店有利益冲突而拒绝了。这时，陆萍又找到广西煌上煌的负责人张经理。在张经理的支持下，陆萍在选定的位置开了第一家煌上煌专卖店，成为一名店长。

从 2016 年开了第一家店，到 2018 年发展到十八家，陆萍把在麦当劳学到的管理知识灵活运用在煌上煌，她从一个店长到带领团队，再用众筹店的模式迅速打开市场。2017 年陆萍荣获煌上煌“金牌店长”的头衔，2018 年元月，她被加盟商推选为加盟商联合新生代分会的会长。2018 年 3 月 31 日，由陆萍挂帅的煌上煌新生代分会首家众筹店——新建中心店在商业广场开张，这意味着，陆萍的众筹模式翻开了煌上煌崭新的一页！

“在煌上煌，我赚的不是钱，是事业、是梦想！我要把煌上煌做成像麦当劳这样的跨国企业！我要为此而终生奋斗！”这是陆萍的壮志雄心和未来梦想！

家住南昌县莲塘镇的涂伶俐是一名下岗女工，她平时非常喜欢吃煌上煌食品，就加盟了煌上煌。刚开始她只开了一个专卖店，后来随着生意愈来愈好，就在莲塘又开了第二家、第三家……几年下来，靠开专卖店赚钱把儿子培养成了博士生。

每到逢年过节，当店里的人手不够生意忙不过来时，儿子就和博士女友以及涂伶俐的博士弟弟、博士弟媳等一家人全部到店里去帮忙，在莲塘，很多顾客都认识涂伶俐这“博士一家”。

“博士一家”当营业员在莲塘镇被大家津津乐道。

2013 年，涂伶俐的儿子结婚，她特意在南昌最豪华的前湖迎宾馆为儿子举办了一场隆重的婚礼。在儿子的婚礼上，涂伶俐感慨万分地说，她从下岗的迷茫中走出来到创业，走过了一条不平凡的道路；今天能在这样气派的场面为儿子举办婚礼，最感谢的就是煌上煌。是煌上煌让她儿子成才，是煌上煌成就了她的下半辈子。从下岗到创业，到现在当上了小老板，煌上煌不仅改善了她的家庭生活，更让她闯出了自己的一片新天地。

还有加盟商张红兵、戴国民、曾润香、万新生、舒东源、鄢爱珍、章任泉、李国新、邓勇、刘小飞、刘金华、黄湘、何敏、熊国胜、黄旭飞等等都为煌上煌的初期市场开拓立下了汗马功劳。现在煌上煌新生代成立了，又涌现了一批如陈俊言、陆萍、李秋兰、周志航、刘军、张艳、黄华、周倩……为煌上煌的二次腾飞注入了新鲜的血液。

看到这一批又一批势不可挡、可敬可爱、年轻有为的“煌家军团”，我们还有什么理由不相信梦想的力量？！是他们给煌上煌注入了新鲜血液与活力。

他们做的不是煌上煌，而是融入血脉里的梦想、激情、热爱，以及那份执着和永不言败的精神，这就是一代代煌上煌人传承下来的拼搏精神！这些“新生代”和“煌二代”们，用智慧和拼搏精神创造了煌上煌一个又一个传奇，把一只小小的酱鸭做到了淋漓尽致。

一代代的“煌上煌人”不断创造着煌上煌奇迹，在这里尽情演绎着他们的精彩故事。

徐桂芬重奖优秀加盟商

三、击破“坚冰”，拥抱互联网

一批批的“煌上煌人”前赴后继，刷新了一个个的营销数据。在互联网如火如荼的今天，实践和网络就像是“鱼水关系”，鱼儿离开了水就无法生存，市场营销更离不开互联网。变革后的煌上煌把网络销售作为今后的“主战场”，各大网络营销平台纷纷在全国开航。

煌上煌的“新零售战略”打响了！

全网营销，打响新零售 PK 大战

在全国营销大会战略部署上，煌上煌将线上线下相结合，让一只只小小的酱鸭“飞”到了全国各地的千家万户。无论是传统的“守摊子”还是如今的互联网营销，说到底，都离不开人才。

市场瞬息万变，唯一不变的是人才管理。上市后的煌上煌将人才看成是企业的重中之重。徐桂芬认为，人才永远是煌上煌的财富之源，是企业大树常青的不竭源泉所在。煌上煌应“万变”的用人之道，成为上市后开启新征程的强劲动力。

经历了“冰火考验”的范旭明在向徐桂芬递交了一份满意的答卷后，集团市场营销部各路人马热情高涨，形成了以范旭明为中心，向全国各地加盟商辐射的“聚集点”。这个凝聚了几千人的“焦点”，如同燃烧的火焰般迅速在全国各地蔓延，形成了一股坚不可摧的“煌家兵团”新生力量。

为了增强加盟商之间的透明度，方便大家交流，范旭明首先在微信里建了几个加盟商群，并在群里发出通告：这里不是起哄、不是抱怨、不是发泄的场所，这里是传播正能量、共同奋进的地方，这里是“煌亲一家人”。

当煌上煌拉开了“新零售战略”的大旗后，上市公司总经理褚浚把新零售提高到企业最高营销战略，在资金投入方面大力支持，成立了专门的新零售事业部、信息部等，借助网络平台，将销售从实体店向网络店延伸，在网络各大营销平台上线。2016 年底，煌上煌很多门店通过第三方平台外卖、微信自媒体、各类社团做分销，从传统的“守摊子”坐等顾客上门到主动出击，一些“烂摊子”在网络销售的助力下逐步绝地重生。

全国各大加盟商们每天在微信群里交流销售经验，并采取多种多样的形式，不断把销售从店内做到店外，线上线下相结合，开展各种店外及网络营销活动，打破了传统“守摊子”式的销售模式，让煌上煌食品更加贴近消费者，极大地提高了顾客购买欲。

这些互联网的营销举措，深深地触动了徐桂芬，与互联网接轨的创新营销是她没能实现的，没想到在接班人褚浚的身上实现了。徐桂芬相信：褚浚一定会带领一批年轻有为的高管与时俱进。2017 年 9 月，经过董事会批准，褚浚正式担任了煌上煌上市公司董事长兼总经理。

新一代领导人褚浚在管理模式上也全面升级创新，集团砸下四千万元的巨资投入信息化、智能化等网络平台的建设。在新的市场战略管理中，导入加盟商分级管理模式，逐步打破原有管理格局，以市场为导向，突破区域局限，鼓励其他优质加盟商跨区域发展，提升了市场活力和竞争力，形成了百花齐放、百舸争流的态势。

2016 年，营销中心在范旭明的带领下，开展“比、学、帮、赶、超”的活动，在全国市场展开营销 PK，并营造“6+1”、“白 + 黑”的工作氛围，把“PK 基因”融入每一位加盟商的血液中。

而这一年，正是徐桂芬披挂上阵、在武功山“浴血奋战”的一年，武功山温泉的开发让她迎来了人生中最艰难的至暗时刻。当来自集团总部的捷报频频传到武功山时，徐桂芬总算长吁了一口气，对她来说，把范旭明从生产车间调到市场营销部这步“险棋”走对了，范旭明终于不负众望，打了一个漂亮的大胜仗。

当得知一些濒临倒闭的店面起死回生、一些业绩不佳的老店面创造销售奇迹、一些“新生代”崭露头角，整个营销团队充满活力、斗志昂扬、激情澎湃时，徐桂芬庆幸自己的“慧眼识珠”。如此看来，将范旭明委以重任这个决策是正确的。

“两双节”，屡创煌上煌新高

互联网时代的来临，让煌上煌由以往单一的线上渠道转变至线上线下相融合。

2013 年，煌上煌就已经搭建了电子商务销售平台，相继与淘宝、天猫网等平台合作，在线上宣传推广煌上煌品牌。

2015 年的“双十一”，煌上煌的电商交易额为 440 万元；

2016 年增至 800 万元；

2017 年公司实现全渠道营销，并在“双十二”活动中，取得 1600 万元历史性销售业数据；

2018 年“双十一”全渠道销售再次突破 2000 万元。

“煌上煌人”一次次地刷新历史纪录，写下一页页辉煌篇章。

每年的“双十一”，在众多商家“八仙过海各显神通”之际，煌上煌究竟是靠什么赢得市场?

不难发现，近年来，公司积极借助“互联网 +”“标准化 +”向现代化连锁经营模式转型升级。一是在连锁经营管理上，导入“全员营销定位、人才赛马机制、大区 PK 机制、门店形象升级、市场快速爆破”等管理方式，成立了加盟商联合会和营销商学院，设立 1 个总院、5 各分院；二是在连锁经营手段上，率先布局新零售，着力打造实体店、电商、外卖、微商战、自动售卖机、无人智能店“六位一体”创新营销，实现线上线下融合的全网全渠道会员营销模式。三是在连锁经营布局上，门店布局逐步向全国扩张，重点发展湖南、湖北、江苏、浙江、上海市场，选址扩大到机场、高铁、商超、高速公路服务区，锁定不同人群，扩大销售渠道；四是在连锁经营机制上，公司积极探索合伙人制、众筹制，让优秀店长入股、让优秀加盟商众筹开店，激发店长内在驱动力和加盟商活力，有利于减轻企业的管理压力和负担，也符合现代企业发展的潮流。

金杯银杯不如顾客的口碑，顾客就是煌上煌最好的“广告”。

2017 年 12 月 31 日，“两双”狂欢节的热潮未消，煌上煌首家“无人智能店”开业庆典在南昌万达茂购物广场盛大举行，率先开启了行业“智能零售”的先河。

没有店员、无须排队、24 小时营业，煌上煌的“无人智能店”吸引了很多顾客前来体验，当天就创下了上万元的销售额。

“无人智能店”提供超过 10 种以上人工智能系统支撑、实现无人值守即拿即走的智能便利模式，解决了顾客购买排队等问题。无论何时，只要有网络，顾客就可以随时享受美味，店内采用的热力图分析、图像识别、面部识别、RFID 等技术能够对商品的后台管理，自动生成补货订单，真正做到让店家成为新时代的“甩手掌柜”。

煌上煌借力强大的品牌优势，开启了卤制品行业的“新零售时代”。顾客只需刷着手机就可以购买自己喜欢的产品，实现 24 小时不间断营业，让顾客想买就买，不受时间限制。

就在第一家“无人智能店”进驻万达投入市场不久之后，. 笔者在煌上煌获悉，几家知名的互联网营销负责人主动找到煌上煌商谈合作事宜，下

率先开设行业内第一家无人智能店

一步，煌上煌将布局全国的网络营销市场，不仅仅是依托天猫、淘宝、京东等电商平台和微营销形式进行线上销售，还将全力打造煌上煌“信息化”、“大数据”等平台，让“煌上煌”成为中国卤制品行业“互联网 +”的先行者。

“煌上煌”为什么能成为行业的引领者？为什么能成为中国卤制品行业第一股？为什么能得到“煌粉们”的青睐？为什么能在二十五年间一次次重生？靠的就是“煌上煌人”的拼搏精神和品牌的力量！

“互联网”对煌上煌来说是又一次的机遇和挑战。一批批的“煌上煌人”击碎了二十五年来传统“守摊子”式的坚冰，再一次用燃烧的激情、沸腾的热血去拥抱互联网的春天！

全网营销，一次次刷新了煌上煌的历史。

蓄势待发，乌镇启航

2018年1月15日，一年一度的煌上煌“全国营销峰会”在乌镇隆重举行，这是煌上煌有史以来举办得最隆重的一次会议。这次大会以“分享、塑形、树心、赋能、焕彩、聚量、巨量、聚变、裂变”为核心，以全新战略拉开了煌上煌未来营销战略的历史大幕。

2017年12月3日上午，第四届世界互联网大会“乌镇峰会”在浙江乌镇拉开帷幕。世界互联网大会作为全球互联网业一年一度的盛事，已经连续举办了三届，本届在乌镇举行的大会主题为“发展数字经济促进开放共享，携手共建网络空间命运共同体”。

乌镇，是互联网的象征，是世界互联网峰会的焦点。

在第四届世界互联网大会上，阿里巴巴董事局主席马云说，如果说过去20年互联网从无到有，那么未来30年，互联网将从有到无，这个“无”是无处不在的“无”，没有人能够离开网络而存在。互联网正在深入到社会的方方面面，而这次技术革命的影响力可能超过过去一切技术革命的总和。未来30年数据将成为生产资料，计算会是生产力，互联网是一种生产关系。如果我们不数据化，不和互联网相连，那么会比过去30年不通电显得更为可怕。

无疑，互联网将是每一个企业面临的新挑战、新机遇、新变革。

机遇与挑战并存。煌上煌这次把“全国营销峰会”选择在乌镇召开，与乌镇相连、与互联网相连，与世界相连、与时俱进。

在此之前，这一年是褚浚正式任命董事长一年，当新一任的“掌门人”褚浚跟母亲提及要到乌镇去召开此次煌上煌的全国营销峰会时，遭到了徐桂芬强烈反对："武功山温泉度假村是自己的地盘，在自己的地方召开岂不更好？又省钱、又方便，距离又近，又能给武功山带来人气和财气，何必舍近求远？"

作为煌上煌的创始人和新中国第一代企业家，徐桂芬在创业路上一路艰辛地走到今天，实属不易。"为企业能省则省，不要铺张浪费"是她根深蒂固的思想。富日子要当穷日子过，勤俭节约、艰苦奋斗一直是她的本色。

但作为新一任的"掌门人"褚浚却和母亲的想法不同，艰苦奋斗、勤俭节约没有错，但是这次"全国营销峰会"对煌上煌来说具有重大的历史意义，象征着煌上煌将从一个传统企业转型为与互联网对接的企业，是其走向时代前沿的一次重大变革，关系到煌上煌的未来发展趋势。互联网就是煌上煌的下一步战略，要用互联网的思维紧跟时代的步伐。乌镇是世界互联网大会的召开圣地，煌上煌要做到行业第一，要做到网络第一，就要到互联网圣地去召开。

褚浚坚持要去乌镇召开"全国营销峰会"，最终，徐桂芬被儿子说服了。这也是她个性里能屈能伸的一面：只要有道理，对企业发展有利，她不会固执己见。

2018 年 1 月 15 日，虽然乌镇天气异常寒冷，但是徐桂芬还是专程来参加这次煌上煌的全国营销峰会。自从在煌上煌二十周年庆典上传棒给褚浚后，她有很多年没有参加过煌上煌全国营销大会了，这次来就是想看看煌上煌的下一步发展战略和部署，以及煌上煌的营销团队和全国各地的加盟商等，说白了，就是想看看煌上煌的这些后起之秀能否堪当重任，扛起煌上煌未来的大旗。

此次煌上煌的"乌镇峰会"由董事长褚浚发表讲话，公司高管及各中心负责人、真真老老公司、营销中心各大区及各办事处负责人、加盟商联合会代表以及来自全国各大区的优秀加盟商代表、优秀店长共计 350 余人参加盛会。峰会还邀请了集团各分子公司精英前来参加学习祝贺。

"释放原力，智联未来"是此次煌上煌峰会的主题，未来煌上煌将打造"万物互联，连锁精英，智联未来"的战略部署，"煌上煌人"将携手同心，勇毅笃行，释放原力，向着智慧、智能开启煌上煌砥砺奋进的未来！

此次"煌上煌峰会"取得了前所未有的成功，坐在台下的徐桂芬静静

全国营销峰会在互联网圣地乌镇召开

地听、静静地看、静静地感受，看到现在的高素质煌上煌团队以及全国优秀加盟商对煌上煌事业的执着追求和热爱，看到这些可爱的煌上煌人对企业的忠诚和付出，坐在台下的徐桂芬被这些优秀加盟商的精神感动得泪如雨下……

这一次，是幸福的泪水。

看到这些优秀的“煌上煌人”，看到煌上煌未来的发展势头，徐桂芬完全放心了。此次峰会是煌上煌二十五年来最成功、最高效、最圆满的一次盛会，作为创始人的徐桂芬心里充满感激和期望，她相信新一代接班人，在继承煌上煌奋力拼搏、不忘初心、开拓创新、永攀高峰的工匠精神下，未来一定会取得骄人业绩。此次会议，还成立了煌上煌加盟商联合会新生代分会。这一切，都让徐桂芬对接班人褚浚和他带领的高管刮目相看。

徐桂芬期待共赢必成

在当天的会议结束后，徐桂芬在微信朋友圈里激情满怀、心潮澎湃地写下了这样一段话：“我为煌上煌有这批战斗在一线的营销高管、中坚力量和加盟商队伍感到骄傲自豪！他们是煌上煌的财富！是煌上煌的希望！此时此刻，我衷心祝愿这批精英与煌上煌实现共赢，利益共享，辉煌同在，为共同打造煌上煌‘百年品牌、百亿企业’的目标而努力奋斗！幸福是奋斗出来的！”

第九章

至暗时刻，决战“武功山”！

煌上煌在乌镇成功召开的“全国营销峰会”，像一束熊熊燃烧的火炬，让“煌上煌人”对未来充满信心，向着“百亿企业”共同奋进。自从2012年9月5日一声强劲的钟声敲响了煌上煌的上市之路之后，煌上煌——这个从南昌绳金塔下艰难走出来的小作坊，经历二十年的风霜雨雪，终于站在了雪山之巅，而“乌镇峰会”又让煌上煌掀起了互联网“智联未来”新浪潮。

上市这一年，徐桂芬六十一岁。

是急流勇退？还是继续前行？按说在一举把煌上煌推到上市的顶峰，并砸下巨资升级了集团的硬件设施，使之成为同行之首；同时，将范旭明和章启武“移花接木”委以重任，以全新格局打开了煌上煌的营销市场之后，徐桂芬完全可以功成身退，含饴弄孙、颐养天年。

但真正的英雄，没有“迟暮”，只有进击！不懈进击！

当徐桂芬看到煌上煌的“武功山”温泉开发项目陷入危难时，在集团搬厂后的第三天，她挥泪告别了家人，壮士断腕般地踏上了“二次创业”的新征途……

六十岁之后，再出征！

一、山雨欲来风满楼

故天将降大任于斯人也，必先苦其心志，劳其筋骨，饿其体肤，空乏其身，所以动心忍性，增益其所不能。煌上煌上市后，徐桂芬的人生事业原本可以画上一个圆满的“句号”。然而，一个草率的投资决策让她顿时陷入了无边的黑暗，犹如半夜一身冷汗地惊醒时才发现，噩梦变成了一场现实！

徐桂芬做梦也没有想到,她的六十岁之后居然会从“武功山”开始……

轻信他言，投资酒店

萍乡市武功山位于中国江西省中西部，地跨吉安市安福县、萍乡市芦溪县、宜春市袁州区三地，是国家4A风景名胜区。相对于中部其他省份城市来说，武功山周边属于贫穷落后的地方。在2004年，武功山虽然以海拔1918.3米远近闻名，但因萍乡市在整个中部地区的落后状况，武功山并没因它的盛名而给当地经济带来实质性的改善，尤其是武功山景区万龙山乡，依然是面朝黄土背朝天的穷乡僻壤之地。

就是这样一个相对贫穷落后的地方，怎么会和煌上煌的董事局主席徐桂芬有着千丝万缕的联系？当年她是如何在此砸下巨资投资武功山的温泉开发项目？是如何“引火上身”让自己陷入了进退两难之地？又是如何在武功山“华山论剑”与当地恶势力展开了一场“殊死”较量？

这一切都要从2001年开始讲起。因为一次相遇，因为一个决策，曾经平静的武功山开始“战火四起、硝烟弥漫”……

如果说在二十年间徐桂芬一举把煌上煌推到上市是人生的顶峰，成就了煌上煌的今日之辉煌，那么在她六十岁时在武功山的“大决战”则把她再次推到了人生的风口浪尖。

2004 年一个极其平常的日子，徐桂芬夫妇来到九江温泉度假村洽谈购买别墅事宜。这一天，夫妻俩在朋友的介绍下与商人贾某相识。在徐桂芬的眼中，贾某是一个有魄力、有胆识的老板。他把九江温泉项目经营得有声有色，不仅以温泉项目带动了当地经济，还延伸拓展到房地产业，很多南昌的大小老板都在温泉周边买了别墅，温泉成了南昌的后花园。每到周末，从南昌来九江温泉旅游度假的人络绎不绝，温泉成为九江旅游休闲的一大特色。再加上当地媒体的宣传，贾某在徐桂芬眼中是一位成功的企业家。

徐桂芬夫妇在九江温泉与贾某相识后，彼此都留下了很好的印象，原本这是一个美好的开始……

时光如白驹过隙，转眼到了 2010 年。对于徐桂芬来说这是她春风得意的一年。且不说这一年她以全国人大代表的身份出席了十一届全国人大三次会议，圆满地完成了会议的各项议程载誉归来，还荣获了江西省十大“三八红旗手标兵”的光荣称号，时任江西省省长吴新雄亲自为她颁发了荣誉证书和徽章。她还再次当选为新一届江西女企业家商会会长。事业如日中天的徐桂芬正在企业上市的冲刺阶段，对她来说，把煌上煌推到上市的顶峰才是正道。上市！这才是企业的头等大事，对于其他的事，都可以暂且搁在一边。

也就是在这一年，贾某诚恳地邀请徐桂芬夫妇共同投资他在萍乡准备开发的温泉项目。

原来，贾某在成功开发了九江温泉后，萍乡市招商引资的相关领导邀请他去当地投资温泉项目的开发。但以当时贾某的实力，虽然成功开发了九江温泉，但是却拿不出更多资金投资武功山温泉项目，可他又不想放弃在武功山发现了温泉这个千载难逢的机会。

自从 2004 年徐桂芬夫妇与贾某相识之后，几年间，彼此礼尚往来，也算是老朋友了。对于老朋友邀请共同开发武功山温泉项目，徐桂芬夫妇感觉这个项目比较陌生，毕竟与煌上煌的主业隔行隔山，身边的好项目和机会也有很多，再加上这一年徐桂芬刚好六十岁，这个年龄对于一个女人，特别是已经功成名就、儿孙满堂的徐桂芬来说，也没有太多的精力和时间去冒险涉足一个完全陌生的行业，于是她婉言谢绝了贾某的邀请。

后来，徐桂芬经不住他三番五次诚恳上门劝说，贾某再三承诺投资4000万元，其回报酒店温泉项目50%股权，在建设期间，无须徐桂芬夫妇操心，等项目建成后，经营管理权再转交给煌上煌负责，并能带来几亿元的回报。4000万元？对于煌上煌来说虽然有实力投资这笔资金，可这每一分钱都是靠血汗赚来的，实属不易。煌上煌能走到今天，不正是因为苦干精神吗？但如果投资4000万元能给煌上煌带来几亿元的效益，这也不失为一计良策，走“多元化”发展之路也是煌上煌未来的战略。

盛情难却，为了给老朋友捧场，也为了煌上煌的未来，徐桂芬答应了对方的邀请。然而，理性沉稳的丈夫褚建庚却不同意，理由很简单：隔行如隔山。最终，徐桂芬拍着胸脯向丈夫保证：“如果失败亏损4000万元，这个责任由我来承担。”

在没有和子女们商量的前提下，徐桂芬仅凭着朋友的义气答应了武功山温泉项目的合作。

没想到，这一决策让徐桂芬在日后跌入了谷底，让她顿时陷入了暗无天日的黑暗世界，一张巨大的天网慢慢地向她聚拢……

设下埋伏，危机四起

对于萍乡市政府来说，以开发温泉度假村带动一方经济，是一件利国利民的好事。特别是在中部地区相对比较贫穷落后的萍乡芦溪县境内，这个占地412亩，预计共投资8亿多元，规划总建筑面积近23万平方米，由温泉酒店区、温泉洗浴区、温泉住宅区、温泉商业街、温泉公寓、温泉别墅等组成，集观光旅游、专业培训、会议、体育休闲于一体的全功能度假村自然成了萍乡市政府的重点招商引资项目，也顺应了江西省政府提出的建设发达地区旅游休闲“后花园”的发展战略，把武功山景区打造成为“长株潭”、“长珠闽”的休闲后花园。

当然，在2010年，这个项目还只是一个宏伟蓝图。

贾某投资了这个项目并邀请徐桂芬合伙后，双方从过去的老朋友关系一跃转变为项目合伙人。双方在签署的合作协议上，彼此承诺每人前期各投资4000万元资金开工建设。当时，徐桂芬天真地以为，只要投资4000万元就万事大吉了，不参与管理、不过问工程建设、不为此耗费精力，只需等着对方把五星级酒店完工后交付给煌上煌经营，就可以稳拿50%的股权回报。原本这也是贾某对她的承诺，出于对贾某的信任，徐桂芬因此才苦心说服丈夫，同意了投资温泉项目的开发建设。

在徐桂芬看来，贾某的初衷和出发点是好的，邀请自己来投资萍乡武功山温泉项目，当地政府就要配套基础设施和房地产项目开发等，凭着煌上煌的实力与之合伙，这原本是个双方共赢的好事。

然而，真实的真相是：贾某在成功开发了“九江温泉项目”后，生意的确很红火，也带动了一方经济，但所赚的大部分资金需要应对银行贷款和周转。

当贾某发现了萍乡武功山的温泉后，觉得这是一个千载难逢的好机会，因为有“九江温泉”的成功案例，政府需要招商引资对“武功山温泉”项目大力支持。

然而，武功山前期工程就需要8000万元，贾某考虑到资金压力，所以他找到徐桂芬合伙投资，希望强强联合、每人占50%的股份共同开发“武功山温泉项目”。没想到，徐桂芬在投入了4000万元之后，却一步步陷入了无边的“沼泽”中……

大捞小捞，步步惊心

虽说徐桂芬久经沙场、阅人无数，但是这次却因为一次草率的决定让自己陷入了无边的沼泽之中。

徐桂芬觉得如果仅投资4000万元，等两三年项目完工后，再请专业人士去好好经营，就能慢慢赚到几亿元的价值，再加上贾某承诺：“你只要投4000万元就可以了，其他的都不需要操心。”

试想，8000万元能赚到几个亿，翻了几倍。作为商人，谁不会怦然心动呢？！

贾某在拿到资金投入后，也开始紧锣密鼓地组建团队开工建设。时间一晃到了2011年。

这一年，是煌上煌上市的前一年。作为董事局主席的徐桂芬被集团各种事务缠身，也无暇过问武功山温泉项目建设进展。直到有一天，徐桂芬接到知情人打来的电话："徐姐，你最好派财务过来监管……"

电话里，对方的语气遮遮掩掩、欲言又止，似乎隐藏着什么不可告人的秘密。

莫名其妙地接到几次电话，让徐桂芬一头雾水。言下之意是让徐桂芬尽快派财务人员过去监管，一次比一次急促和焦虑："徐姐，现在这个财务会计是贾某的妹夫，只做过生产队的会计……"

徐桂芬有些云里雾里，但坚信贾某的温泉地产开发经验能够管理好项目。2013 年，徐桂芬为了解情况，在派出集团的财务总监去武功山之后，才发现对方借煌上煌的名义陆续在银行融资贷款上亿，项目基本成了"烂尾楼"，利用"隐蔽工程"等报虚账使煌上煌遭受了巨大损失。

这下惨了，徐桂芬惊出一身冷汗。如此看来，就算是"刀山火海"，自己也要上山去一探究竟。

结果，贾某本人并不在武功山监管，而是组件了一个团队去管理。武功山温泉项目上大贪小贪、地痞村霸……事情远比徐桂芬想象中的更为错综复杂、扑朔迷离。

二、烽火四起，“温泉”激起千层浪

风萧萧兮易水寒。哪怕是赴汤蹈火、壮士断腕，徐桂芬也要把温泉项目资金的来龙去脉弄个水落石出。

身处险境，噩梦苏醒

当徐桂芬火急火燎地赶到武功山项目的施工地一看，顿时傻眼了：摆在面前的一期住宅工程 22 栋只完成 17 栋，酒店、温泉工程、商业公寓都是“半成品”，很多小别墅都是“半拉子”工程，由于管理混乱，工地上三教九流、地痞流氓什么人都有。二期工程就更别提了，很多农民在工地上种菜、连围墙都没有砌，而商业街连个灯光也没有，甚至连一个人影子都没有，像个“鬼街”一样。小区内不仅没有围墙，没有监控，甚至连猪、狗、鸡都可以随意进进出出，甚至连买沙买砖都在小区摆场子。

合伙人贾某可以说是甩手掌柜，他之前说请了管理团队，等项目完了就交给徐桂芬经营，哪晓得他根本没怎么待在武功山管理。所谓的管理团队大都是他的妹夫、亲戚等。他们是外行又不懂房地产管理，浪费了很多资金，再加上制度管理不完善，有的人乘虚而入捞钱，给项目造成了损失。更可恨的是，贾某还从投资的 4000 万元中找理由抽走了 1000 万元，最后只投入 3000 万元资金。

没想到，更为残酷的事实摆在了徐桂芬的面前，让她欲哭无泪。

贾某派出的团队利用职务之便，通过工程招标、废账、虚开发票等各种不合理手段捞取回扣将近几千万元！再加上徐桂芬派出的集团财务总监和当地财务总监的监管不当，煌上煌集团的派驻人员也趁机投机倒把，采取合同签单、银行贷款资金转移、更换承包方等手段大捞了一把，造成损失总共将近一个亿。

徐桂芬彻底崩溃了！她立马辞退了原来团队，只留下 3 个人重新组建新的团队，其他人员重新招聘和引进，并先后几次派出业主代表去武功山项目管理。然而，派出的代表要么被对方拉拢，吃回扣；要么被威胁，被恐吓；那些没有被拉下水的直接跟徐桂芬摊牌说不干了否则保不住命。最后，徐桂芬不得不派出自己的亲弟弟徐新亮去，结果，徐新亮在武功山遭到当地“无赖”的恐吓。

千头万绪、心乱如麻。想当初自己拍着胸脯向丈夫保证承担后果，没想到在今日一语成谶。银行的几亿巨资要还，损失的各项工程款要追，二期工程的建设也迫在眉睫……放弃，则意味着前功尽弃；放手一搏，或许还能扭转乾坤。

正所谓：一念天堂、一念地狱，因为一次相遇，因为一个决策，因为一次冲动，让徐桂芬在不知不觉中愈陷愈深、无法自拔。从 8000 万元到 2 亿元、再到 6 亿元、8 亿元……她把全部身家押在了武功山温泉项目，这个项目仿佛一个张着血盆大口的猛虎，虎视眈眈地看着她一步步滑向万丈深渊。

几次派出去的人都没有结果，工程进度毫无进展，这样又折腾了一年多。徐桂芬再也不派人了，她决定：自己派自己去，自己就是最合适的人选，武功山项目因她而起，成也是她、败也是她，武功山这个董事长兼总经理的职位由她亲自来当。

在去武功山的头天晚上，丈夫褚建庚得知妻子要去武功山，看到正在整理衣物的妻子问道：“你拿那么多衣服，不回来了？”

“成功了就回来，不成功就不回来了。我就住到山里去，多带点衣物省得跑来跑去。”心情低落的徐桂芬回答说，她知道丈夫对此项目多少有些责怪的意思，因为之前丈夫坚决反对投资这个项目。

“背起行囊穿起那条发白的裤子，装着若无其事的告别……”挥一挥手，已是花甲之年。遥想 20 年前第一次创办煌上煌时，也曾遇到过风风雨雨，与竞争对手过招、遭遇“6·22”中毒事件、一路磕磕绊绊走到上市，成为中国卤制品行业第一股。从大风大浪中闯过来的徐桂芬，挥泪告别了家人，义无反顾地“重上武功山”！

这一次，她能力挽狂澜、绝处逢生吗？

秀才遇兵，百口莫辩

“知我者谓我心忧，不知我者谓我何求。”真正关心徐桂芬的亲朋好友为她担心，一些想要看她笑话的人则幸灾乐祸。俗话说，做女人难，做一个名女人更难，而做一个叱咤商界的名女人，则难上加难！特别是对于已经功成名就的徐桂芬来说，要想“二次创业”去涉足一个完全陌生的行业，无疑是难于上青天。

明知山有虎，偏向虎山行。这次徐桂芬重返武功山，就是抱着破釜沉舟、背水一战的决心。当她把一个装满了换洗衣物和生活日用品的行李箱，塞进了自己的座驾后备厢后，司机小高缓缓地踩动了油门向武功山方向驶去。

如果20年前创办煌上煌是第一次创业，那么这次武功山温泉开发就是第二次创业。想当年自己只有四十多岁，而如今却是六十多岁，且不说身体状况远不如从前，单说这个项目远比当年创办煌上煌所面临的困难更多。徐桂芬对温泉开发方面都是一个地道的“门外汉”，这个项目相当于要在武功山景区内万龙山乡建造一个“小城市”。

最令她头痛的是，项目的前期工程里那些千头万绪、理不清剪不断的层层关系，以及当地那些不讲道理的“无赖”、“砖霸”等各方霸主、那些隐匿在工程内的黑账烂账……原本自己已经功成名就，如果不是因为这个项目，完全可以在家含饴弄孙、安享晚年，没想到却在六十多岁的年纪被“逼上梁山”。

徐桂芬仅带着司机来到武功山项目工地，她的到来仿佛把这个沉寂的小村激活了一般，在当地引起不小的震动。

“徐桂芬来了……”

二十年来，徐桂芬的名字已经紧紧地与煌上煌三个字联系在一起，在江西无人不知、无人不晓。当徐桂芬前脚刚跨进工地上专门为她准备的办公室，后脚当地的“村霸”就登门拜访，给她来了“下马威”。

当地一伙人冲进办公室，理由是原来的施工方没有付款给他们，要求徐桂芬这边付钱。

“猛龙”斗不过“地头蛇”。最终，徐桂芬同意了，但是要求他们和包工头同意在合同上签字认账，怕他们收了钱到时不认账白付了。

基本上每天都有人用不同的理由前来工地上闹事要钱，要么采取围追堵截的方式、要么赖在工地不让施工，最可气的是有的人还开着工程车来堵门。每逢节假日或双休日，这些地痞无赖就按时来工地上闹事，理由千奇百怪：有的是其他施工方欠农民工工资的来堵徐桂芬的门，称工程是他们干的，只能问这边要钱；还有的是因为没有带驾驶证翻车受伤了，也来找徐桂芬要医药费。

更让人啼笑皆非的是，一些村民强买强卖提出无理要求。比如有的村民让公司签订送 30 年鸡的合同，否则不让施工方打围墙，有的要求签订送 10 年大米的合同，更无奈的是有的村民还在施工工地上种菜，还有截断山上流下来的天然泉水，不让水流到酒店的蓄水池……这种无理取闹的现象数不胜数，就连乡政府都拿他们没办法。

真是秀才遇上兵，有理说不清。总之，徐桂芬每天都为之前合伙人遗留下来的各种问题疲于应付，根本无法施工。

就是在这样四面楚歌的状况下，徐桂芬犹如“剥洋葱”一样，一层层地慢慢剥开，冷静地理清思路，顺藤摸瓜地找到了问题的根源。她决定：与合伙人做个彻底了断，并清理掉合伙人的全部施工人员。

一石激起千层浪。徐桂芬的这个决定无疑要断了很多人的“财路”，武功山上必定又会是“烽火硝烟”，一场更为残酷的“战役”又打响了……

背水一战，破釜沉舟

萍乡由于历史原因造成一些乡村干部胆小怕事，不敢站出来主持公道，连一些相关部门也不敢出来协调，因为这里面隐藏着一些不为人知的“潜规则”。

面对复杂情况，徐桂芬只能与他们斗智斗勇，甚至为自己的“后事”做好了准备。在武功山的这段日子，每次她背着包出门都不知道能不能安全回来，有时甚至会给身边的人或是打电话给家人做交代：“万一我有个三长两短，你们要清楚我面对的是谁，你们用法律来讨回公道。”

武功山项目也是徐桂芬人生中的一个教训。每天面对压力和挑战，不知道能不能化险为夷、走出困境，每天她都在盘算着怎么运作引进合作伙伴，但是这几个亿的项目，谁会要呢？！当熟知徐桂芬的人得知她在武功山投了几个亿时，都说她：“在山里头投了几个亿？那不死定了！”

徐桂芬也知道希望渺茫，只能靠自己去想办法解决。在遇到困难的时候，只能抱着背水一战的决心，不能让企业把几亿元资金砸在武功山项目上，必须想办法把损失弥补回来，唯一的办法是走法律途径。

合伙人贾某占 50% 的股份，至少他要拿出三个多亿。然而，即便官司打赢了，他也没有这么多钱支付。打官司的结果就是稀释股份，双方协调的结果就是贾某让出自己 50% 的股权给徐桂芬,他则丢下这个“烂摊子”离开了。

这 50% 的股权虽然给徐桂芬了，但是没有含金量，贾某原投资的 3000 万元虽然不要了作为补偿，但煌上煌没有拿到一分现金。之后，徐桂芬只能“打碎了牙齿往肚里咽”，就只当是自己一个人投资了武功山温泉项目，去收拾这个“烂摊子”。

记得施工方有个包工头虚报工程量，甚至连贾某派来的监管人员都帮他签了字。但是在铁的事实面前，这个施工方过不了关，于是他每天采取不同的手段来闹事，调解人员也不敢得罪这个包工头，只有做煌上煌一方工作。

结果，徐桂芬只能在坚持原则的情况下让步，多给了这个施工方 30 万元，并且要求他从今以后不准送任何货源到酒店，也不愿和他有任何经济来往，这件事才得到了彻底解决。

更有甚者，连外村人也跑来工地上堵门。比如工地上的拖土工程是本村人承包的，本村人承包后又转包给了外村人。等外村人干完活，本村人拿着工钱跑掉了，不付工钱给外村人。结果，外村人开着几部挖土机跑到工地上来无理取闹、堵门要钱。

遇到这种情况，徐桂芬真是哑巴吃黄连，有苦说不出，只有打电话找村干部出面解决。村干部也很无奈：“不是本村的人，我们也不好出面干涉。再则法律规定要堵门四个小时以上才能去制止或拘留。”

徐桂芬就是在这种内忧外患的情况下，一步步理顺思路、一步步清理原合伙人留下的历史问题、一步步在泥泞中挣扎着艰难前行……

在武功山的那段日子，徐桂芬感觉就像做噩梦一样，经常在睡梦中惊出一身冷汗，梦醒过后，才发现睡梦变成了一场真实的“噩梦”。

如果说第一次创业靠的是艰苦奋斗，用 20 年的时间把煌上煌推到了上市的高峰，那么这“第二次创业”靠的是斗智斗勇！

剑拔弩张，一触即发

在武功山的几百个日日夜夜，桩桩件件大大小小的事情都要由徐桂芬亲自去出面解决，心力交瘁的她时常辗转反侧难以入眠：“从当初投资 4000 万元建五星级酒店，到现在如滚雪球一样愈滚愈大，已经在银行贷款八个多亿了。我们集团哪有这么多钱？这相当于要在武功山建一个小城市，我怎么当初就没听丈夫的劝？我到底该怎么办？”

面对合伙人之前遗留的十多起官司，有些施工方的无中生有、虚报实情，以及用人不当给企业造成的损失达上亿元。为了追回损失，徐桂芬只能在法院起诉他们。再加上施工人员的恐吓威胁、敲诈勒索等，这桩桩件件的案件背后都有着千丝万缕、利欲熏心的关系。

但是，徐桂芬始终对萍乡市委市政府抱着信心：“这是法制社会，家有家规、国有国法，我相信政府会出面解决。”

徐桂芬还记得当年合伙人贾某专门为她准备了办公室时，她还打趣地说：“难道我这一把年纪了，还会到这个穷乡僻壤里来办公呀？难道真的会轮到我来管理？”

如今，她也只能认“栽”了，不来这里办公怎么办？这个“烂摊子”总要有人来收拾。没想到，自己还真的坐在了这间酒店的办公室里。

每当黎明的第一道曙光来临，徐桂芬又拖着疲惫的身体抖擞精神地出现在唇枪舌剑的“战场”。记得有一次，她面对的是“无赖”。

通过司法审计原本只需 200 万元的施工款，对方带着一伙人冲到办公室狮子大开口非要 500 万元。这不是明摆着敲诈勒索吗？！徐桂芬明白，面对这样的不法分子最好解决方法是依靠乡镇府、管委会。武功山温泉开发是萍乡市重点招商项目，支持项目发展，就是支持地方经济发展。抱着满怀信心，徐桂芬请来了乡镇府的几个领导出面解决问题。结果，双方因谈得不愉快，“无赖”随手抓起凳子先朝徐桂芬的弟弟砸过去。

情急之下，徐桂芬的弟弟也随手拿了一个茶杯还击。

徐桂芬连忙把弟弟拉出去，大声向对方呵斥道：“你们这样不行，当着乡镇领导和我的面都敢打人！”

谈到当天下午四五点钟，双方不欢而散，临走时，“无赖”还恶狠狠地冲徐桂芬说，不交出你弟弟，我跟你没完！

等战火平息后，徐桂芬一个人拖着疲惫的身体回到酒店，这才给远在千里的丈夫报平安：“事情都处理好了，我没事，你放心吧。”

徐桂芬带着几个人刚到小镇上一家餐馆坐下准备吃晚饭，就接到了“无赖”打来的电话：“你在哪里吃饭？”

“我在哪里吃饭要跟你说吗？”徐桂芬懒得再理这些地痞无赖。

对方咄咄逼人：“你弟弟回南昌了吗？”这是在给徐桂芬敲警钟。原因自然是因为白天两人动武，相互砸凳子、摔茶杯结下仇怨。其实，徐桂芬已经在下午就安排弟弟回南昌了，但她也清楚地知道，凭自己的几个人根本无法与对方“武力”抗衡，只能通过“智取”。如今是法制社会，他们也不敢把我怎样。

“我弟弟回没回南昌，跟你们有什么关系！”

“赶快把你弟弟交出来，不然我们不会放过你！”对方气急败坏恶狠狠地说道。

“行，既然你们不放过我，你们在哪里，我现在就过来！”当时徐桂芬想法是万一自己被打死了也是在酒店外面，总比死在自家酒店更有利讨回公道。

同行的几个人都替徐桂芬捏把汗，知道此行凶多吉少，犹如“羊入虎口”，都纷纷从饭桌旁站起来表示要跟她一起去。

“你们不要跟着我，我一个人去。”徐桂芬的语气不容商量，就算是龙潭虎穴，她也要去闯一闯。

徐桂芬单枪匹马来到对方所在的酒店大堂，看到他们十几个膀大腰圆的彪形大汉气势汹汹地站在那里。他们看到只有徐桂芬一个人时，团团把她围住，这阵势，就像是战地“包围圈”。

“赶快交出你弟弟！否则我们不会放过你！”

徐桂芬也不搭话，从容地坐在大厅的沙发椅上刷着手机屏幕。接着，有的人开始骂难听的“地方话”，有的人拿出手机对着徐桂芬拍照，还有的撸起袖子恨不得要冲上来动手打架。

大厅的几名服务员连酒店保安被眼前的情景吓得目瞪口呆、不敢吱声。

眼看着事态一触即发，在这千钧一发的危急时刻，身处险境的徐桂芬能“虎口脱险”吗？

狼狈不堪，泪洒萍乡

被围困在中间的徐桂芬此刻冷静地拨通了当地乡政府的电话。很快，乡政府和派出所的干警们来了，但他们看着面前剑拔弩张的局面只是站在一旁“冷静观察”。

眼看双方的火药味愈来愈浓，好汉不吃眼前亏，在敌众我寡的情况下，徐桂芬急中生智，拨通了时任萍乡市委书记的电话，电话那头书记的声音刻不容缓：“徐大姐，你别着急，我马上着手解决！”

在市委书记的亲自调解下，最终平息了这场他众我寡、一触即发的“战争”。

对于萍乡来说，武功山温泉开发项目是2010年市重点招商引资项目，萍乡市政府也很重视项目的进展状况。但“县官”不如“现管”，自从徐桂芬被“逼上梁山”，在困境中一步步彻底清理掉了合伙人以及施工队伍的“各方诸侯”之后，项目的施工进展也在一路缓慢推进，整个项目这才总算显山露水、初具雏形。这离不开萍乡市政府在各方面的大力支持。因此，当徐桂芬在陷入绝境、被重重围困时打电话向萍乡市委书记求救后，没过多久，“无赖”一伙人总算偃旗息鼓，纷纷撤退。

然而，一波未平一波又起，武功山再次硝烟四起……这场“战役”，徐桂芬一败涂地。

由于武功山管委会相关领导调整变动，武功山温泉项目虽然领导很重视，但是因内忧外患等种种原因进展缓慢。一天，当徐桂芬得到消息：时任萍乡市委书记要来“武功山管委会”考察时，就想借此机会向书记申请项目推动的一些情况。

但考虑到武功山温泉项目是由“武功山管委会”负责，自己直接向当地申请可能不太合适，于是就给管委会的某领导打电话：“听说萍乡市委书记要来武功山管委会考察，并且要来考察我的温泉项目，我可不可以跟市委书记提出需要市领导帮忙协调呀？”

“可以呀，这个怎么不可以讲呢？你是全国人大代表，又是女企业家，自己反映更好。”

听到电话那头某领导这么一说，徐桂芬悬着的心放下了，对市委书记的到来充满希望和信心。

市委书记一行到来的这天早上，徐桂芬心情格外舒畅。要知道，自从驻扎到武功山后，每天都要和三教九流、形形色色的人周旋，整天心力交瘁、灰头土脸，今天终于可以和书记好好谈谈武功山项目的进展了。

这天，市委书记一行在“武功山管委会”考察其他项目时，徐桂芬还满怀期待地特意问管委会某领导：“市委书记来不来我这考察温泉项目？需不需要来座谈？”

“看吧，有时间就座谈，没时间就不座谈。”某领导回话。

当市委书记一行在武功山转了一大圈，考察完其他项目后，书记被眼前的几块温泉项目展板吸引，驻足观看。机会来了，抱着推进项目的急切心情，也担心书记的行程安排时间紧张，连忙上前想向书记介绍温泉项目的进展。

结果，当市委书记看完温泉项目展板后，因为还有其他安排，没等徐桂芬上前介绍，转身就上了车。

眼见市委书记查看了温泉项目展板转身就要离开，徐桂芬连忙准备上车和书记谈项目进展，顺路再一起去“武功山管委会”。结果，某领导把徐桂芬挡在了车门外，随后，市委书记一行离开了。被冷落的徐桂芬一时瞠目结舌，半天没回过神。

站在一旁的乡镇书记见状，对目瞪口呆的徐桂芬说，市委书记今天来不是考察武功山温泉项目，而是考察武功山管委会的其他项目。

在最艰难的日子里，哪怕只是浮云一朵，也能给在武功山煎熬的徐桂芬带来一丝希望。如果管委会某领导给徐桂芬提前讲清楚，市委书记到武功山不是来看自己的温泉项目，她也不会让自己陷入如此尴尬的境地，被人挡在车门外不说，还被一些领导在背后说长道短，出尽洋相。

想到这里，刹那间，几年来所有的委屈失意、所有的希望信心、所有的苦水泪水……全部爆发了！徐桂芬的泪水如决堤的河水般喷涌而出，哭得肝肠寸断、哭得悲痛欲绝……

看着车子绝尘而去，站在路旁的徐桂芬一边哭一边向乡镇书记倾倒苦水，一边哭一边控诉如何被地痞无赖敲诈勒索，一边哭一边说在武功山所受的委屈……徐桂芬忍不住老泪纵横，泪水浸透了手中一张张的纸巾。

创业以来，徐桂芬无论再大困难她都很少流眼泪，这次为了武功山项目哭得这么伤心欲绝、哭得这么让人心碎。

在创办“皇上皇”初期店铺被砸时，她欲哭无泪；在煌上煌遭遇“6·22”事件时，她面对镜头忍不住潸然泪下；特别是在当年创办煌上煌的时候，供电局的工作人员把徐桂芬店铺的电闸给关了。为了及时供电，徐桂芬骑着一辆破自行车赶到供电局，在门口苦苦等了近两个小时，看到供电局的工作人员开着车回来，她拽着对方的袖子，哭着央求他们给店铺供电：“冰箱里的东西需要电、电子称需要电、卤菜没有电也会变质……”

为了供电，徐桂芬哭得肝肠寸断，哭得供电局的人于心不忍、答应供电。

而这次为了武功山项目，徐桂芬透过层层泪光，感觉仿佛回到从前创办煌上煌时最艰难的难忘时光。那时，她也是哭得这么痛不欲生。

这次痛哭，是徐桂芬创办煌上煌以来最伤心、最难忘的第三次痛哭，煌上煌就是在她的汗水和泪水中跌跌撞撞地走到了今天。

未曾长夜痛哭者，不足以语人生。

即便哭肿了双眼，徐桂芬第二天起床时仿佛一切都没发生过，仍然对武功山温泉项目满怀希望。

三、拨云见日，迎来胜利的曙光

男儿有泪不轻弹，只因未到伤心处，这句话同样可以用在女人身上。痛哭过后，徐桂芬擦干眼泪继续前行，等待她的又是新一轮密集的“枪林弹雨”。

五星酒店，拔地而起

为了武功山温泉项目，徐桂芬早已把个人安危置之度外，在面对地痞恶霸时从容不迫、在面对工头村民的刁难时临危不乱、在面对威胁恐吓时大义凛然……在孤身扛起了武功山的温泉项目后，哪怕是“上刀山下火海”，哪怕是经常面对这些恶势力都不会掉一滴泪。但是，当看到书记的车绝尘而去的那一刻，徐桂芬几年来所有委屈都化成了泪水……

在武功山的几百个日日夜夜，徐桂芬没有睡过一个好觉，每晚内心犹如巨浪翻滚：“感觉就像是做了一场梦，从来没有想到在六十岁时会到这个山沟沟里来，为了武功山项目，徐桂芬心力交瘁，人也憔悴了很多。我能做的，都去做了；我不能做的，也去做了。对武功山，我问心无愧。”

就在徐桂芬的武功山项目资金无法周转时，小儿子褚剑在关键时刻挺身而出。还记得当初徐桂芬为了武功山项目要去与合伙人打官司时，褚剑劝母亲不要去打官司，因为就算母亲打赢了官司，钱也拿不到。褚剑说要用房地产赚的钱来帮母亲弥补武功山的几亿损失。当时，徐桂芬还用质疑的口吻说：“你房地产能赚几个亿？你赚不到！”

没料到褚剑经营房地产几年下来，每个楼盘开盘后都很“跑火”，赚的钱比预期都高。这时候，徐桂芬心底悬着的一块石头终于落下来了。褚剑房地产赚的几个亿让武功山项目的资金得到了缓解，徐桂芬面临的资金压力总算有了着落。

有了资金周转，徐桂芬把合伙人遗留的问题一件件理顺，开始着手“半拉子”工程的二期项目的施工建设。

五星级酒店是当年武功山温泉项目规划的重中之重，萍乡市政府很重视。因为在许多省、市，有的客商在分到土地之后不讲诚信，改行去做房地产，所以政府期待煌上煌武功山温泉项目的五星级酒店进快投入建设。当徐桂芬把武功山温泉项目一步步理顺，并把一期住宅建设完工，同时，决定装修五星级酒店：“既然已经走到这步，不如投入巨资来装修五星级酒店，商家就要言出必行，讲诚信。”

当煌上煌集团的高层管理人员得知要投资几亿元资金在武功山装修五星级酒店，大家都不支持。这一年，正是2012年中央八项规定出台，有的公务员预定了武功山温泉的房子都纷纷退房，大家不支持装修五星级酒店也在情理之中。这一年，是初步上市第一年，也是徐桂芬第二次当选为第十二届全国人大代表的一年，作为全国人大代表，徐桂芬认为，既然已经武功山前期已经投入了三亿元资金，不继续投入面临着的就是烂尾楼，投还有希望发展，不投之前的那三个亿打了水漂。再说，就要做一个诚信的企业，就要对得起政府的支持。

2014年12月28日武功山温泉酒店正式开业

武功山温泉酒店夜景

前面我们讲过，在武功山温泉项目的建设过程中，出现了很多大捞小捞、地痞村霸等问题，这其中，也包括五星级酒店的建设。徐桂芬就是在这大捞小捞、内忧外患的状况下接管了这个“烂摊子”。

万丈高楼平地起。五星级酒店从 2011 年开始施工，到 2012 年终于拔地而起，下半年年底开始装修。

2014 年上半年，在萍乡市政府的见证下，煌上煌与美国“豪生”酒店管理公司签署了武功山温泉豪生度假酒店管理的托管协议。紧接着，市政府发文，要求酒店在 2014 年 5 月 1 日必需开张。但是“豪生”酒店管理公司签订协议后，酒店的许多装修要按照“豪生”的标准重新调整，这样徐桂芬又花 3000 多万元进行了装修整改。原定于 5 月 1 日的开张也只能拖延了半年多。

2014 年 12 月 28 号，酒店在徐桂芬的精心策划下终于开张。开张时，徐桂芬还特意邀请了还没拆伙的贾某到场参加。同时，还安排了贾某在开张宴会上致答谢词。酒店开张当天，萍乡市领导以及当地领导很多村民都兴高采烈地来参加，共同见证这一“中西联合”的历史时刻。

一般国际性五星级酒店都开在大城市中心的繁华地段，在山沟沟里开国际性五星级酒店，这在全国相对少见。

“我们山沟沟里开了一家五星级酒店。”当地很多村民都觉得很新奇。

开张之后，“豪生”第一年销售额2900多万元，当时利润约300万元，“豪生”对此感到挺满意。然而，徐桂芬却并不满意，她觉得这个耗资这么大的酒店，一年却只有区区约300万元的盈利，财务成本和折旧还没算。那要等几十年才能把成本收回来？前面我们讲过，“不按常规出牌”是她的个性。这一次，徐桂芬毫不留情，她按合同给“豪生”赔付了200万元的违约金，把温泉酒店接管到煌上煌旗下，准备自己来经营酒店。

徐桂芬的这一决策，让酒店内部管理者的各种“灰色交易”浮出水面……

强强联盟，携手共赢

在从“豪生”手中接管了酒店之后，离春节还有一个月，徐桂芬征求了大家意见，将酒店改头换面，由于酒店所在地在武功山景区的万龙山，所以重新更名为“武功山温泉万龙国际酒店”，并聘请了新的酒店总经理。原本徐桂芬以为自己可以当“甩手掌柜”，但这个总经理却在半个月一天下午突然“失踪”了。

这个总经理来到武功山接管了“万龙”之后，一个星期不出办公室，原来是每天在电话沟通另找工作，也可能是觉得自己很难胜任。终于有一天，他悄悄地收拾了行李，让司机把他送到高铁站，不辞而别。徐桂芬在打了几次电话无人接听后，明白了总经理肯定是“跑路”了。

当徐桂芬听了司机的汇报，也知道是怎么回事后，拿出了当年创办煌上煌的勇气和霸气：“没人当这个总经理，我来亲自当！”

此时又是在年前这个“节骨眼”上，一时半会到哪去聘请总经理？于是，徐桂芬在酒店亲自坐镇。

2016年的大年三十头天晚上，当褚浚打电话询问母亲在哪过年时，徐桂芬说，我就在武功山和员工们一起过年。

“那不行，我们来武功山陪你一起过年。”

大年三十这天晚上，徐桂芬的全家老少十几口人浩浩荡荡地来到武功山，看到丈夫、儿子、媳妇、孙子孙女一大家子都来了，正在和员工们一

武功山温泉酒店大厅

起过年的徐桂芬感到很安慰。家人的到来让她觉得在武功山所有的付出和所受的委屈都是值得的。

徐桂芬已经很多年没有与员工们一起过年了，与员工们一起过年那还是在煌上煌创业初期。那时，在年三十这天晚上，她总是等员工们关门打烊后，吃点剩菜剩饭，再骑着自行车一个人躲避着路上的爆竹回家。还有在宜春失利与员工们一起过年时，那漫天飞舞的雪花让徐桂芬触景生情。

这次在武功山过年三十，徐桂芬有一种久违的温馨和苦涩，她一一给除夕夜当班的员工们发了红包，员工们看到徐老板这么大年纪还这么操劳，都很心疼她。其中，一位总监过来给徐桂芬敬酒："主席，我希望您明年春节能在南昌家里团聚。"

大年三十那天晚上，徐桂芬的家人们专门赶到了萍乡陪她一起吃年夜饭。第二天早上，家人们又按照自己的原计划启程离开，徐桂芬独自留守在武功山酒店。到了大年初二晚上，陆陆续续有顾客来酒店泡温泉了，这天晚上，正在酒店坚守总经理岗位的徐桂芬突然看到有个客人很眼熟。原来，这个客人是在萍乡市政府工作的一位旧友。这位旧友见徐桂芬在酒店前台，很惊讶地问道 :“大姐，你大年的怎么在这里？”

“我们总经理回家过年了，我在这里顶岗。”徐桂芬搪塞道。

“你这个年纪还这么辛苦，不值得呀。”

听到旧友这么说，徐桂芬也顾影自怜起来，岁月不饶人，毕竟自己也是六十多岁了，丰衣足食，在这里顶岗图个啥？不就是“不服输”吗？！

春节后，营销总监给酒店推荐了一个人当总经理。结果，这个总经理很敬业，但是碍于面子、魄力差，管不住营销总监。因为营销总监和外人一起里应外合，把酒店的温泉票卖给“黄牛”吃回扣。“黄牛”再以高价卖给顾客，酒店生意自然受到影响。得知酒店内部管理人员吃里爬外，以致酒店经营一年下来基本没有什么盈利,还不如之前交与“豪生”托管,“遍体鳞伤”的徐桂芬辞退了这些一丘之貉。绕了很多弯路的徐桂芬决定还是寻找新的合作方，把“万龙”酒店外包出去。

总结失败的教训,徐桂芬认为之前的“中西联合”不能适应当地发展，一方水土养一方人，适者生存。她还是想找一家国内“接地气”的酒店来接管“万龙”。就这样，徐桂芬找到了“杭州君澜管理公司”，两方仅见过两次面，徐桂芬就当机立断决定与“君澜”签订合同，因为是春节前节骨眼上，正好是酒店销售旺季，很需要专业团队进驻管理，“我认定你们的条款，今天就跟把合同签了！”

甚至连“君澜”的管理者都说，从来没有碰到过这么快速主动要求签合同的。在第二次见面的当天晚上，“煌上煌”与“君澜”强强联手，签订了管理协议。

“君澜”集团强项是专门做度假酒店，是中国饭店集团 10 强和全球酒店集团 100 强，致力于打造中国本土的高端民族酒店品牌，缔造一流的中国本土饭店品牌。曾连续五年荣膺“中国民族饭店品牌先锋”，连续六年荣膺“中国最具规模的 30 家本土饭店集团”，并获得“中国企业影响力十大行业品牌”、“中国国内十大品牌酒店集团”、“中国最佳本土酒店管理集团”、“中国饭店业 30 年最具影响力饭店管理公司”等多项殊荣。

徐桂芬明白一个道理，当自己没有能力经营好酒店的时候，就要交给有经验的人来管理，专业的人做专业的事。一年下来，“君澜”果然没有让徐桂芬失望。接管后的第一年就完成利润一千多万元。到2018年"君澜"又更上一层楼，比去年增长利润20%。

通过与"君澜"两年多的合作，徐桂芬又把曾经给她当过司机的高帅、王丽等一批优秀的年轻人输送"君澜"，并与"君澜"约定："这个酒店就像煌上煌的'孩子'，所有的投资都是煌上煌，我当然希望'孩子'更优秀，我之前已经失败了两次，如今我也没有其他想法，最重要的是人才要稳定。派这两个人到'君澜'并非是对你们不信任，主要是重要的岗位需要稳定的人才。"

果不其然，高帅和王丽被输送"君澜"后，两人工作尽心尽责，不仅"君澜"一方合作愉快。当然，"君澜"派来的总经理也是经过层层筛选出最优秀的人才。

"煌上煌"与"君澜"联手后，双方合作愉快、互惠共赢，只要"君澜"稳定人才、继续合作，"煌上煌"希望能与"君澜"长期合作、实现共赢。

守得云开，重见光明

从刚开始的"龙争虎斗"到爱上了这座"小城市"……徐桂芬因武功山温泉项目让她的人生再一次得到了历练。如同伟大的哲学家尼采所说：那些打不败你的，终将使你更强大！

如今回想起来，武功山温泉项目没有投错，因为资源是宝贵的，不能再生，未来谁拥有了资源，谁就能成为赢家。而打不垮的徐桂芬在儿子的支持、领导的鼓励、朋友们的帮助下已经看到了武功山项目黎明前的曙光！

特别是丈夫褚建庚对她的理解和支持，他跟子女们说："你母亲投资这个项目没有错，你们要多理解她。"

当时江西省工商联主席雷元江以及很多领导干部到武功山来看了之后纷纷赞不绝口："徐桂芬这个项目没有投错，这个项目是非常有前景的，是一个非常好的项目，这是资源，谁掌握了资源，谁就掌握了财富。"

随着酒店生意的蒸蒸日上，整个武功山温泉项目慢慢开始变得有了生气。曾经人烟稀少的偏僻山村随着温泉的开张而变得车水马龙，特别是萍乡市和武功山管委会新的领导班子成立后，对温泉项目带动一方经济大力支持。如今，一期剩余房源基本销完，商业街灯火通明，酒店温泉客源不

别具特色的酒店养生温泉池

断，二期项目正在启动，销售火爆，一批批武功山开发公司的优秀人才如王强、王丽、高金虎等的鼎力相助，让今日之武功山充满生气。

徐桂芬终于重见光明，她相信：随着政府的重视和 4A 景区的知名度，武功山一定能打造成为全国温泉开发的样板。

如今，到武功山温泉度假的人看到这个再造的“小城市”，无不羡慕赞叹。得知“小城市”背后的大老板是煌上煌的徐桂芬时，无不感叹道：“又是那个女强人？这个女人真厉害！有胆识！佩服！”

他们自然不知道，徐桂芬是被“逼上梁山”的。

通过武功山温泉项目，徐桂芬从刚开始内心恨合伙人，到现在感谢合伙人。如果不是合伙人拉她合作，徐桂芬根本不会去投资温泉项目。随着一件件、一桩桩棘手事情的步骤理顺，如今徐桂芬终于想通了，是合伙人给了她历练的机会。

当她抱怨自己运气不好“撞”上了这个项目，想躲都躲不掉的时候，只有通过自己奋勇拼搏才能绝处逢生；当她在被落井下石沉到了水里后，终于靠超强的意志和过人的胆识，一步步艰难地浮出水面、爬到岸上……

如今，徐桂芬对合伙人更多的是感谢，没有与合伙人的相遇，就没有

穷山沟变成了秀丽的小城镇

武功山温泉项目的开发机会，就没有成就再造一个“度假小城镇”的实现。

如今，今日之武功山发生了翻天覆地的变化，当地的村民观念也改变了，素质也提高了，不再无理取闹干扰企业发展。现在她每次来到武功山都流连忘返、要小住几天。每当看到武功山温泉度假村一派繁荣，村民们安居乐业，家家户户过上无忧无虑的日子，小孩活泼可爱，年轻人潇洒时尚，老人们和蔼可亲，有开餐馆的、开超市的、开小旅馆，闲暇时跳着广场舞，每到晚上村庄歌舞升平、一片祥和，“昔日的穷山沟”变成了秀丽的小城镇，徐桂芬很有成就感。

徐桂芬“撞”上了这个项目，她只有迎难而上，从刚开始的怨天尤人，到后来渡过“险滩”，徐桂芬的眼界变了，心也就变了。从抵触到接受，到如今看到武功山的此番美景，宛如走过了一条漫长而艰辛的征途。

境随心转。如今武功山的一切在徐桂芬眼中都是那么美不胜收。

随着武功山的客源的不断增多，特别是江西和萍乡政府对武功山温泉项目的支持，不仅增加了一条311国道，使游客从明月山到武功山更近，而且引进了一些客商在武功山开发“温泉小镇”，带动了一方经济，使武功山呈现出欣欣向荣的新气象。

让徐桂芬倍感欣慰的是，武功山温泉项目的二期建设已经顺利动工，她把武功山的房地产开发也交给小儿子褚剑去全面负责。褚剑在成功开发了“煌盛”旗下几个楼盘后，完全能胜任母亲交给他“武功山”的重任。

徐桂芬最感激的是萍乡市委、市政府。新的武功山管委会领导班子上任以后，把一桩桩、一件件历史遗留的新旧问题，逐步去一一妥善地解决了。徐桂芬常念叨，没有他们的支持，武功山温泉项目难以为继。

就在武功山这场轰轰烈烈的对外“战役”刚刚结束，接下来，一场旷日持久的“内战”又开始硝烟弥漫，徐桂芬的煌上煌之路注定又是风起云涌……

第十章

风云再起，“合味原”的前世今生

“红军不怕远征难，万水千山只等闲。五岭逶迤腾细浪，乌蒙磅礴走泥丸……”如果说武功山是徐桂芬的一场对外远征战役，那么“合味原”就是一次旷日持久的“内战”。

在餐饮行业，江西煌上煌的“合味原”酒店经过十几年的发展，已经成为南昌赣菜响当当的品牌。曾被中国饭店协会等授予“中国餐饮名店”“中国十佳婚宴酒店”等殊荣，被江西省商务厅评为“中国赣菜名店”称号。“合味原”旗下的四家餐饮已成为煌上煌旗下的第二支柱产业。然而，芳华过尽，“合味原”昔日的辉煌荡然无存。

曾几何时，“合味原”如同初生的婴孩般茁壮成长；

曾几何时，“合味原”像青春少年般意气风发；

曾几何时，“合味原”仿佛中年般气宇轩昂、仪态万方；

而如今，洗尽铅华、老年迟暮的“合味原”还能再展昔日之雄风吗？

“店”如其人。有的人，经过无数挑战、烟火熏陶，即便褪去昔日的耀眼光环，依然傲骨铮铮、绝代风华！

一、五味杂陈“合味原”

说到“合味原”，就要从如今已担任煌上煌食品股份公司董事长兼总经理、徐桂芬的长子褚浚开始讲起。在接手“合味原”的那一年，褚浚大学刚毕业不久，年仅二十四岁。

苦尽甘来，将心注入

当时，国家提倡国企改革，鼓励民营企业对不景气的国有企业采取收购兼并，帮助政府排忧解难，解决下岗职工的安置。而这一年，煌上煌在加盟连锁、跑马圈地的发展势头下已在全国如雨后春笋般遍地开花。也就是在这一年，雄心勃勃的徐桂芬开始进军省外市场，第一个瞄准的目标是——北京。

在这一年的春节期间，徐桂芬带领煌上煌三十多名精兵强将到北京开拓市场，结果，在北京遭遇“寒冬”，以失败告终。在吸取了北京“遇冷”的经验后，马上调整战略，进军广东，结果则大获全胜。

可以说，这次煌上煌进军广东市场的胜利让徐桂芬尝到了甜头。在稳坐了广东市场的“半壁江山”后,便瞄准了丁公路上闲置多年的原食品总厂，决定收购兼并它，借此拓展煌上煌的卤菜主业，进军餐饮行业：一、响应国家提倡国企改革的政策；二、拓展煌上煌多元化发展之路。

在收购了国企这家食品厂后，由谁来经营负责呢？徐桂芬想到了长子褚浚。这一年，褚浚已经跟着母亲在煌上煌主业锻炼了三年多，积累了一定的管理经验，但一直没有“单干”的机会，他主动请缨要去接管这家食品厂，母子俩不谋而合。褚浚此举，更是想向父母证明自己的能力，也让

位于南昌市丁公路合味原酒楼全貌

外人无话可说，自己不是“躺在父母功劳本上”。

2002 年，褚浚正式筹建“合味原”。当时的“合味原”还有茶楼、泡脚等业务，后来转租给了“巴渝风”。

“合味原”三个字是褚浚起的。合：团聚、冲和、融会，如溪涧穿流，起于源泉和江海，大成之器，以合为先，韬光养晦，天地任何。味：人生百味，千头万绪，酸甜苦辣咸调和相宜，五味俱起，涵养肺腑。原：方丈之原，一望之原，道德之原，广大厚载。天下味，合为贵，愿天下佳肴之味为集合，乃酒楼始终倡导和追求。

子承父业，褚浚不负众望，他继承了父母吃苦耐劳的传统，把全部心思都注入在“合味原”。几年来，褚浚把 7000 多平方米的“合味原”酒店经营得红红火火。为了“合味原”，他受过很多委屈。当年，很多人说在丁公路开这么大的酒店是凶多吉少，包括父母在内都反对他。在酒店装修时，徐桂芬甚至还给儿子泼冷水，褚浚还为此埋怨母亲：“别人反对就算了，可是连你也来打击我。”

儿子噙着眼泪的一番话，让徐桂芬彻底醒悟，儿子需要鼓励。她开始支持儿子，无论“合味原”成功或失败，对儿子来说都是一次锻炼的机会和经验的积累。

就在褚浚将“合味原”装修一新准备开张的时候，一件意想不到的事情发生了……

政策出台，重新洗牌

“合味原”即将要开业的时候，“非典”爆发，酒店开业不得不推迟，好在茶楼和足浴馆提前开张，资金压力有所缓解。趁此机会，褚浚再次精心调整，直到满意为止。最终，这个闲置已久的工厂华丽转身为富丽堂皇、独具一格的大酒店。

直到 2003 年 12 月 24 日，“合味原”下岗工人再就业基地终于开张。当时，时任南昌市市长李豆罗亲自前来剪彩祝贺。由于当时的下岗工人特别多，“合味原”的开张，其中包括茶楼和足浴，一共解决了约 500 名下岗工人再就业，所以得到了市政府的鼓励和支持。

2003年12月24日合味原酒楼正式开业

褚浚在接管“合味原”的几年间，一心扑在“合味原”，甚至连找女朋友都没有时间。他每天都在思考如何做大做强“合味原”。在创立“合味原”品牌的初期，他从整体的装修、定位、出品以及组建团队都亲自上阵。为了“合味原”能在竞争激烈的餐饮市场占有一席之地，褚浚可谓煞费苦心，好在“合味原”的开张引进了赵红、何烨、陈刚等一批优秀的人才，再加上酒店出品味道很好，很快就打开了市场，在各大酒店的重重包围下，终于“杀出血路”、一炮打响！

这就是“合味原”的“前世”。

“合味原”在褚浚的苦心经营下非常“跑火”，在南昌名噪一时。正当褚浚开始享受成功的喜悦准备庆祝的时候，徐桂芬又做出了一个决定，把儿子调到煌上煌食品股份公司来担任总经理，准备接班。这对褚浚来说，是一次更大的挑战和磨炼。

虽然在褚浚的内心深处对“合味原”恋恋不舍，不忍离开，几年的朝夕相处、呕心沥血、酸甜苦辣，“合味原”能有今天实属不易。但他不得不服从母亲的安排，2008 年回到煌上煌接任总经理一职，协助父母全面管理煌上煌集团下属的食品股份公司。

褚浚离开“合味原”之后，徐桂芬又先后换了两任总经理，“合味原”在风平浪静、波澜不惊中走到了 2012 年。

2012 年 12 月党中央出台“八项规定”，合味原积极响应，坚决贯彻落实“八项规定”精神。

面对新业态、新形势，“合味原”该何去何从？

壮士断腕，转型承包

2012 年酒店行业面临发展新常态，“合味原”迎来了前所未有的挑战。徐桂芬始终保持一颗冷静而坚定的心，并积极应对。为了激发煌上煌旗下的南昌“合味原”酒店、北京“合味原”、红谷滩“公望府”以及南昌的“美程”、“锦怡”等两家商务宾馆重现活力，徐桂芬决定把旗下的“美程”和“锦怡”这两家宾馆承包出去。

当时任职总经理陈刚听说“美程”“锦怡”的两家宾馆要承包出去，主动找到徐桂芬，称要连同南昌“合味原”酒店一起承包，提出两家宾馆共交 40 万元，酒店交 10 万元，也就是三家店每月承包费共计 50 万元。而当时这两家宾馆，不包括“合味原”在内，有人出价以每月 54 万元承包，并逐年递增，徐桂芬都没答应。

作为董事局主席的徐桂芬要顾全大局，对于这三家店也没有精力去打理，就对陈刚说："我给别人承包也是给，并不是看谁出钱多少，考虑到你在这里已工作了十年，你要承包也行。"

双方在达成意向后草拟了一份合同，并且让陈刚修改。结果，几天后早上陈刚就犹豫了，合同不签了，还要修改。

徐桂芬打心眼里想要扶持陈刚这批年轻人独立创业，只要他把“合味原”品牌做大、做强就行。当时，徐桂芬已经以很优惠的价格同意给陈刚承包，但陈刚得寸进尺，三番五次失信，这让徐桂芬很无奈。

徐桂芬下了最后通牒。最终，陈刚又提出要修改合同，徐桂芬只能言出必行，把两家宾馆以 54 万元一月的价格承包给了另外一位有宾馆管理经验的老板。

陈刚颇有微词，对外说徐桂芬无情无义，说他在“合味原”工作了十年，机会并没有给他。徐桂芬当面对陈刚说:“机会给你了，是你缺少诚信，没把握住！”

陈刚没有承包到两个宾馆后，自然有些情绪，总觉得自己在“合味原”工作了十年都没有等到这个机会，便把失败的原因都推到了徐桂芬身上。

陈刚一方面继续在“合味原”三天打鱼、两天晒网，另一方面偷偷在外面找店面，准备自己开餐馆。在他准备离开“合味原”之前的三个月时，他还向徐桂芬提出了一些建议：提出要转型以“铁板烧”为主，从高端酒店转变为低端酒店，取名叫“合味 ++”。徐桂芬采取了他的建议，毫不犹豫投入几十万元装修，准备转型。装修还没完成，陈刚就提出要自谋出路，声称自己的店面已经装修好了，准备开张。这时徐桂芬才醒悟，原来陈刚早有预谋，怪不得很少看到他在酒店，即便出现在酒店也是一身沾满石灰。

徐桂芬自然知道陈刚正在装修自己餐馆，也能理解他准备独立门户的打算。天要下雨、娘要家人，拦也拦不住。既然他要走，心不在这里，那“你走你的阳关道，我过我的独木桥”。

最让徐桂芬头痛的是，餐饮行业门槛低，尤其是厨师队伍，潜规则很多。比如一个店的厨师长除了抽取“拜师费”提成外，还会利用职务之便，培养很多厨师，等厨艺娴熟后，再把这些“学徒工”输送到南昌各餐馆当厨师。“老的走后新的又来”自然就成了厨师长的培训学校，这种循环现象会导致出品质量不稳定。

陈刚离开之后不仅另起炉灶开了十多家酒馆，同时也带走了一批有经验的厨师。一年多后，之前留下的一名厨师王东也提出要离开，徐桂芬再三挽留，王东只有跟她说实话，他已经是陈刚的合伙人了，现在必须要归队。

徐桂芬这才恍然大悟，才知道酒店行业的“潜规则”。

二、度尽劫波今犹在

昔日车水马龙生意红火的景象荡然无存，大伤元气之后的“合味原”还能恢复往昔门庭若市的场景吗？

拆东补西，一片狼藉

就在“合味原”经济效益急剧下降、面临亏损的状况下，酒店的原管理团队和骨干不是抱团取暖，而是纷纷辞职。原酒店总经理陈刚带着一帮厨师和前台管理另起炉灶，“合味原”仅剩下王东一个老厨师。曾经独树一帜的煌上煌“公望府”－赣菜高端品牌酒店，也因为没有转型之路无奈关门停业，两家商务酒店不得不进行外包经营，最后只剩下北京“合味原”和南昌“合味原”相依为命，苦苦支撑。

这一年，徐桂芬的小女儿褚琳刚从新西兰大学毕业回国。徐桂芬决定让毫无管理“实战”经验的女儿褚琳担任合味原酒店管理公司的董事长，有意锻炼她在面对危机时渡过难关的能力，但是未能达到预期目标。好在食品主业长子褚浚已经顺利接班，武功山产业在徐桂芬的主抓下也基本理顺，否则面对如此压力，真要压垮。

徐桂芬只能孤军作战，重新招兵买马，为“合味原”酒店招聘了新的总经理李兵。从 2012 年底到 2014 年，这两年间，整个高端餐饮行业都在做转型升级的答卷，合味原能在李兵的经营下虽然利润不高，能扭亏为盈的确不易。但后来李兵经常沉迷于棋牌，无心工作。当徐桂芬询问为什么婚宴销售有所下降，菜品的出品也常常不够稳定。李兵就找出各种客观因素：现在婚宴全部都到高端宾馆、大酒店去了，认为要走平民路线，要把

富丽堂皇的酒楼大堂

酒店重新改造成中低端酒楼。既然是大势所趋，高端酒店不好做那就做中低端，徐桂芬觉得既然李兵在管，就要相信他，便同意了他提出的装修要求，全盘交由他负责。结果就在一楼用餐区拆得一塌糊涂之时，李兵自知能力有限，不辞而别。

徐桂芬的家就在“合味原”酒店的对面，中间仅隔着一条马路，每天早上她从家里出来都要路过酒店，看到酒店一楼 1000 多平方米用餐区被拆得满目疮痍、一片狼藉，顾客无法进门的景象，她心乱如麻，还好迎宾大堂没有拆，每天都在考虑大堂拆与不拆中纠结着。

直到有一天，当看到富丽堂皇的大堂正准备拆掉时，一位好心人跟徐桂芬建议说，你考虑清楚了？这一带都没有承接宴席的地方，你这个大堂是有优势的。

这句话仿佛给徐桂芬注入了一支镇静剂，让她从痛苦的煎熬中一下子清醒了，婚宴方面，在南昌很难找到这么大的场地，如果装修改良成街头小店模式、天天与小店打价格战，就失去了原有承接宴席的优势。

当时一楼大堂被隔成了一条“小巷”，其他楼层继续营业、苦苦支撑。这个大堂不拆了，痛定思痛，徐桂芬决定：重新招聘总经理！恢复“合味原”原貌！

整洁明亮的酒店后厨

当作出这个决定后，就像一个孩子失去后又被找回来，徐桂芬终于如释重负。

合味原当务之急：一、需即刻装修完工；二、寻找合适的酒店总经理。

徐桂芬拜访了南昌一些知名的餐饮行业老板后，其中有四家业界人士想与“合味原”合作，但有的人觉得煌上煌是一家上市公司，是一个大品牌，不敢贸然来接管。虽然作为煌上煌集团董事局主席的徐桂芬，但在餐饮行业就像一个“小学生”，她诚恳地向有经验的业内人士请教。

“赣菜故事”，再起波澜

还记得在二十年前刚创办煌上煌时，为了寻找卤制秘方，徐桂芬挨家挨户跑遍了南昌的大街小巷。这次“合味原”受创，她再次拿出当年创办煌上煌时的劲头，足迹踏遍了南昌的各大餐馆。与二十年前所不同的是，在煌上煌刚起步时，徐桂芬的名字还无人知晓，而如今，她已因煌上煌而声名远播、在江西人尽皆知。

在拜访了南昌很多知名餐饮店的老板后，赣菜故事的老板向徐桂芬抛出了橄榄枝，表示愿意接管合味原。徐桂芬很真诚地说：“我太累了，不想做了，这个酒店也是积累了十年的品牌，在南昌有很好的影响力，我想只要保留合味原的品牌，其他条件都可以谈。”

赣菜故事是南昌一家平民消费连锁餐饮，以赣菜和平民消费赢得了市场。赣菜故事的老板建议合味原做一个中端市场。这对徐桂芬来说正中下怀，她一直想做一个高端品牌、中端消费，以低利润、低毛利来吸引消费者。赣菜故事的老板更看好合味原品牌沉淀十年的地段以及合理的租价和条件。

双方谈得很愉快，很快签订了合同和承包条件。

就在双方已达成合作，赣菜故事的老板开始动工装修一楼之时，没想到半路杀出一个程咬金，出去创业的老板陈刚又跑来找徐桂芬，要求承包合味原，并且，他这次“回心转意”称愿意继续用合味原的品牌。原来，当他看到“赣菜故事”的老板要接受受到启发，也觉得继续用“合味原”的招牌更有优势，这个品牌毕竟已有十年的沉淀。之前因为陈刚要为酒店更名，徐桂芬才没有把酒店承包给他。

其实，陈刚主动请缨，徐桂芬是既高兴、又无奈。为什么这么说？因为陈刚曾经就是“合味原”的主厨，也是“合味原”以前的总经理，在“合味原”工作过十年，对酒店的一草一木都非常熟悉。陈刚离开“合味原”后自立门户，也经营得红红火火。虽然之前的种种原因让双方产生了隔阂，但是从对合味原的感情和管理方面，善良的徐桂芬认为陈刚会更明白，更熟悉，也更能体会徐桂芬对合味原所投注的心血与期望；同时对陈刚也算是一种补偿。

但徐桂芬又感到左右为难：“我已经跟赣菜故事签了合同，你半路又说要来接管，于情于理都说不通。”

其实，早在还没有和“赣菜故事”的老板签订合同之前，徐桂芬通过一个朋友牵线同意把“合味原”承包给陈刚，却因为他坚持要把“合味原”的招牌换掉，徐桂芬割舍不下“合味原”这个注入了心血培养长大的“孩子”，坚决不同意更名。

十五年来，“合味原”可以说是渡尽劫波。

记得“合味原”刚开时，请了一个南京的总经理陈小东。陈小东来了以后，由于后厨的菜出品好，客人一天比一天多。大约半个月后的一天，晚上十二点多，徐桂芬突然接到他打来的电话说辞职不干了，并说他已经在去南京的路上了。

眼看马上就要到春节了，陈小东不辞而别后的第二天，徐桂芬与儿子同上阵，并临时把郑淑萍调到“合味原”来帮忙。郑淑萍就像一个“救火员”，做事雷厉风行，执行力超强，徐桂芬指到哪里，郑淑萍就打到哪。记得褚浚负责出品窗口，徐桂芬负责前厅、郑淑萍负责后勤等，三人兵分三路，协调作战，总算让“合味原”起死回生。

在这个节骨眼上，徐桂芬又聘请了赵红担任“合味原”总经理，但因春节前期她无法上任，需要到春节后才能到岗。在赵红的推荐下，何烨、刘涛两人被引进“合味原”，一个负责点菜，一个负责前厅。之后，赵红春节后到岗上任酒店总经理后，当时褚浚是董事长，把“合味原”做到了在南昌家喻户晓。再后来，赵红也独立门户，并带走了几位得力干将。紧接着，“合味原”又招聘了一位总经理，没过一年也离开了。这时徐桂芬把负责后厨的陈刚任命为总经理。

这就是合味原前世。

但从徐桂芬的内心来讲，毕竟陈刚在“合味原”工作了十年，在餐饮行业也有着相当丰富的经验，由他来接管“合味原”自然是更合适的人选。最主要的原因是，陈刚这次同意继续用“合味原”的名字。

看到曾经的老员工又回来了，徐桂芬很高兴。但现在已经和“赣菜故事”的老板签了合同，她又感到很为难：“我是很看好你的，也很想交给你去做，但我不能言而无信跟人家毁约。”

“如果你把这个合同作废，我愿意出 100 万元赔给‘赣菜故事’的老板作为补偿。”陈刚信誓旦旦地说。

一边是自己曾经的老员工，一边是餐饮行业的老朋友，徐桂芬不希望任何一方吃亏，就对陈刚说：“要不我来做个中间人，也不要你出 100 万元，你出 60 万元补偿给‘赣菜故事’的老板，我去跟他谈。”

在徐桂芬的撮合下，陈刚与‘赣菜故事’的老板约定了 60 万元的补偿费并索取了账号。约定转款的日子过后陈刚却一直没有把钱付给对方。原本徐桂芬想让双方都尽可能地减少损失，让陈刚少出 40 万元，让‘赣菜故事’的老板得到违约的补偿。然而，徐桂芬的好心被当成了“驴肝肺”。

“你不讲信誉，约定了 60 万元却不付款。”徐桂芬质问。

“我是来帮你渡难关的。”陈刚振振有词。

由于陈刚的不守信誉，徐桂芬下定决心不把“合味原”交给他，而是再次找到“赣菜故事”的老板。结果，“赣菜故事”的老板经过这次合同的违约，也心灰意冷不想再接这个“烫手的山芋”。

且不说之前因承包两个宾馆的事两人闹得不欢而散，这次陈刚承包“合味原酒店”也是翻来覆去、优柔寡断，徐桂芬就是因为太重情义，才再次同意了他的请求。可以说，徐桂芬已经仁至义尽了。

而陈刚因为没有如愿接管“合味原”，就在外面说是徐桂芬挖了个“坑”，让他们往里面跳。顿时，业内谣言四起，徐桂芬成了众矢之的……

百姓厨房，鼎力相助

从 2012 年到 2014 年，“合味原”可以说是“九死一生”。先是总经理赵红离开的时候带走了一批人，后是负责人陈刚离开的时候又带走了一批人，再加上李兵不辞而别后，酒店整个一楼用餐区拆东补西，一直处于半停业的状态，陆续又走了一批人，换了几任总经理。最后，仅剩下的一名厨师长王东也离开了，厨房一下子就没了领头的队伍。

“合味原”就像是徐桂芬的孩子，当她无力养大这个孩子想寄养给别人，甚至想送人时，命中注定连送都送不出去。既然送不出去，就只能自己来养。好在“合味原”还剩下最后两名老员工，其余都是临时招进来的，徐桂芬暂时把酒店交给两位老员工负责，自己则去找装修队伍和重新招聘总经理，并虚心地向同行请教。徐桂芬身上依然流淌着创业初期那股拼搏的热血，旁人劝徐桂芬年前重新开张是赶不上了，建议年后再来装修，徐桂芬一想，年后装修就要等到第二年五月份才能重新开张。她下定决心无论如何都要在年前让酒店开张，其一是因为年前是销售旺季，其二是不让别人看笑话。

只要是南昌有名的餐饮行业老板，徐桂芬都一一去拜访请教，甚至连未能成功合作的“赣菜故事”的“军师”周良军，她也去主动拜访取经。当徐桂芬一五一十地将之前与“赣菜故事”的老板合作之事和盘托出后，得到了周良军的支持和指导，大家化敌为友。

“百姓厨馆”是南昌一家知名的餐饮店，老板是一位女性，也是徐桂芬很敬佩的一位大姐。在拜访“百姓厨馆”时，徐桂芬内心还有些忐忑，担心人家不给面子。没想到，那天虽然只有老板的女儿在店里，但还是很热情地接待了徐桂芬。

“我是来拜访你母亲，向你母亲请教的。”

得知老板出差去了，徐桂芬直奔主题，这也是她的个性，说话不喜欢拖泥带水。

对方得知了徐桂芬的来意后，连忙拨通了母亲的电话。

“李大姐，我是煌上煌的徐桂芬，专程来拜访您，我遇到了一些难题，想向您请教。”

双方在电话里聊得很愉快，并约定了见面时间。

“百姓厨馆”的老板比徐桂芬大两岁，她言而有信，出差回来后专程来拜访徐桂芬，把餐饮行业的管理经验毫无保留地告诉了徐桂芬，得知“合味原”目前急需装修等艰难境况后，还推荐了一个有经验的装修团队。

眼看年关将至，“合味原”还是一盘散沙，一个个的“拦路虎”挡在徐桂芬的面前：酒店的装修还没有着落、女儿褚琳才刚生完孩子在家休息，总经理也还没找到合适的人选……

面对一个个接踵而至的问题时，徐桂芬每天绞尽脑汁，突然想到了王东推荐的一个总经理人选——何烨。

三、“三军过后尽开颜”

2004年，“合味原”在褚浚的经营下如日中天，也就是在这一年，“合味原”新招了一名前厅部经理何烨。让我们把时间追溯到“合味原”的前世……

“三顾茅庐”，女将挂帅

前面我们讲过，在2009年，时任“合味原”的总经理赵红离开时带走了一批人，这其中，就有何烨。何烨有魄力，做事非常踏实，后来因为与当时“合味原”的总经理关系不融洽，才迫不得已离开酒店。

已在“合味原”工作了六年的何烨在餐饮行业积累了一定的经验，后来在外又锻炼了几年，离开赵红后她自立门户，与丈夫在南昌开了一家小餐馆。直到2016年11月的一天，“合味原”的厨师王东突然找到何烨：“徐主席想请你回去。”

没错，王东向徐桂芬推荐的人，正是当年的前厅经理何烨，她有着十多年的酒店管理经验，并曾在赵红开的酒店担任过副总经理。

王东为什么会推荐何烨？因为当年他们在一起共事几年，总经理赵红基本上是“甩手掌柜”，很多事情都是由何烨在亲自打理监管。王东推荐何烨的目的也是为了方便自己脱身。徐桂芬对何烨曾经在“合味原”的表现、做事风格以及能力很认可，一直想要请何烨回来。当年何烨跟着赵红离开酒店后，徐桂芬也觉得未能挽留很可惜，得知何烨已离开赵红并自己当了小老板后，一天晚上8点多，徐桂芬亲自来到何烨的餐馆登门拜访。

看到几年未见的徐主席亲自登门，何烨受宠若惊、非常高兴。两人的话题自然离不开“合味原”。徐桂芬跟何烨聊到酒店的近况，以及自己血糖和血脂偏高的身体状况，言语间表达了希望何烨能与褚琳携手合作，共同恢复“合味原”的昔日辉煌。

看到曾经意气风发的徐主席憔悴了许多，何烨的心情很是复杂，一方面无法抗拒，一方面又于心不忍。可她还是拒绝了徐桂芬的邀请，艰难地从嘴里吐出话语：“徐主席，我和丈夫商量好了，先把这个小店经营好，我真的去不了合味原，很感谢您的信任。”

徐桂芬看何烨这么坚定，只好说：“小何，那你帮我找找人。”

何烨出于徐主席对她的那份信任，帮忙找了三位业界有经验的人士，但得到的答复都是如出一辙：合味原的场面那么大，近几年的经营状况都不乐观，很难在短时间内扭转乾坤，推荐的人完全没有信心，说拿不下来。

事隔一周，徐桂芬再次来到何烨的小店发出邀请：“何烨，你有什么条件跟我说，你的小店可以盘出去，你和丈夫也一起到‘合味原’工作。”

看到徐主席这么大年纪一趟趟地来到自己的小店，何烨已经不忍再拒绝了，语气也缓和了许多：“我先把店里的事情处理下，给我点时间再考虑下。”

徐桂芬离开后，何烨找王东要求看“合味原”近两年的财务报表。结果一看报表，情况比何烨想象的更糟糕，整个经营状况是负数。并且，随着管理人员的不断流失，完全看不到当年她在“合味原”时的辉煌。今非昔比，“合味原”看不到任何希望。

“我真的去不了。”何烨再次拒绝了徐桂芬。

没过多久，徐桂芬第三次邀请何烨去南昌的“巴渝风”见面，话题还是“合味原”。面对徐桂芬的“三顾茅庐”，这一次，何烨最后的防线彻底被击垮了，哪怕是“龙潭虎穴”，她也要勇敢去闯一闯，只为了不辜负徐主席对她的那份信任。在徐桂芬的三次邀请下，何烨空降“合味原”，挂帅总经理一职，褚琳担任几家酒店的董事长，徐桂芬则当总指挥，亲自“坐镇”。

正所谓：三个臭皮匠顶个诸葛亮。三个女人联手能使“合味原”东山再起吗？

母女同心，峰回路转

徐桂芬让女儿褚琳担任酒店董事长，就是为了给女儿加压，有意培养她，让她在这个位置上向有经验的同行们学习酒店管理。徐桂芬认为，要给年轻人锻炼的平台和机会。在她看来，那年女儿褚琳二十多岁，人不是生来就什么都会，都是在“干中学”、“学中干”，在理论结合实践中慢慢积累经验，由外行变内行。对女儿能否胜任董事长一职，徐桂芬充满信心和希望。

褚琳从新西兰留学回来后临危受命，按母亲的旨意从基层做起，重新把红谷滩的“公望府”酒店开张营业,并把“公望府”高端餐饮改名为“合味原渔市”。自“合味原渔市”开店之初，褚琳遇到不少非议和压力，一是来自酒店内部员工对她能力的质疑；二是大家觉得红谷滩的地段较偏、人气不旺,加上这条街一直被人戏称为“腐败一条街”,名声不好,担心“合味原渔市”开不下去。褚琳在母亲和外界的双重压力下，不得不走马上任董事长一职。

褚琳上任“合味原渔市”董事长后，在母亲手把手的教导以及跟同行学习的过程中成长得很快。虽然之前外界对她的能力有所质疑，但是褚琳坚持自己的经营理念，认为“合味原渔市”地处南昌市红谷滩新区，又靠近赣江边，具有得天独厚的地理优势和优美的环境，酒店附近就是大居民楼盘“联泰”，是去高铁站的必经之路，具有庞大的消费市场。褚琳认为，只要口味佳、价格合理，自然有客人来。

果不其然，“合味原渔市”在褚琳的经营下，生意渐渐有了起色。

一天，徐桂芬如往常一样来到被拆得支离破碎的“合味原”酒店，看到酒店的销售老员工正在大堂，就询问酒店近况。徐桂芬几次三番强忍着眼泪:“眼看还有五十几天就过年了,酒店如果不装修好,我这个年怎么过?错过了旺季，再装修就又要等半年才能开业……”

两人正说着，透过大厅的玻璃门，徐桂芬看到女儿褚琳正向“合味原酒店”走进来。此时，徐桂芬连忙起身拉着女儿到对门巴渝风大堂，把忍住的眼泪全倒出来，一边哭一边数落女儿不成熟，没有给母亲挑担子。

为了“合味原”酒店，徐桂芬已经很长时间没有睡过一个好觉了，再加上这段时间马不停蹄地拜访，连嗓子都是沙哑的。

女儿的到来仿佛给徐桂芬注入了一支“安慰剂”。徐桂芬与女儿促膝谈心：“妈妈不愁吃、不愁穿，为什么还要这么辛苦？如果你能够独当一面，妈妈也不会为酒店这么操心。妈妈不是缺这个钱，就是想争一口气。”

褚琳从国外留学回来后，第一次受到母亲的责怪，第一次看到母亲为合味原痛苦流泪，这是徐桂芬创业以来第四次伤心痛苦流泪。看到母亲憔悴的面容，褚琳深感重担在肩，无比心疼母亲。原来，在母亲看似强大的外表下，却也有着一颗脆弱需要安抚的心。

褚琳自从被母亲“数落”了一番之后，感觉人都变了，长大了、成熟了。褚琳开始虚荣心学习母亲身上吃苦耐劳的精神。每天早上 7 点就到酒店去验货，并亲自到农贸市场去选购原材料，从每一颗菜的筛选到每一样调料的辨别，褚琳知道，只有自己能够独当一面，能够胜任酒店董事长一职，才能帮母亲分忧。

看到母亲这么一把年纪了还在为酒店的事牵肠挂肚、劳心伤神，褚琳的心比母亲更难受。

按说从小养尊处优的褚琳是父母的掌上明珠，是富家的“千金小姐”。但是，在褚琳身上却看不到一丝“千金小姐”的影子。这和徐桂芬严格的家教有关。对于三个孩子，徐桂芬夫妇从来没有富养，而是从小让他们在煌上煌锻炼。两个儿子在十几岁的时候经常背个小书包，跟在母亲身后走街串巷去跑市场，女儿从小虽没有儿子吃苦多，但与其他富家女儿比还算优秀的。三个孩子深知母亲的艰辛不易，都各自担负起了煌上煌的重任。

而褚琳为了“合味原渔市”，几次晕倒在地，但她不敢对母亲说，怕母亲忧心。母女二人同心协力，各自承受着巨大的压力，都希望能为对方分忧解难。褚琳为了帮母亲分忧，看到被拆得一片狼藉的“合味原”亟待装修时，主动协助母亲收拾残局，寻找装修队伍。

眼看年关将至，逢年过节是各大酒店打“翻身仗”的绝佳黄金时机。心急如焚的母女俩一趟趟地找了很多装修公司，想要在年前的四十五天完成装修，得到的回答都是：不可能！

稻盛和夫在《干法》一书中写道：当你抱着产品睡的时候，当你竭尽全力的时候，“神灵”将会现身。他在书中表达的寓意是，只有抱着强烈的愿望，只有使出浑身的力量，懒得动弹的“神灵”才会出手相助。

一天晚上，当母女两人又是垂头丧气来到合味原酒店大厅，就在母女俩束手无策的时候，仿佛一道灵光显现，徐桂芬突然想起在拜访“百姓厨房”时，李大姐当时给的一个装修团队的电话。在拨通了这个“119 救火”的电话后，设计师当晚八点就赶到了“合味原”。“百姓厨房”酒店的设计装修，就是这个设计师的杰作。

装修后的合味原印象酒店一楼用餐区一角

这个设计师是某师范大学装修设计系的教授，他利用业余时间帮人装修设计，他的手下有一支熟练的装修队伍。经过四十天的日夜奋战，“合味原”酒店一楼营业场所终于在 2014 年 12 月 24 日装修完工。在徐桂芬的身上，有一种化腐朽为神奇的力量，即便是隔行如隔山，她也能由外行变内行。这和她善于学习、虚心请教、放下身段是分不开的，也是她为什么能一次次地翻山越岭、迈过艰难险阻，走向成功辉煌的其中一个因素。

当装修一新、富丽堂皇的“合味原”一楼装修完工后，同时把二楼到六楼都同步翻新了，业内很多人士都对徐桂芬伸出了大拇指：“真佩服这个强女人！”

甚至连身边很多观望的业内人士都说：“真佩服这个老太婆！”

正所谓，渡尽劫波情义在，相逢一笑泯恩仇。陈刚虽然对徐桂芬有误会，但对她还是充满了感激之情，每年春节，他都带着曾经“合味原”的老员工们到徐桂芬家里来拜年。去年春节，陈刚特意快递送来一大束鲜花给徐桂芬，卡片上写着：祝愿徐主席新年快乐！

看到这束芳香四溢、姹紫嫣红的鲜花，徐桂芬也在心底默默地祝愿：陈刚的道路愈走愈宽广，事业也愈来愈红火。

娘子军团，力挽狂澜

就在“合味原”酒店装修接近尾声时，合味原酒楼更名为“合味原·印象”，为的是让顾客永远记住“合味原”这个曾经辉煌的赣菜老店，同时也标志着合味原继续打造餐饮连锁营之路的信心和举措。随后，何烨在完工前一星期到岗，很快就把装修的酒店一楼收拾得井井有条，准备盛大开业，何烨的到来使徐桂芬如虎添翼。女儿褚琳挂帅红谷滩“合味原渔市”兼任董事长，何烨挂帅丁公路的“合味原酒店”，担任总经理，两员女将犹如徐桂芬的左膀右臂。

其实，当时王东推荐何烨时，徐桂芬对于何烨充满信心，但业内人士担心何烨，因为毕竟她离开“合味原”七年了，发生了很多变化。再加上“合味原”的规模又这么大，以及这几年总经理的频繁更换，“合味原”可以说是千疮百孔。

并且，徐桂芬与何烨彼此并不太了解。玉瓷之石、金刚试之，何烨能胜任总经理一职吗？

直到2016年底，当时“合味原·印象”的经营状况是每天营业额只有两三万。有的员工发了工资就不辞而别，有的大堂经理收了客户的订金就装入自己的腰包，还有的员工整日泡在麻将桌上……总之，人心涣散。

为了改变这种局面，何烨暗暗给自己定下目标：要在半个月之内扭转僵局，既然来了，已无退路，绝不要辜负徐主席的信任。任职的第一天早上，徐桂芬主持会议介绍完新的总经理到位后，何烨就立即进入工作状态。开始重点抓经营，找到宴席进不来的原因。下班整文案、建机制、找老员工沟通，尽快地了解管理的病灶所在，对症下药。当时下已距2017年的春节不到10天的时间，是餐饮业人员最动荡，员工无心上班的困难时期。在小年开业时期，徐桂芬来亲自坐镇，也给何烨巨大的动力。在得知“合味原·印象”需要人手打扫卫生的情况下，徐桂芬二话不说立刻“遥控”指挥，从煌上煌集团总部调来人手协助何烨。

在徐桂芬的支持下，何烨信心百倍，放手施展，大胆地导入新的管理理念。让她感到欣慰的是，在管理团队的过程中，大部分的员工还是想用心做事，愿意留下来继续工作。酒店的团队稳定了，市场的开拓从哪入手？何烨想到了曾经共事的一个女友——马红英。

马红英曾经在何烨手下工作过，对承接酒店宴席很有经验，她对何烨很了解，两人以前在工作上配合很默契。马红英走马上任“合味原·印象”营销经理后。褚琳、何烨、马红英，三员女将经常在一起交流酒店管理经验，探索发展思路、研究经营措施。通过近一个月的艰辛付出，方法得当后，宴席一笔笔就接进来，酒店每天门庭若市，在 2017 年 1 月份取得了高额的业绩收入。

正所谓：世上无难事，只怕有心人。“合味原渔市”在开业三个月后，依靠平价海鲜和独特口味，终于车水马龙、扭亏为盈。然而，就在“合味原渔市”稳步发展之时，一件意想不到的事情发生了……

2017 年 4 月的一天，因为“合味原渔市”以前的老店长管理松散，褚琳与何烨商量后决定招聘一位新店长。老店长一时接受不了“下课”的结局，便谎报军情，在当天晚上有宴席的情况下，给酒店所有的员工放假一天。到了下午，褚琳看到酒店只剩大堂一名服务生留守，晚上的十几桌酒席怎么办？情急之下，连忙与何烨商量对策。两员女将马上调兵遣将，从丁公路“合味原”调了几十名服务员过来应对晚上的宴席。因为“合味原”当天也有酒席，临时抽调了“兵马”让“合味原”的生意也受到了影响。

在人手不足的情况下，当天晚上褚琳和何烨亲自上阵，两人换上服务员的服装帮忙跑堂端菜，一直忙到晚上 12 点，并商量接下来的对策，总算度过危机。

这一天离刚刚理顺、步入正轨的合味原印象不到一个月的时间。两个女人从繁忙的事物还未抽出身来，看到合味原渔市大厅里剩下的残羹冷炙，想到今天所发生的“员工罢工”事件，不禁黯然神伤，悲从中来，两人彼此拥抱，痛哭起来。对于女人来说，只有眼泪能立刻冲洗内心的伤痛。

在“战斗”的时候彼此鼓劲，在难过的时候彼此温暖，褚琳与何烨这对“难姐难妹”，为了“合味原”品牌，有福同享、有难同当，也增加了革命情谊。

至今，这件事褚琳一直没敢告诉母亲，她怕母亲为此担忧。只要是自己能解决的问题，褚琳都自己扛着。母亲已经六十多岁了，她不希望母亲再为“合味原”的事劳心伤神。褚琳在内心默默祈祷：“希望母亲健康快乐！”

“合味原·印象”在2017年的大年三十这天的营业额就高达30多万元，相当于以前几天的营业额。“合味原·印象”从陈刚手上的亏损，到李兵来时赚了100多万元，去年何烨来的第一年盈利就达到了570多万元，第二年达700多万元。

值得一提的是“合味原·煌盛”，徐桂芬为了培养年轻接班人，煌盛酒店从装修到开业全权由褚琳和何烨一手打造和策划，这对她们来说又是一次成长历练和挑战。在2018年5月28日“合味原煌盛”开业这天，徐桂芬特意穿上一件墨绿色的暗花长旗袍盛装出席，为女儿助力。这是褚琳与何烨交给徐桂芬的一张最好答卷！“合味原”从过去的门庭冷落到后来的宾客盈门，无不浸透了女将们的汗水和泪水……

就在“合味原酒店”渡尽劫难、九死一生后，命中注定徐桂芬就是个不安于现状的人，她又萌生了新的发展思路。

2018年5月28日合味原煌盛酒店正式开张

“合味原”的未来发展究竟路在何方?

“万里长征”,九死一生

2018 年 2 月 8 日晚上 9 点半,“合味原”的新春晚会在酒店举行。当穿着一身枣红色羽绒长裙、带着红围巾的徐桂芬喜笑颜开地出现在大堂时,酒店的几百名员工报以热烈的掌声。无疑,徐桂芬夫妇的到来,给所有员工们极大的鼓舞。

“合味原”从 2001 年“诞生”至今,已经翻山越岭走过了十五年的风雨历程。“爬雪山”、“过草地”,穿过荆棘,泅过苦海,风雨兼程……仿佛走过了万里长征。对于这一天,徐桂芬等得太久了。

十五年期待和希望,十五年的挣扎和煎熬,十五年的永不放弃,“合味原”这个命运多舛的“孩子”,穿过那些幽暗的漫长岁月,终于重振雄风,站在了浪潮之巅!那些被泪水和汗水浸泡过的峥嵘岁月,都在当晚的欢声笑语和觥筹交错的酒杯中烟消云散。

在多年创业的过程中,徐桂芬经历了无数次的绝境逢生和背水一战,也“幸运”地度过了一次又一次的危机和苦难,纵观她的创业生涯,时而“九死一生”,时而“冲锋陷阵”,时而“片甲不留”,时而在“枪林弹雨”中穿梭……每一次的“死里逃生”,无不是以向死而生的心态使出浑身力气去对抗拼搏。

所谓“幸运”,不过是她身体力行、倾尽全力去创造无限可能的结果。

“合味原”的发展史,以及它的兴衰成败,不仅是徐桂芬的个人奋斗史,也是这个行业的时代史诗。

“合味原”经历了辉煌与落寞,经历了人们生活水平的提高和在奔小康过程中消费观念的转变,经历了国企改制、私企承包,再到转型股份制的改革……那些在“合味原”的每一位员工、每一桩故事、每一个顾客……无不见证了中国餐饮业的每一步发展。而徐桂芬,则是敢于卧薪尝胆的践行者、推动者。

如今,“合味原”品牌旗下拥有合味原印象、合味原渔市、合味原煌盛、北京合味原四家酒店,共创造近 2000 个就业岗位,先后荣获“南昌十大亲民婚宴酒店”,“百家人气餐厅”,“杰出餐饮企业”等荣誉称号,已然成为以赣菜为特色,以婚宴为主题的大型酒店。近期,合味原迎宾店、合味原罗家集店也在紧锣密鼓筹建中。2018 年合味原酒店管理公司在合伙制的管理模式下，业绩和利润都比去年增长 20%，这些成绩的取得，与褚琳、何烨带领的团队齐心协力、奋力拼搏是分不开的。

“合味原”的成功不是偶然，而是必然。

在 2018 年 2 月 8 日“合味原”的新春晚会上，为了肯定成绩，徐桂芬没有上台，而是让褚琳和何烨上台为员工讲话、抽奖、颁奖，她要让员工们明白：老板不是爱财的，老板是爱人才的。“合味原”的现在变革为“股份合伙制”，让员工当主人。“合味原”不是个人的，是“大家”的，是员工的。这一直是徐桂芬的未了心愿，她想要的是品牌，要想留住的是人才！

因为“合味原”十五年来走了太多弯路，好不容易才走到今天。

十五年的永不放弃，让徐桂芬等到了云开日出的这一天，“合味原”终于东山再起、再绽辉煌！

未来“合味原”的发展之路，将以打造一站式专业婚礼等各类喜宴、零点家宴、商务宴请大型社会餐饮、走国际化品牌发展的之路。

不谋全局者，不足以谋一域；不谋万世者，不足以谋一时。作为煌上煌集团董事局主席的徐桂芬，在度过了“武功山”的至暗时刻、走过了“合味原”的长征之路后，又壮志雄心地踏上了煌上煌的新征途！煌上煌的“未来之战”即将拉开历史的帷幕……

第十一章

真人本色，“铁娘子”的侠骨柔肠

在煌上煌上市并传棒到新一代的领导人褚浚之后，身为集团董事局主席的徐桂芬即便到了六十多岁仍然希望能为企业“保驾护航”。在她外表看似女强人的背后，内心却是一个情感极其丰富充满激情的人。“刀子嘴豆腐心”的徐桂芬说话直言不讳、爱憎分明，从不掩饰自己的喜怒哀乐，她的面容就像一个“晴雨表”。

正因为徐桂芬个性鲜明，对人毫无戒心，知无不言、言无不尽，才让人对她心生敬畏、又爱又恨，就像“演员的诞生”中圈粉无数的明星评委说过的：你是什么水准，我就是什么脸色！

一、家和万事兴

古人云，修身齐家治国平天下。温馨和睦的家庭比成功的事业更重要。家庭需要的是奉献，而不是一味索取。家庭的幸福，来源于每个人要承担起自己的责任，在家庭中扮演好自己的角色。

在企业，徐桂芬是叱咤风云、说一不二的“铁娘子”，但在家里，她是孝顺的女儿、贤惠的妻子、操心的母亲、慈祥的奶奶……只要找准自己的位置，生活处处是风景。

父母离世，往事如昨

在徐桂芬看来，一生努力奋斗的初衷就是为了让家庭幸福，倘若因事业而影响了幸福的家庭生活，那就本末倒置了。家和万事兴，人生中最重要的就是家庭。作为一个女企业家，她是如何兼顾事业与家庭之间的平衡？

家庭幸福、事业有成，才算是一个真正意义上的成功女性。这是徐桂芬作为一个女企业家的心声。和许多工作起来就忘了家庭的女强人不同，她对家庭的经营更为重视：“一定要保持一个完美和谐的家。”

徐桂芬的家在南昌恒茂花园小区，约 240 平方米的房子布置得很简洁，没有什么特别奢华高档的家具。客厅里一进门，抬头可见餐桌上方“家和万事兴”几个书法大字格外醒目。

和谐的家庭是创业成功的基础。有人说，成功的男人背后一定有个贤惠的女人，而成功的女人背后一定有个坚强的男人，褚建庚就是徐桂芬背后那个为她遮风挡雨的男人。事业上的成功很重要，但家庭的成功更重要，徐桂芬深深地爱着她的家庭，深深地爱着家中的每一个人：“我是女人，女人的一生，要为人女、为人妻，为人母。在职场上，我要做好一个指挥若定的勇将；在生活上，我将更多的是一位温柔的妻子、慈祥的母亲，我要将女性特有的爱献给家人，献给员工和社会。只有事业和家庭都成功，才能算是一个完美成功的女人，否则称不上。”

作为女儿，对于父母和公婆，徐桂芬有太多的无奈和辛酸。创业初期，父母给予了她很大的支持和帮助，那时丈夫褚建庚还没有“下海”到煌上煌担任总裁，每当徐桂芬的哥哥和弟弟不听话，父亲总会拿褚建庚来进行比较，夸女婿懂事能干，称褚建庚将来一定会有出息。

徐桂芬与父母外出旅游合影

虽然企业在连锁加盟时父母强烈反对，但是随着褚建庚连锁加盟的战略，企业随之做大做强，父母最终理解了女儿。让徐桂芬难过的是，为了让父母安度晚年，依照父母的心愿，她专门买了一套可以晒到太阳的大房子，可房子刚装修好，父亲一天也没住就离世了。

每当回忆曾经与父母生活的点点滴滴，徐桂芬的心就一阵阵地刺痛，在她的记忆深处，永留着这样一幕幕场景：

十四岁时，父亲被红卫兵反绑着胳膊押回家找“变天账”时，父亲看她的眼神中那种五味交织的复杂感情，无奈、欣慰、惭愧、期望……

十七岁，母亲背着她从村子里走到县城看病，用 9 分钱买了一碗飘着零星葱花的素面条让她补身体，自己则在一边疼惜地看着女儿狼吞虎咽地吃完……

十九岁，母亲把一只舍不得吃的下蛋母鸡杀了祝贺女儿生日。看到站在一旁眼巴巴盯着的弟弟妹妹们，徐桂芬最后和大家一起把鸡肉吃了……

二十三岁，父亲为了女儿的婚姻瘦了一圈，因徐桂芬不愿意嫁给那个退伍军人，父亲对她大为恼火，和父亲同样倔强的她，则故意打破了父亲视为命根的酒罐，在父亲的打骂声中逃出了家门……

二十四岁，家里借了五十元钱作为陪嫁，一个被子，一个破箱子……

三十岁，徐桂芬不仅患了急性肝炎，还得了卵巢囊肿。记得她刚被推出手术室的时候，蜡黄的脸色让父亲心疼。父亲第一句话就说要好好补充营养。手术后，父亲把她接回娘家精心调养。

四十四岁，父母因企业管理变革与徐桂芬夫妇彻底闹翻，父亲的怨恨，母亲的责怪……在企业与亲人之间的冲突中，母亲因无法化解家人之间的矛盾而整天以泪洗面……

太多关于父母的记忆，只有在夜深人静的时候，徐桂芬才禁不住去回忆。当她每次走在街上或住宅小区，看到踽踽独行的老年人，就会莫名地很心疼，总觉得父母离开得太早了，很多关于父母的往事就会涌上心头……

记得父亲在还没有摘掉“黑五类”的帽子时，每个月靠干脏活累活能赚 30 元钱。赚到钱父亲就骑着一辆破自行车到奉新乡下去看妻儿。徐桂芬每次都盼星星盼月亮，盼着父亲带来的猪头肉打牙祭。现在回想起来，才发觉父亲是一个非常有责任心的人。父亲在十个兄妹中是长子，哪怕家里再穷，他都要每个月拿五元钱给父母，其他兄弟姐妹但凡有需求，他都是能帮则帮。虽然父亲对子女要求非常严厉，但是他省吃俭用养育了八个子女，一辈子为子女们操心劳碌。

现在回想起来，徐桂芬觉得有很多曾对不起父亲的地方，虽然她永远没机会弥补了，但是在父亲患癌离开人世的前两个月，徐桂芬专门为父母亲办了一场“钻石婚”，当天请了很多亲戚朋友，摆了二十多桌酒席。那天父亲的精神状态特别好：“丁丁好有良心，花钱给我买快乐。”

父亲一辈子省吃俭用，连结婚、生子、过寿等人生大事都从来没有举办过，这次“钻石婚”让他第一次感到莫大的幸福。能花钱为父亲买来哪怕是短暂的快乐，对徐桂芬来说也是值得的，这是对父亲的一丝弥补和慰藉。

母爱如水，温暖一生

往事如烟，父母的身影时常萦绕在徐桂芬的脑海中，挥之不去。

徐桂芬总觉得父母在世上的日子太短了，每每都不忍去回忆：“小时候，因为兄弟姐妹太多，以为妈妈不喜欢自己，现在当我再回顾童年，想起妈妈很多往事，觉得妈妈是很爱我的。”小时候，母亲领了工资，就做‘泡泡纱’圆领衫给女儿穿，水红色的，很好看；徐桂芬在农村生病的时候，母亲背着她到县城去看病；父母在临终时给子女们分积蓄，每一分钱都是父母省吃俭用攒下来的……可如今，母亲也永远离开人世，再也不能尽孝了。当父母都去世以后，徐桂芬才发现留下了太多遗憾。

徐桂芬陪母亲到上海旅游

回忆与父母在一起的那些苦涩和甜蜜的岁月，徐桂芬感觉既温馨、又心酸。俗话说：父爱如山，母爱如水。老一辈人都是含蓄内敛的，不善于表达情感，甚至也不屑于表达情感，20 世纪 80 年代之前出生的人对此感受尤为真切，在那个没有计划生育，饭都吃不饱的年代，父母对孩子唯一表达爱的方式就是：要活下去！

这样深沉的父爱和母爱，只有在为人父母历经世事沧桑后，才会深深地触动心弦。

父亲“走”的时候 83 岁，可徐桂芬现在想起来依然心痛得不能自抑。父亲离世后，徐桂芬开始把更多的爱寄托在母亲身上，她深深地理解母亲的心，知道母亲并不是只希望看到她一个人尽孝心，母亲更希望看到全家人团聚和睦的场景。

于是，徐桂芬制定了一个规划，把兄弟姐妹们都召集起来，每年所有的节日都安排全家人聚会，比如春节在徐桂芬家，元宵节在大哥家，端午节在弟弟家……每次活动，徐桂芬都会精心安排，将聚会过程进行摄像刻制成光碟，这样做就是想让母亲知道，就算母亲有一天离开了，儿女们也不会忘记。

母亲在 86 岁的时候带着对家人的眷恋离开了人世，母亲离开之前，徐桂芬把一套房子的房产证拿到病房，当着母亲的面放到大弟弟的手里，因为她知道，母亲最放心不下的就是还没有房子的大弟弟。此外，徐桂芬还特意让褚浚带着女友去看望外婆，因为她明白母亲一直牵挂着外孙的婚姻，母亲最终安详地闭上了双眼。

作为儿媳妇，徐桂芬对婆婆有更多的愧疚。因为公公去世早，婆婆就一直在背后默默地帮着操持家务，带孩子、洗衣、做饭……婆婆性格刚强，曾在农业社担任过妇女队长，当年婆婆慧眼识珠，一眼就看中了聪颖利落的徐桂芬做儿媳妇，最后如愿以偿让儿子娶进门，与旧社会的婆婆不同，婆婆对这个儿媳妇百般担待。

后来，婆婆得了高血压，中风后也不能开口说话了，因为无法行走，只能整天坐在轮椅上。徐桂芬就把年迈的婆婆接到家里，像对待自己的亲生母亲一样专门请了保姆细心照顾。

还记得在婆婆去世的头一天，刚从欧洲回国的徐桂芬正巧和丈夫要去赣州张罗开业的事。第二天早上，婆婆用充满期待和无奈的眼神看着他们，见婆婆似乎身体不太好，徐桂芬就关切地问道："妈，你身体还好吧？如果感觉不太好，我们就不去赣州了。"

创业初期全家福

老人不愿给儿女们添麻烦。婆婆虽然无法言语但能听懂媳妇的话，她连连点头，但又好像有很多话想表达，用很无奈和期待的眼神看着徐桂芬夫妇。

见婆婆似乎和平常一样，夫妻俩也没多想，还是去了赣州。然而，刚到赣州就突然接到哥哥打来电话说，婆婆不行了，让他们赶紧回来。

回来看到正在吸氧已经处于昏迷状态的婆婆，徐桂芬悲痛万分，夫妻俩非常后悔去了赣州，后悔婆婆在生命的最后一天没有好好地陪伴在她的身边，婆婆去世时，徐桂芬特别难过："婆婆知我疼我，通情达理，在煌上煌前十年的创业中，三个子女都是她老人家一手带大的。我为事业成天在外奔波，孩子们的生活起居全由她操劳。尤其是女儿褚琳读幼儿园的时候，上课由婆婆接送，作业由婆婆督促。最让我感动的是在创业最困难的时期，每当我拖着疲惫的身子回家时，婆婆总是牵着孩子们在门口等我，为我热好饭菜，嘘寒问暖……让我想起小时候牵着弟妹去街口等候母亲下班的情景。"

连续奔波的徐桂芬因劳累以及伤心过度，在忙完婆婆的丧事之后就病倒了。这一次，徐桂芬整整病了一个多月，也就是这时候才查出来她的糖尿病已经很严重了。为了寄托哀思和表达孝心，婆婆去世后，徐桂芬夫妇专门在梅岭太平乡半山腰找了个风水好的地方让老人入土为安。这里确实是一块风水宝地。

当年，太平乡政府想招商引资，就想让煌上煌投资一个竹笋场，为了维护与政府的关系，徐桂芬就以比别人高出几倍的价格买了两亩地，办理了土地证，安葬了婆婆，周边山脚同样都是满山的坟，旁边还有一个福建人的骨灰堂。

当年，为了给当地的村民提供便利，煌上煌还为太平乡村民在上山路上修了一条公路，共花费七十多万元。结果，因为有个包工头之前拿到施工款不干活，又想再拿修路的工程项目，徐桂芬的大儿子没有同意，这个包工头就一直讹诈褚浚。再后来，这个包工头见讹诈不成，就向新闻媒体举报说煌上煌在山上修"豪坟"。

遭到媒体的报道后，太平乡的领导就让徐桂芬把婆婆的骨灰取出来迁到了公墓。这件事，让徐桂芬如"哑巴吃黄连——有苦说不出"。每当想起这些往事，徐桂芬如鲠在喉，不吐不快。好在后来徐桂芬收到了很多全国“褚姓”人家给她寄来的慰问信，称她是褚家的好儿媳妇，为褚家树立了好榜样、争了光，是褚家人的骄傲和自豪，总算得到了一些安慰。

恩爱夫妻，珠联璧合

无论是在集团还是在家里，夫妻俩堪称“绝配”，犹如“红花绿叶”交相辉映、缺一不可。

徐桂芬觉得只有家庭、事业都成功，才能算得上是一个真正意义上的成功女性。在公司，虽然她是董事长，但是在家里，丈夫永远是一家之主。

除了父母和公婆，徐桂芬最感恩的是一生的伴侣——褚建庚。记得刚结婚还没创办煌上煌时，褚建庚称得上是一个模范好丈夫。搞卫生、干家务活是一把好手，家里每天都被他收拾得干干净净，哪怕出差回来也是如此。直到现在每天早上徐桂芬起床后，褚建庚都习惯帮妻子把被子铺得平平整整，把地拖得干干净净。特别是在夫妻俩一起出差的时候，褚建庚总是默默地帮经常丢三落四的妻子收拣东西。在生活上，褚建庚也很节俭，对三个孩子都非常疼爱，从未打骂过孩子们。

关于煌上煌总裁褚建庚，曾经有记者这样描述“他自己是商人，却鄙视商人的唯利是图；他自己是富人，却鄙视富人的名缰利锁。他说自己弃政下海，核心动机和终极目标不是发财，而是为了实现自身价值；他是少有家财万贯而又洁身自好的民营企业家；他是罕见的只会赚钱、不会花钱的私企老板中的一个；他属于那种不爱张扬、很实在的成功人士，他又是那种忠诚的、非常职业化的企管稀缺人才。”

二十世纪九十年代初，褚建庚在国防工办开销售会从江西省内开到省外和大江南北，甚至开到了游轮上。那时，南方厂是最盛世的时候，褚建庚是搞销售的，他一年中只有三分之一时间在家，大部分时间在外面跑销售。别人从事销售赚钱，褚建庚从事销售“倒贴”，他把徐桂芬辛苦赚的钱，贴本去拉关系以此换取更多的资源，最终实现了企业业绩翻番的目标。

在徐桂芬眼里，丈夫不仅是个销售家，而且是个“外交家”。曾记得丈夫单位的“一把手”对徐桂芬夫妇很关心，甚至徐桂芬生病也来医院看

徐桂芬与丈夫在美国考察

望她。当年徐桂芬恨死“一把手”了，以为“一把手”对她的关心是“糖衣炮弹”，目的就是让丈夫死心塌地在单位“做牛做马”。后来，这个“一把手”反倒帮了丈夫不少的忙。

在煌上煌，都说夫妻俩性格互补，绝对是珠联璧合的一对模范夫妻。徐桂芬对丈夫很感激：“很多企业家夫妻，只能共患难，不能共享乐，有的企业家成功后要么离婚，要么移情别恋了，我跟丈夫讲，我们事业要成功，家庭也要成功。我们是共患难的一对夫妻，一起齐心协力打造了煌上煌。丈夫是一个非常爱事业、爱家庭的人，我们一直都互敬互爱，我的事业没有他的帮助，就不会有今天的成就。他以前虽然在外地工作，但关键时刻总是会来帮我，后来又毅然‘下海’回到南昌与我并肩作战。丈夫来到集团后，发挥了巨大作用，在商业策划、连锁加盟、经营理念、发展规划、项目开发等方面给了我极大的帮助，是个必不可少的大功臣！”

自从褚建庚加入煌上煌后，二人夫唱妇随让很多人既叹服又羡慕，被大家称为“黄金搭档”。而在平常生活中，就像很多普通夫妻一样，他们也有着属于自己的幸福生活，徐桂芬说：“企业能有今天，是我丈夫的功劳，我只能吃苦，但光靠吃苦的时代，已经过时了。企业发展了以后，每次我出差，丈夫都提醒我住好一点的宾馆，他知道我舍不得花钱享受，他自己也一样，衣柜里就那么几套衣服。我一直提醒他现在出去代表着企业形象，别那么节省。不管在企业还是在孩子们面前，丈夫永远是白脸做‘老好人’，我自愿充当红脸做‘恶人’。但丈夫对我的照顾却是无微不至，我的腰不好，每天晚上泡完脚后，他会默默地帮我把木桶里的泡脚水倒掉……”

古人说，少年夫妻老来伴。夫妻俩年轻时也常常因为性格相异难免磕磕碰碰，但徐桂芬无论是在事业上还是在生活中都离不开丈夫，她从心底里佩服丈夫。

历数很多知名女企业家的故事，都是女强人“强大”到最后，在不知不觉中跟丈夫之间竖起了不可逾越的鸿沟。但在徐桂芬和褚建庚之间，却互相理解支持，就像徐桂芬说的：“最难能可贵的是他一直都甘当绿叶，对我非常包容。每次重要领导来的时候，他都自愿走在后面，让我走在前面。我是红花，他是绿叶，这些都让我心存感念。”

对于褚建庚来说，只要是有利于企业发展的事，他都愿意去做，甘当妻子的“垫脚石”。

在煌上煌二十周年庆典晚会结束后，徐桂芬很歉疚，因为整台晚会似乎都在宣传她个人，而忽视了丈夫对企业的贡献。在晚会之前，徐桂芬还专门找过负责本台晚会的行政部部长李宝珍：“你们一定要记住，不要只宣传我一个人，尤其要宣传我的丈夫，企业能做到今天，包括公司连锁经营大部分是他的功劳，我只是个执行者，我们夫妻是分不开的。”

由于三月份徐桂芬在北京开“两会”，对于公司庆典晚会后来情况也没太多时间过问，等到回来彩排时已经来不及改了。晚会举办得很成功，重点宣传了创始人，很多观看了晚会的人都被感动了，不足之处就是整台晚会似乎都没有宣传褚建庚。

二十周年庆典晚会结束后，徐桂芬难过得几个晚上没睡好觉，总觉得心里不是滋味，对不起丈夫。晚会只宣传她一个人，这原本也不是她的本意，企业发展二十年实属不易，她的初衷只是想对煌上煌二十周年做个总结，让煌上煌的新员工和外界了解煌上煌的发展史。

见妻子为此愧疚，褚建庚反过来安慰妻子：“企业宣传创始人是对的，只要是对企业有利，我不在乎这些，我甘当你的‘垫脚石’，我愿意继续当下去，我觉得这样更能体现我的伟大。”

丈夫的一番话，让徐桂芬终于释怀了。患难夫妻见真情，褚建庚在关键的时刻，真正体现了一个男人海纳百川的博大胸怀。

徐桂芬是个办事果敢、宽宏大量、有善心，有魄力的人。但她个性好强、脾气急躁，做事风风火火。褚建庚则性格沉稳，脾气温和、儒雅绅士、做事认真严谨，夫妻俩性格正好互补。在煌上煌内部，都说夫妻俩是最佳拍档，缺一不可。徐桂芬在公司是“一把手”，但在家里吃团圆饭或重要场合，“主座”的位置永远留给丈夫。

每逢周末，徐桂芬家总会出现三代人在一起聚餐的场景。

爷爷褚建庚怀里抱着大孙子，奶奶徐桂芬慈爱地抱着小孙女、小孙子，大儿媳、二儿媳和女儿不时起身去厨房端菜，长子褚浚不聊及工作的时候总是很少说话，小儿子褚剑则不时告诫已经六岁的儿子不能挑食，女儿褚琳则是耐心陪着自己的儿子……这一幕场景温馨和睦，其乐融融。很难想象这就是拥有亿万家产，在外界眼中被视为豪门的一家人。可以说，这和谐一幕的缔造者就是这个大家庭的女主人徐桂芬。在家里，徐桂芬表现出与在企业中截然不同的女性特色。

徐桂芬是个女人，像所有的女人一样，她也喜欢买新衣服打扮自己。然而，就因为买衣服这件小事儿，让徐桂芬“数落”了丈夫大半辈子。

早在二十世纪七十年代末，大约四十年前的一个夏天，褚建庚的单位有次派他去上海出差，他看到每天忙碌的妻子从来没有时间出去玩，也没有去过上海，甚至连火车都没坐过，于是带着妻子一起去上海玩。那时，从未出过远门的徐桂芬穿着一件圆领衫和一双拖鞋跟随丈夫来到上海。当时，徐桂芬因利用空余时间晒猪肉皮，手头也赚了一点小钱，到了上海就想买衣服。然而，丈夫却不同意，劝说她事业才刚有点起色，三个孩子上学也需要用钱，赚了钱也不能乱花，孩子万一伤风感冒都需要用钱，将来孩子结婚也要用钱。徐桂芬觉得有道理，但是也觉得很委屈：“我又要上班，又要收购猪肉皮，我赚的钱，却不让我花。”

徐桂芬的想法是，能赚钱就能花钱，钱花完了又可

创业前期徐桂芬与丈夫在杭州旅游留念

以去赚。不过她还是听从了丈夫的意见，没再提买新衣服的事情。后来夫妻经过杭州，留下珍贵照片保留现在。

每当回忆起这件事，褚建庚就觉得对不起妻子。结婚后，徐桂芬每天起早贪黑为家里奔波操劳，没时间去买衣服，创业之初，夫妻二人并肩作战省吃俭用创办煌上煌，都舍不得乱花一分钱。难得与妻子一起去了趟上海，却连妻子这点小小的要求都没答应。

如今，企业上市了，徐桂芬的衣柜里也挂满了各式各样的衣服和许多的名牌饰品，当然这些都是媳妇、女儿每年生日孝敬她的。但她始终忘不了创业之初与丈夫同甘共苦、激情燃烧的那段峥嵘岁月。

二、家风传承，用心良苦

很多人对徐桂芬的三个子女赞赏有加，都说他们没有任何富二代的浮夸，很朴素、也很低调，这与夫妻俩对子女的严格教育密不可分。徐桂芬经常用中国古训教育三个孩子："成由俭、败由奢，富日子要当穷日子过。"

望子成龙，望女成凤

徐桂芬的长子褚浚在北京上大学时，每个月只有三百元的生活费，那个时候煌上煌已经发展得不错，但徐桂芬对儿子在用钱方面却很苛刻，并且还叮嘱儿子："跟你同去的一个同学，他妈妈跟我认识，关系挺好的，但家里条件不是那么好，如果你买什么东西吃，必须买两份，要给他一份。"

褚浚从来不乱花钱，每天吃了晚饭后买好几个馒头，晚自习后肚子饿

2006年中秋节全家在老厂合影

小时候的两个儿子和母亲徐桂芬合影

了吃，生活上很朴素，一点也不像富家子弟。他从小就是个懂事听话的孩子，读小学的时候，人家的孩子经常买零食、冰棒、饮料，他每天则背个小水壶去学校，平时父母很少给他零花钱。

在教育三个子女上，徐桂芬操了不少心，她经常教导孩子，赚钱的目的不是为了个人享受，而是为了实现人生价值。三个孩子从小耳濡目染父母的辛劳和节俭，即使他们现在很有钱，也不奢侈浪费。这种观点已经根深蒂固地印在三个孩子的脑海里。

对于小儿子褚剑，徐桂芬一样寄予厚望。褚剑很要强，学业完成以后就选择跟着父母创业，受了不少苦。那时候下班很晚，也没有请财务会计，褚剑跟着外婆数营业额常常数到半夜，在实践中学到很多知识。

褚浚和褚剑兄弟俩都是从基层慢慢锻炼起来的。褚浚识大体，有格局，目前担任上市公司的董事长；褚剑对房地产很感兴趣，负责房地产这一方面的工作。兄弟俩都是兢兢业业做实事的人，企业遇到什么问题，兄弟俩共同商量、互相理解，让徐桂芬夫妇很欣慰。

褚剑曾经在煌上煌十周年之际，在《母亲的手》文章中写道："每当我望着雄伟的煌上煌大厦，就会油然想起亲爱的母亲，想起母亲的手，那是一双天下最勤劳、不知劳累的手。母亲那双手有思念，有抱负，有作为，有希望，母亲是驰骋商战疆场中的一名勇士和将军！”

对于女儿褚琳，徐桂芬夫妇更是用心良苦。俗话说：穷养儿，富养女。徐桂芬并不这样认为，理由是：“为什么女儿要富养呢，为什么女儿就不能干一番事业呢？”

正是基于这个理念，2013年的年初，徐桂芬跟在新西兰留学的女儿沟通，发现女儿也愿意做事业，成为像母亲一样的女企业家。徐桂芬当即决定让女儿回国，加入企业进行培养。徐桂芬自有打算：“我在引进外面人才的同时，何不把女儿锻炼出来呢？虽然女儿跟我以前的时代不同，思想也有差距，但只要她实实在在地去学习，慢慢地深入一线去处理问题，也一定能锻炼培养出来。”

女儿听从了母亲的安排，加入到煌上煌。徐桂芬将女儿定位为自己的助理，在外面有什么重大活动她都要带上女儿去参加，想让女儿通过大场面增加阅历，在各方面迅速得到提高。并常和女儿促膝谈心：“别人在两年做成的事，你必须在一年内完成，把耽误的时间补回来，由外行转内行是我的经历，现在这个社会，没有太多时间去等。”

褚琳很理解母亲的良苦用心。事实证明，褚琳成长得很快，不仅把“合味原”酒店管理公司经营得有声有色，还担任共青团南昌县兼职副书记、西湖区政协常委、煌上煌集团共青团书记、妇女联合会主席等。

对待子女，不分轩轾

在别人眼里，总觉得徐桂芬对长子褚浚更为器重。其实，对于一位母亲来说，手心手背都是肉，她心底自然对两个儿子是一样的疼爱，只是总觉得小儿子不如长子成熟稳重。

过去，徐桂芬还没意识到自己对两个儿子有什么不同，但有一件事却足以说明她对两个儿子的确没能做到“一碗水”端平。

当年，徐桂芬给长子褚浚买了一辆红色的桑塔纳，小儿子褚剑看到哥哥买了新车后，眼神中充满了羡慕和期待。有一次褚剑想开下这个车，徐桂芬看到后一把拽住小儿子，用质疑的口气说：“你眼睛近视，一辈子都不要想开车。”

褚剑没吱声，怅然失落地默默走开了。

这一幕被当时站在一旁的行政部主任关群看到，她拉着徐桂芬的手说，“你儿子这么大了，你要注意处理两个儿子的关系，你给大儿子买了新车，小儿子还骑着一辆摩托车，显得你似乎更看重长子。”

手心手背都是肉，两个儿子在徐桂芬心中的分量是一样的，并非对哪个看得轻重，只是因为小儿子眼睛近视，她担心小儿子的安全。但这次关群的提醒才让徐桂芬意识到，平时不注意细节，伤害了小儿子。两个儿子一定要注意平衡关系。

后来，她跟小儿子说 ：“这样吧，你也这么大了，每天晚上骑着摩托车去收钱，遇到狂风暴雨也不安全，我也给你买辆车吧，你去选一辆跟哥哥价格一样的。”

褚浚那辆车二十多万元，褚剑听母亲这么一说特别感动，在拿到母亲给的二十多万元后，褚剑就选了一辆价格十万多元的富康车，把剩下的钱交还给了母亲，并说 ：“这辆车，够满意了，企业发展还需要钱。”

在褚浚接替母亲担任了上市公司董事长和总经理后，褚剑先后上任“煌大”和“煌盛”地产董事长。目前，地产都经营得风生水起，但在经营房地产这个项目，刚开始徐桂芬对小儿子还是不放心，派了当时去武功山的副总监协助他。说是协助，其实是徐桂芬是特意安排副总监当褚剑老师。但这个副总监去了以后就想“架空”褚剑，一手遮天，其实褚剑早就看清了副总监的德行。褚剑也不止一次地对母亲主动请缨，希望母亲能让他负责，但是徐桂芬却三番五次让小儿子虚心向这个副总学习，她总觉得小儿子不知天高地厚，初出茅庐就想争当“一把手”。而褚剑那时也与母亲据理力争 ：“我不让他来管我，我在你眼里就是一个没有能力的儿子！我宁愿请个总经理跟我共同打造房地产项目，决不让父母失望。”

看到小儿子“不到黄河不死心”，如此倔强，为证实小儿子的能力，徐桂芬把心一横让褚剑去尝试。

褚剑也是个不服输的人，他豁出去了，上任“煌盛”地产董事长后，首先搭建班子，不仅请了一流的房地产公司总经理打造精干管理团队，还建造了符合农民工返城以及工薪阶层和小白领的学区房，每次开盘都销售一空，取得了良好的经济效益，化解了武功山温泉项目资金短缺的燃眉之急，兑现了当年对母亲的承诺，徐桂芬终于对他刮目相看。事实证明，褚剑成长如此之快，现在还把武功山的二期楼盘开发从建房到销售全程打理妥当，而那个副总监把武功山搞得一塌糊涂就开溜了。

2018 年，褚剑又朝着更高的目标进军，把“煌盛”做成了江西省的知名品牌。

言传身教，家风敦厚

人的精力是有限的，要把精力和时间用在重要的事情上，人生可以忙，却不能瞎忙。

有这样一则故事：一位小和尚从早忙到晚，有一天他问自己的师父“师父，我每天都在忙，为什么没有什么成就呢？”师父笑了笑，让小和尚把化缘的钵拿过来。师父先在碗里放满核桃，又撒进去大米，最后倒入水，钵满了。师父又取来一只钵，这次先放入水，水满后再往里放核桃与大米，水就溢了出来。

生命就像这只钵，若被细细碎碎的小事填满，每天虽忙忙碌碌，却也会感到焦躁不安。

在徐桂芬看来，要减少可有可无的瞎忙，忙要忙到点子上，别让瞎忙浪费了时间和生命。合理安排时间，平衡家庭与事业的关系，给自己的人生提前做好规划，把有限的精力用在“刀刃”上才能取得事半功倍的收获。

曾经在新西兰留学的褚琳，在母亲的决策和规划下回到企业工作，回国三个月就找到了理想的伴侣。褚琳的丈夫是学金融的，财政大学毕业后在银行担任管理干部，因为他的父母都是公务员，受父母的影响他在工作方面非常上进，事业心很强。褚琳在母亲安排下担任了“合味原”酒店的董事长后，也时常忙于工作，把有限的时间全心投入在重要的事情上。褚琳不仅收获了幸福美满的婚姻，还拥有了自己的事业。

徐桂芬认为，时代不同，虽然女儿不能像她一样艰苦奋斗，但最起码她不愿把女儿培养成一个只会坐享清福的“千金小姐”、“阔太太”。再则，徐桂芬自己也是一个女企业家，在苦水中泡大的她在创业中一路跌跌撞撞走过来，现在也没有成为一个坐享清福的富婆，仍然在为企业呕心沥血。

徐桂芬明白，酒店管理是一个非常辛苦的服务行业。当然，有时看到女儿压力很大，作为母亲也很心疼，徐桂芬时常教导女儿，要做到家庭与事业两不误。如今，家庭美满、事业有成的褚琳已初为人母，幸福时常洋溢在她的脸上。作为一个母亲，女儿的幸福就是徐桂芬的幸福。

家庭和企业一样，都需要用心管理经营，特别是对子女的培养和教育，都要有步骤、有计划地去一步步完成。

谈起培养子女，徐桂芬颇有心得：“我最初创业时，家里很穷，我就根据当时的处境对自己的人生和家庭做了规划。那时候我很清楚，我在带领家庭致富奔小康的同时，孩子们的教育绝对不能耽误。”

孩子学习好是一方面，思想品德好是很重要，徐桂芬从小就引导孩子们要做怎样的人。当孩子小的时候，徐桂芬参加扶贫活动的时候都会把他们带在身边，用实际行动告诉孩子们要帮助弱者，要有一颗善良的心。同时，也尽最大的能力让三个孩子接受最好的教育。当然，徐桂芬也明白，其实孩子们长大后，对生活有了他们自己的认知，也并不是完全按照她所安排的道路去走。

记得当初她跟褚浚探讨出国留学的问题时，褚浚认为母亲有崇洋媚外心理，反问说：“难道非要到国外才能成长吗？！”

徐桂芬认为儿子说得也有道理，作为母亲，不能把自己的想法过多强加在孩子们身上，褚浚大学毕业后很早就加入煌上煌跟着父母一起创业，迅速成长，就像徐桂芬所说：“他不是睡在父母的功劳本上，他有自己的想法，更注重的是技术创新、团队建设和营销网络的打造，我也愿意放手让他去做，总要让他在实践中去历练。”

可怜天下父母心。和天下所有的母亲一样，徐桂芬总是处处为儿女们着想：“虽然我现在精力上不如他们年轻人，但我可以帮助他们，培养他们。”

除了帮助三个子女规划人生，徐桂芬也对自己的未来做了规划，身体健康是最大的财富，只有把身体调养好了，才能更好地为企业重大事情做出决策，才能不给子女们增加负担。

司机小高说，在生活上她就像一个慈祥的长辈，一旦投入到工作中就像换了一个人，做起事来废寝忘食、不眠不休，是个名副其实的“工作狂”。在这方面，笔者也深有体会，在采访中，徐桂芬能从早上九点一直聊到下午五点，中途除了吃饭和上洗手间，几乎不怎么休息和停顿，她做任何事情都全身心地投入，这种认真和韧性不是一般人能做到的。

为什么煌上煌能有今天的成就？煌上煌的成功不是靠偶然和运气，而是徐桂芬身上这种难以企及的秉性和做事风格，如果用一个词来形容，那就是她身上具备一种超强的韧性和全身心投入的精神。

当然，生活上的徐桂芬还有一些让人啼笑皆非的小个性。

就像我们前面在引子中讲到的，她从小就有一个习惯，喜欢幻想，遇到任何事物都会浮想联翩，喜欢“做梦”。

小时候，看完电影《阿信》后，她就设想假如自己是阿信，也去卖鸡蛋；在街角看见一对年轻夫妻卖烧饼，她就设想假如自己也有机会卖烧饼，脑海里设想以后要怎样去经营烧饼店；看到富丽堂皇的酒店，也会联想到自己的企业，如果煌上煌的酒店用这种风格来设计，会是怎么样？……总之，她爱幻想、爱思考、爱动脑筋，即便到了六十多岁的年纪，也是个闲不住的人。

按说徐桂芬完全可以含饴弄孙、安享晚年，可她就是不服老，敢于冒险，喜欢挑战新事物。生命在于折腾，生命不息，折腾不止，将生命淋漓尽致地绽放燃烧是她的个性，而无论命运对她的安排是什么，无论前方是狂风暴雨还是晴空万里，她都会义无反顾、勇往直前。

原本可以躺在自己“功劳本”上享清福的徐桂芬，做梦也没想到在六十岁的时候猝不及防地迎来了她人生中的第二次创业——武功山。这比第一次创办煌上煌更为艰险。这一次虽不是“做梦”，却是一次智慧的较量。最终，徐桂芬一如当年战胜“皇太皇”、“卤林”一样凯旋。

在家里，徐桂芬是个贤惠的妻子，唠叨的母亲，慈祥的奶奶……但在公司，则是个说一不二，风风火火，执行力非常强的“铁娘子”。

人生需要规划。无论做什么事情，徐桂芬都会按计划一步步去努力实现。作为一个女企业家，她绝对称得上是做事干练、胆大心细、有情有义，精明聪慧的“铁娘子”。

三、本色不改，这就是徐桂芬

作为煌上煌的掌门人，徐桂芬的用人之道可谓别具一格。标准就三条：一、职业道德好；二、敬业精神好；三、专业知识强。管理的最高境界在于管心，徐桂芬深谙此道。人找对了，事情就干好了，没有做不成的事，只有做不成事的人。

徐桂芬对有能力的人褒奖有加、真情流露，对想到煌上煌混日子的人则单刀直入、毫不留情：“我就是这个脸色！”

吃苦耐劳，勤俭持家

煌上煌的每个员工都很能吃苦，吃苦耐劳可以说是煌上煌的一种精神和品质。徐桂芬戏称自己是在苦水里泡大的，出生于新中国的她经历过“文化大革命”、知识青年上山下乡、计划经济到市场经济的变革、改革开放40年……跌跌撞撞一路走过来的她吃过太多苦。如今，时代变了，企业上市了，但她吃苦的精神却一直没有改变。

在企业，徐桂芬很看重员工吃苦耐劳的精神，现在虽然不比企业初创时期，但是每逢节假日，煌上煌的一线员工却不能像普通人那样享受休假，这让徐桂芬既高兴，又难过。

创业初期每年过年，徐桂芬都会去各个专卖店巡查，看到店前人山人海地排着长队购买煌上煌食品，营业额成倍增长，心里有说不出的高兴，可是看见店员们一个个忙得焦头烂额，进货出货不停地忙碌，甚至连吃饭、上厕所的时间都没有，而且不能与家人团聚，徐桂芬又会感到很难过。特别是在江西，很多人是吃着煌上煌食品长大的，尤其是南昌人对煌上煌卤制食品情有独钟，逢年过节以及招待亲朋好友之时，几乎是家家户户餐桌上的必需品，所以专卖店每到节假日特别忙碌。

煌上煌顾名思义就是“火”上加“火”，用南昌方言来说就是“跑火”的意思，在喜庆的日子里怎么能缺少这样带“旺”的食品相伴呢？所以，逢年过节，煌上煌食品是南昌人餐桌上的美食，煌上煌怎么能关门休息呢？每当看到顾客提着食品袋子满意地离开时，徐桂芬认为是值得的。

一位车间主任员工说的一句话代表了员工们的心声：“春节的时候，我们不过完元宵节是不会休息的，这个阶段的工作量几乎是平时的十倍。但是我们选择了这个行业，就能在工作中找到满足和成就，我们做了这么多年，没有任何怨言，我们煌上煌的精神就是吃苦耐劳，节假日正是我们价值的体现。”

说到吃苦耐劳，在煌上煌可以说没有人比徐桂芬更能吃苦。二十多年来，每年的大年三十晚上，她都会到南昌的各大专卖店去转转，这已经是多年来养成的习惯。

创业之初，丈夫远在深圳珠海上班，到了年三十这天，丈夫回来后在家陪着母亲和孩子等着徐桂芬回来吃年夜饭，而她总是先陪员工吃完年夜饭，送走员工后最后一个关上店门，一个人伴着家家户户燃放的鞭炮，顶着寒冷的北风孤独地骑着自行车在回家的路上，穿过小巷，甚至有时还要躲避头上从天而降的爆竹，那段苦涩的日子磨炼了她超强的意志和坚定的信念！

每到大年三十晚上，褚浚都会到绳金塔下的煌上煌旗舰店去燃放一挂鞭炮。当年，母亲就是在这里开始踏上了艰辛的创业之路，让一只只小小的酱鸭“飞”到了千家万户。如同当年母亲创业一样，在新的一年里，褚浚肩负着父辈的重托，在爆竹声中踏上煌上煌的新征途。

作为新中国第一代民营企业家，徐桂芬的身上镌刻她这一代企业家吃苦耐劳、勤俭节约、艰苦奋斗、自强不息的时代烙印。她认为如今光靠吃苦耐劳的时代已经过去了，新一代的领导人更要有高瞻远瞩的眼界和智慧，要与时俱进才能带领企业走得更远。

时代在变，但精神不变，“煌上煌人”会沿着吃苦耐劳的足迹把煌上煌精神传承下去。

徐桂芬非常善于学习，悟性很高，任何事情她都能举一反三、从“外行”变成“内行”。哪怕如今她已六十多岁仍然不断学习，甚至涉足学习财务金融等多个领域。在企业，徐桂芬依然保持着从前的那份率直和“霸气”，有时让员工战战兢兢、胆战心惊；在家里，徐桂芬像千万个家庭中的贤妻良母一样，过着勤俭节约、粗茶淡饭的生活。

“就算拥有再大的房子，也只能睡一张床。就算拥有再多的金钱，每天也不过是一日三餐。”对于金钱和名誉，徐桂芬看得很透彻，也看得很淡然。她生活过得很简朴，如果孩子们不回家团聚，她和丈夫平时吃得很简单。

徐桂芬还有个习惯，在餐馆吃饭，只要有剩菜，她都会打包，从不浪费，给门卫保安。经历过苦难和贫困的人更懂得珍惜粮食的来之不易，小时候家境贫穷她经常饿得头昏眼花，甚至连吃一碗面条都是莫大的幸福，虽然现在过上了富足的生活，但勤俭节约的本色依然没有改变。

敢作敢当，爱憎分明

说到徐桂芬的个性，初次与她接触的人都会印象深刻：快言快语，直言不讳，雷厉风行。

煌上煌的加盟商涂理红还清晰地记得当年她加盟第一家专卖店的情景。那是 1998 年 4 月 18 日，和以往一样，新店开张徐桂芬必然到场。开张这天，涂理红正满头大汗地张罗准备，第一次开店的她显然有些手忙脚乱。

徐桂芬这天半夜就从南昌市赶到进贤县，一下车就马上指挥布置迎宾花篮，告诉涂理红货柜应该怎样布置才能更吸引顾客，引起顾客的购买欲望，并对装鸭脚、鸭脖等食品盘子重新进行了摆放调整。就在她们忙碌到天亮准备开张的时候，从街角驶来了一辆工商执法轿车，稳稳地停在了店门口。涂理红一下子就慌了神，都说开店不容易，这正准备开张呢，工商人员就找上门了？工商人员下了车就说：“把证件拿出来看看。”

“证件？”涂理红有些稀里糊涂。徐桂芬在一边提醒她：“就是营业执照。”

“哦，那个……”涂理红说话支支吾吾。

“营业执照？我们不知道……还要办这个吗？”

工商人员一听，营业执照都没办就开业？马上冲上前准备往下拉卷闸门，并口气强硬地说道："先关门！等手续办齐全了再开张！"

涂理红一听急了，因为在风俗上讲一开张就被人家关门是不吉利的，她一时站在那里急得直跺脚，不知道怎么办才好。这时，徐桂芬把涂理红往后一推站到卷帘门前，抬起胳膊挡住门口大声道："你们怎么能这样呢？人家一个下岗女工，辛辛苦苦准备开个店容易吗？没办手续不是不办，是根本就不懂嘛，现在没有证件等下就去补办，怎么能说关门就关门？"

徐桂芬的嗓门本来就大，为了不让他们拉下卷闸门，声音更是提高了好几个分贝。工商人员看这架势，知道不能来硬的，又听说是下岗女工，态度也就转变了很多，不再强行关门，只是叫涂理红马上回去补办手续。

涂理红说："那天的场面真有些剑拔弩张的气势，我当时也很紧张，看到管理人员就傻眼了，很害怕，真不知道怎么办才好。可是主席一点都不胆怯，据理力争，我的店才能够顺利开张。我很佩服主席的魄力，我跟她这么多年，也长进多了。"

徐桂芬的小学同学说："她年少时就是这种个性。上学那时，她身上没有一点女孩子的娇气，做任何事情都比别人超前，敢想、敢说、敢干！"

谈到她的个性，在这里还有还有一段小插曲。就在集团搬厂的头一天，徐桂芬碰巧看到食堂的仓库乱七八糟，有的人就说需要一两个月的时间来清理。这一句话把徐桂芬惹火了："哪里需要那么长时间？！我来做给你们看！"

按徐桂芬火急火燎的性格，哪里能等一两个月呢？！

只见她一边计划、一边指挥："你，把这些食品打包标号！你，把地面清洗干净！你，把这些货物上架！"

这些人从没见过老板脸色铁青发这么大脾气，个个都唯唯诺诺、连忙按老板的指挥去立即行动。从晚上八点到十二点，徐桂芬把食堂二三十人指挥得团团转。从食堂仓库到操作区，从员工打饭菜的地方到用餐的地方等，食堂里里外外在不到几个小时就清理得干净整洁。

当时有的新员工只是听说老板做事雷厉风行，这次是真的见证了一下，也让这些新员工们大开眼界，从心底佩服："早听说过徐老板做事厉害，没想到这么厉害，做事有计划、有部署、思路清晰、干脆利索……"

徐桂芬自从1993年下岗后，创办煌上煌风里来、雨里去。创业之初，无论数九寒天还是三伏酷暑，她都骑着三轮车汗流浃背地进货送货，靠的就是不服输的拼搏精神！从一只炉子、一口锅、一个小门店、一辆破三轮车起家，穿越艰难险阻磕磕绊绊地走到上市。

创业路上，她接过恐吓传呼，受过敲诈、威胁、被同行打伤过、店铺被砸过、遭遇过6·22中毒事件……为了把企业做大做强，受过很多委屈、流过很多眼泪、痛哭过四次，但无论遇到什么困难，徐桂芬都从不退缩，在她的字典里没有“不可能”三个字！只要是她想做的事，哪怕是拼了命也要去完成。

之后六十多岁“二次创业”，在萍乡打造“武功山温泉开发”项目以及在“合味原”艰难转型的过程中，她所遇到的困难和问题足以让耗尽二十五年心血打造的煌上煌毁于一旦！

但在徐桂芬的身上有一种化腐朽为神奇的力量，不成功，便成仁！这股力量，来自于她融入血脉里流淌不止、永不言败的拼搏精神。

经营企业，一闻千悟

煌上煌经过二十五年的奋力拼搏，励精图治，这其中伴随徐桂芬的有风雨，有泪水，有欢笑……但更多的是赞赏和认可。她的人生虽然很艰辛，但同时也是幸运的，因为还有很多人可能比她更辛苦，比她付出得更多，但却没有她成功。这其中，跟徐桂芬经营企业的“悟性”有关。

正因徐桂芬对企业的一草一木、一针一线如数家珍，无时无刻不装着企业，整个心思都在企业上，哪怕是出差、旅游、吃饭、散步，只要看到有利于企业发展的，她都会默默记下来，从一点一滴去借鉴学习。大到酒店设计装修，小到酒店一个花瓶的摆放，她都会将心注入！煌上煌就是靠这一桩桩、一件件大大小小、点点滴滴看似不起眼的小事搭建起来的。

有时候，徐桂芬甚至为企业上的一些小事发火。虽说这些小事不足挂齿，但只要被她撞上了就会不吐不快。“合味原”酒店在装修期间，徐桂芬几乎每天都去转一圈，一次她在酒店楼梯拐角处看到几个人在抬一盏吊灯，因为吊灯太大，这几个大男人横竖就是抬不过去，还把吊灯撞到门框边损坏了。这一幕被上楼梯的徐桂芬撞见，她自然很生气：“你们这样侧着身不就抬过去了。”

说完，一边用手比画，一边现场指挥，不一会儿工夫，吊灯就抬过拐弯门口处了。

“这些人做事怎么那么死脑筋，一点也不动动脑子，这么简单的小事都做不好。”

徐桂芬又急又气。这些人做事不用脑子，这是她发火的主要的原因。

徐桂芬甚至对酒店靠椅的绒布要求都非常细致，要求裁缝师傅在剪裁的时候，按照绒布顺纹的方向，要与每个靠椅的方向一致才更美观。

每当徐桂芬看到员工做事达不到她的要求时，就感到很累、很气、又很急，难免会发一顿火，甚至有时候干脆卷起袖子亲自动手去做。

刀子嘴、豆腐心，徐桂芬经常发完脾气后很快就抛到脑后了，理解她的员工，说她有情有义；不理解她的员工，则说她冷酷无情。事后，徐桂芬也会从员工的角度去考虑问题：“他们不是不想做好，只是不知道怎么去做，所以要教他们如何用脑子。”

去过二十多个国家参观学习的徐桂芬如今已功成名就，善于留心观察的她在任何国家旅游或出差时，心里时时刻刻都想着煌上煌的发展。比如乘车时，她从来都不闭目养神，而是一路看国外的各种建筑的造型设计、装修风格，包括路边门店招牌的设计、颜色、字体、工艺等，在观赏品鉴

2000年徐桂芬赴西欧学习考察

的同时，她就会想，为什么会搭配这么有美感？并总结别人的经验，自然而然就成为行家。比如企业开张插花工程量不大，商家不愿来现场，她都会自己买来花亲自插花，一来是为了艺术；二来也陶冶情操，并且还培养员工学习插花。

这些看似小事，但可以看出，徐桂芬无论走到哪里心里想的都是煌上煌，正是因为她连门店招牌这样的小事儿都用心去琢磨，比如前几年企业每年晚会等重大活动她都会亲自把关，并手把手培养下属的工作能力。正是这样的个性，徐桂芬才创造出让一只小小的鸭子成为“中国酱卤食品第一股”的传奇。

对待员工，情深义重

比尔·盖茨说，一个成功的企业背后必定有一个市场战略眼光敏锐的领导，唯有对企业未来能做出准确判断并制定出完善的发展远景和规划，企业才能走好未来之路。诚然，煌上煌的未来之路还很漫长，上市是新起点的开场。但在市场风云变幻的今天，煌上煌又将如何打造自己的核心竞争力？那就是：打造企业文化，以人为本。

煌上煌每年都会举办几场活动，比如销售会、三八节活动、运动会、表彰会等。除了这些活动之外，每年还会组织一场别开生面的先进员工报告会，专门请几个下岗女工代表在台上演讲，从不同角度讲述在平凡工作岗位上的先进事迹。

记得第一次召开报告会时，因为演讲者太投入，坐在台下的徐桂芬全然忘记控制自己的情绪，一直在不停地掉眼泪。其中一位演讲者在表彰会结束后对徐桂芬说：“徐主席，没想到让您流了这么多眼泪，真是不好意思。”

徐桂芬边擦眼泪边说道：“你们为煌上煌奉献这么多，我流点眼泪算什么，我觉得你们这种精神就是煌上煌最宝贵的财富。”

是啊，每当想起这些可爱的员工，徐桂芬能如数家珍地说出很多关于她们的故事。徐桂芬一直记得，刘春花的儿子考上了大学，这在普通人家是件大喜事儿，按理说作为母亲应该亲自送孩子去学校，可刘春花为了工作，在工厂附近偏僻的小餐馆陪孩子吃了个便饭，就让孩子的外婆送孩子到学校；店长龚海英，这个十七岁从农村跑到城市来找工作的姑娘，十几年来，每年过年都坚守在工作岗位上，没有与家人好好吃上一顿团圆饭。

徐桂芬的两个弟弟徐新亮、徐新民，从二十几岁时就跟着她创业，为了修建厂房常年在外四处奔波，有道不尽的苦楚和辛酸，但弟弟却无怨无悔任劳任怨，依然经常辗转在全国各大城市；还有负责管理后勤的陈惠华，在广东开拓市场时，为了让员工们有个好的饮食、生活和工作环境，栽花种树，后勤管理……样样在行，有一次不慎把腿摔坏，徐桂芬嘘寒问暖，让她在家休养；还有上千个连锁加盟商的共同拼搏……

这些为煌上煌奉献的人，徐桂芬都牢牢铭记在心。正是因为她们跟随自己一起打拼，才造就了煌上煌今日之辉煌，她就像是“一家之长”无微不至地关心员工的工作和生活。

2012 年的一天，徐桂芬突发奇想，找来装修公司，亲自设计，对自己以前住过的旧居进行全面改造翻新，所有陈旧家具摆设一律清理，摆放了焕然一新的家具电器、锅碗瓢盆和毛巾等生活用品。等到司机小高把远在山东老家的爱人和还未满周岁的孩子接来南昌时，大家才明白是怎么回事。

原来，徐桂芬把这套房子装修好后给小高一家住。那时，小高是徐桂芬的司机，才到南昌不久，她不愿意看到小高跟家人两地分居，于是就做了这样的安排，只有这样才能留住人才。

如今，小高的妻子也被安排到公司营销中心担任区域经理，小高说：“我给很多老板开过车，像徐主席这样的很少见，她就像对待家人一样对我们，关怀备至，让我们一家人都很感激。”

小高给徐桂芬开了几年车后，被派到煌上煌旗下的武功山温泉度假村担任后勤保障部总监。为了报答老板的器重，小高工作尽心尽职。徐桂芬不仅对自己的司机像家人一样，对待其他有能力的员工也一视同仁。

早在十几年前，煌上煌创立的第二年，李小毛进入煌上煌。工作了一段时间后，徐桂芬看到李小毛工作认真负责，考虑到他和乡下的妻子两地分居，又对他说：“小毛，叫你老婆也来煌上煌工作吧。”

李小毛将妻子范旭英接来厂里后，由于那时候厂里刚起步，只有男女单身宿舍，住宿成了问题。徐桂芬想了想，在本来就不大的厂房一角搭建了一个二层阁楼，让他们夫妻俩暂时住下。之后，李小毛的妻子范旭英成了徐桂芬的得力干将，为煌上煌立下了汗马功劳。

那段时间，李小毛和妻子很想把儿子接到城里来上幼儿园，儿子都四岁了还在乡下玩泥巴，他们很着急。但是夫妻俩考虑再三，一则经济上不允许，另外孩子来了，肯定会影响到他们俩的工作。本来夫妻俩不想让徐桂芬知道这件事，也没打算告之此事，但没想到徐桂芬主动问起这件事。

李小毛不好意思说出自己的顾虑，因为把妻子接过来，他都觉得是给徐桂芬添了麻烦，再把孩子接过来，他觉得更不好意思，就放弃了这个念头。

没过几天，李小毛上班的时候突然接到徐桂芬的电话："你赶快带着旭英过来，我让司机带你们去接儿子来南昌团聚。"

徐桂芬显然是已经做好了充分的准备，也没给李小毛留下丁点推辞的余地。那是 1995 年，当时公司里只有一辆拉货的老式微型车，徐桂芬安排车子拉完货后顺路去接孩子。

李小毛永远都忘不了车停到家门口看到的那一幕场景："家门口有个大鱼塘，当时儿子就在鱼塘边玩泥巴，看到我们后，儿子就从鱼塘边的泥巴坡一个劲儿地往上爬，爬着爬着就急得哭起来，最后好不容易爬上来扑到妈妈怀里就紧紧抱住，并哭喊着'妈妈，不要走……妈妈，不要走……'母子俩哭得我的心都揪在一起了。"

儿子接来后安排到附近的幼儿园，李小毛夫妻俩的生活压力增加了不少。没过多久，徐桂芬不动声色地给李小毛涨了 500 元工资。李小毛说："那还是九十年代呢，我们涨工资都是一两百的涨，一次性涨 500 元还是头一次，其实我心里明白徐主席是为了帮助我们一家。"

1998 年，公司发展越来越好，徐桂芬买了两套一百多平方米的房子，其中一套奖励给了范旭明；另一套奖励给了李小毛。

回忆往事，李小毛百感交集，他饱含深情地说："煌上煌这个平台是主席一家人赐给我的。"

采购部的涂芸芸在讲到徐桂芬的时候，眼眶马上就红了。涂芸芸一直都记得女儿在广东上大学的时候，有一次徐桂芬去广东出差，打电话给涂芸芸说："小涂，你把你女儿的电话给我，我今天有时间，替你去学校看看她。"

那时涂芸芸正因为女儿去那么远上学日思夜想放心不下，没想到主席居然会去看望女儿，并送去了零花钱，到现在涂芸芸想起来都会为此感动。

这样的事情，徐桂芬都早已不记得了，她知道涂芸芸到现在还记得时，摇着头说："这算什么事还记这么清楚，我只不过顺路去学校看望她女儿嘛。"

医务室的蔡医生和徐桂芬一样患有腰椎间盘突出。蔡医生有次来给徐桂芬送药，徐桂芬发现蔡医生走路脚有点跛，得知和自己的病症一样，便说："改天你把医院的检查报告单给我，我去北京时让帮我治疗的那个医生给你也看看。"

蔡医生嘴里虽然答应了，想着主席也就是随口说说吧，根本就没放到心里去。没料到第二天徐桂芬一见到她就问："单子带来没？"

第二天、第三天……她还是没带，想着这事儿也不好麻烦主席。等到徐桂芬准备去北京开会的前一天，就直接打电话给蔡医生说："你今天一定要把单子带来，明天我就要去北京了。"

蔡医生说，真的没想到，主席那么忙还一直记得我的事，但让蔡医生更没想到的事还在后面呢。

徐桂芬从北京出差回来后，专门带来了给蔡医生用的药，并告诉蔡医生说，北京那边已安排好了，准备带她去检查。

到了北京，因为正巧褚建庚和褚浚都在北京准备上市的工作，徐桂芬就让丈夫和儿子一起住，把房间腾出一间给蔡医生住。当时在北京只有一辆小车，徐桂芬就跟丈夫商量，让司机专程送蔡医生去医院做检查，丈夫和儿子则打的去办事。

回想起这次看病经历，质朴的蔡医生反复说自己特别不好意思："主席安排我住那么高级的酒店，不但让司机带我去医院，还让司机带我去北京景点游玩，看病也没让我出钱，后来还抽出时间亲自带我去坐老北京的三轮车，逛前门巷子……"

徐桂芬带她乘坐的那张头等舱的机票，她一直保存着："我会一直保存着这张机票，等以后退休了看到这张机票，就会想起主席对我的好。"

还有早年在煌上煌工作过的杨波。他孤苦伶仃、无儿无女，当年50多岁的杨波蹲在马路边找工作，被徐桂芬的父亲请到了煌上煌。杨波在煌上煌当了十年的门卫，工作尽心尽职、忠诚能干。

随着年龄增大，杨波的眼睛不太好无法继续工作。考虑到他无儿无女，生活没有来源，徐桂芬专门把他送到养老院，每个月3000多元的护理由徐桂芬承担。逢年过节，并一再叮嘱两个儿子："你们一定要把杨波照顾好，让他安度晚年。"至今，杨波仍在养老院安享晚年。

后勤部经理李三毛在2000年加入煌上煌，从保安开始一直做到后勤部的一把手，他一直都强调："我对煌上煌这个平台、对徐主席一家都很感恩，我用心在这里工作，把这里当成我的家。"

李三毛这样说是有原因的。2007年，李三毛家里出了点变故，弟弟在另外一个公司上班摔成了植物人，最后定性为工伤，赔偿25万元，分月付清。李三毛当时很着急，怕分月付清夜长梦多，就去找徐桂芬，看她能不能帮忙找人要求对方一次性付清。徐桂芬知道后，直接打电话给对方公司老板，出面帮李三毛说话。对方老板被徐桂芬打动了，说没想到徐桂芬对你们员工这么好，第二天，25万元就一次性直接打到了李三毛家人的账上。因为这件事，李三毛对徐桂芬充满了感激之情，工作起来更是尽心尽力。

李三毛把自己的工作称为"管家"，他说："我能够在这里工作这么多年，老板给我一个这么重的担子，我当'管家'一定要精打细算，不能拿着公司的钱去浪费。"

在煌上煌，几乎每个员工把公司当成家一样对待，灯没关，水龙头没关，任何一个员工看到都会主动去关掉，大家都对企业有很深的感情，很多到了退休年龄的老员工，还是愿意留在煌上煌尽最后一分力。

在管斌亮的笔记本上，一条一条列出了他的工作日志。在公司的报纸上，也常常会看到管斌亮为公司献言献策，从管理到生产细节，都用心地做了不少创新。

不仅管斌亮，公司每年都能收到员工的合理化建议达到500多条，建议实施率在70%以上。集团大楼建设的时候，采购部的涂芸芸每天随身带着一个吸铁石，就是为了把工人不留意散落的钉子吸起来。涂芸芸是做采购的，她想着每一颗钉子都要花公司的钱，能省一点就省一点。

一颗小小的钉子都要为企业省下来，这是怎样的一种主人翁心态啊。但在煌上煌，几乎每个员工都有着这样的心态，这不正是企业文化的一种体现吗？这也正是徐桂芬的高明之处，帮助员工解决困难和问题，让员工无后顾之忧，全身心地投入工作。

煌上煌在发展中也涌现出了一批批年轻的优秀人才，如王娟、熊国华、李华、魏小保等，特别是文宣部经理陈建坤。

陈建坤是福建人，大学毕业后他被招聘到煌上煌工作，对于他人生中的第一份工作，陈建坤非常珍惜，勤奋好学的他很快就走上了管理岗位，得到了老板的赏识。为了留住和培养年轻的人才，徐桂芬像母亲一样无微不至地关心陈建坤。陈建坤结婚没有房子，徐桂芬送房子；陈建坤结婚，徐桂芬专门为他摆了几桌酒席表示庆祝；陈建坤宝贝女儿出生时，徐桂芬像慈祥的奶奶一样第一个将“孙女”抱在怀中……

陈建坤知恩图报、感恩戴德，只要老板安排的工作，他全力以赴，哪怕是子夜一点接到老板的电话，他都毫无怨言、忘我工作，从来不向老板提任何加班费等要求。在徐桂芬举办同学聚会的活动时，正好碰上节假日，陈建坤甚至在开车回家途中都带着电脑，在高速上找个地方暂时停下车，不厌其烦地一一次按老板的要求修改活动资料。

陈建坤对老板忠心耿耿，对企业竭尽全力，作为煌上煌“80后”年轻的代表，他感谢老板的知遇之恩，是煌上煌这个平台给了他施展才华的机会。

徐桂芬的管理之道：经营企业其实就是经营人。事情都是人做出来的。如果每个员工都有着高度的责任心，还有什么企业经营不好呢？！

不了解徐桂芬的人感觉她是个叱咤风云、说一不二的商界女强人，其实，她内心深处却是一个情感非常细腻、善解人意的人，她的心无时无刻不装着煌上煌，装着“煌上煌人”。对于那些工作上尽心尽力的人，徐桂芬会给予春风化雨、润物无声般的奖励，对于那些损坏煌上煌利益的人，就像秋风扫落叶……

在用人方面，徐桂芬的眼睛里容不下一点“沙子”。对于那些想到煌上煌来混日子的人？没门！

痛失爱将，肝肠寸断

在徐桂芬的内心深处，有两个得力干将一直让她念念不忘，每当想起她们俩，徐桂芬就忍不住潸然泪下。这其中，一个是因病去世的原集团总裁助理关群；另一个是因车祸去世的李小毛的妻子范旭英。徐桂芬与她们情同姐妹，她们的相继去世，让徐桂芬曾一度陷入深深的自责和痛苦之中。

关群是一名下岗女工，1999 年，由于她原单位体制改革，她从国企行政干部转眼间成了一名下岗人员，在她迷茫无助的时候，经人介绍来到煌上煌工作。关群凭着多年的行政工作经验，很快被升职为集团公司办公室主任。那时，煌上煌正处于朝着规范化和现代企业迈进的重要阶段，有着几十年行政工作经验的关群深得徐桂芬夫妇的赏识，短短几年间，就从办公室主任荣升为集团总裁助理。

2004 年年底，关群身体不舒服，经常咳嗽，她刚开始以为只是感冒所致，一直也不愿去医院检查。在徐桂芬的再三催促下，关群只好去医院检查身体，没想到，这一查，竟然已是肺癌晚期！

只要能治好关群的病，哪怕花再多的钱徐桂芬都不在乎，徐桂芬夫妇专门带关群去上海复查。然而，复查的结果与在南昌一样，依然是肺癌晚期。

得知复查结果的当晚，徐桂芬背地里一直默默地掉眼泪，她不敢将复查的结果告诉关群，几年相处下来，她们俩就像亲姐妹一样，徐桂芬无法接受关群得肺癌的事实！

为了增强关群战胜病魔的信心，第二天，准备从上海返程回南昌的徐桂芬特意为关群偷偷地安排了一场别开生面的迎接仪式。这一天，当徐桂芬和关群从上海飞回南昌时，在南昌机场，三十多名煌上煌员工冒着风雨，拉着“欢迎总裁助理关群同志康复归来”的条幅在机场迎接。

这饱含着浓浓情意和祝福话语的横幅让关群感动不已。在上海看病的日日夜夜里，关群没有掉泪，在与肺癌顽强抗争的病床上，关群没有掉泪……而这一瞬间，当看到朝夕相伴的同事们冒着风雨、拉着条幅在机场迎接她时，关群再也无法控制自己的情绪，泪水如决堤的河水般刷刷地流淌着……

当公司安排关群一个人乘坐小车时，她坚持要和同事们一起乘坐大巴车。这次机场迎接给关群增强了战胜病魔的勇气，她暗暗下定决心：一定要与病魔斗争到底！

关群住院的那段日子，徐桂芬心如刀绞，多次去医院恳请院方想方设法治好关群的病，期盼着生命能出现奇迹。从上海复查回来后，治疗效果不够理想，徐桂芬心急如焚，四处打听治疗此病的民间偏方。听人说井冈山有一个民间郎中，人称刘半仙、名气很大，徐桂芬便满怀希望。为了给关群治病，在被所谓的“大仙”骗取了六万元的治病费后，关群的病情依然没有好转。

关群患肺癌的那段日子，只要有人说能治好关群的病，徐桂芬就不远千里跑去拜访，并四处寻医问药，到处打听治愈肺癌的病例和办法……然而，徐桂芬所做的一切努力仍然无法挽回关群的生命，关群最终还是被无情的病魔夺去了生命。

就在徐桂芬慢慢从关群去世的痛苦中解脱出来时，2005 年 8 月 25 日，又一个噩耗传来，已荣升为煌上煌生产车间部长的范旭英，出车祸了。

范旭英在出事的那一天，恰巧是儿子的生日，她下班后乘坐同事借来的摩托车接了儿子，却不料行驶到马路中间时摩托车没有油了，同事就直接将摩托车停在马路中间准备去加油，谁料迎面驶来的一辆公交车正好与摩托车相撞，当时，范旭英的头一下子就栽到水泥地上不省人事，庆幸的是坐在摩托车后面的儿子安然无恙。

范旭英出事的那天晚上，因为担心徐桂芬受打击，全家人都还没有将范旭英出车祸的事情告诉她。到了第二天早上，处理完事故几乎一夜没睡的褚浚回到家中。当时，徐桂芬问儿子：“你一个晚上没回家到哪去了？”

这时，褚浚只好跟母亲说，你先不要着急，千万别激动……接着，褚浚支支吾吾把范旭英出车祸的事儿告诉了母亲。

徐桂芬一听，感觉眼前一黑，浑身发软，泪水夺眶而出，她连忙赶到医院，看到在医院抢救的范旭英，徐桂芬泪如雨下：“只要能救活，不管花多少钱都行！”

范旭英整整昏迷了十四天，那段日子，徐桂芬天天守在她的病床边祈祷，甚至到了最后还不想放弃，一个劲地对范旭英的爱人李小毛说：“哪怕有一线希望，我们也不要放弃……”

最后，范旭英还是没能抢救过来，永远地离开了心爱的家人和同事。

徐桂芬再一次受到了沉痛的打击。那段日子，她眼前时常浮现出关群和范旭英的身影，回忆和她们在一起的日子，时常以泪洗面、无法释怀。范旭英的离开一直是徐桂芬心中永远的痛，至今想起范旭英，徐桂芬还是忍不住潸然泪下。甚至有时候会陷入深深的自责中：“如果当年她一直在农村，或许就不会出车祸……”

第十二章

未来之战，幸福是奋斗出来的

不经一番寒彻骨，怎得梅花扑鼻香？幸福要靠自己的双手去创造。在艰苦卓绝、鲜花掌声的背后，徐桂芬虽然有道不尽数不清的痛苦和委屈，但她觉得自己是幸福的、幸运的。

“幸运”二字不过是强者的谦辞，煌上煌能成为行业翘楚，是改革开放让千万个像她这样的企业家有大施拳脚、长袖善舞的机会。

“我们要做世界级的企业，要让煌上煌登上世界的大舞台！梦想成为‘百年老店’。”这是徐桂芬和“煌上煌人”共同目标和未来之梦！

煌上煌的“未来之梦”正拉开历史的大幕。

SHOW

一、劈波斩浪，“多元化”并驾齐驱

创业初期，为了聚焦主业把煌上煌做强做大，徐桂芬只能忍痛割爱，把“多元化”如风味小吃、自选商场、烘焙食品等转让给了好朋友。

创业中期，当煌上煌主业逐步强大的时候，徐桂芬又开始雄心勃勃地进军“多元化”发展。江西油茶、房地产开发、积极融入“一带一路”建设等项目，让煌上煌再次迎来了新的挑战和机遇。

江西油茶，绿色品牌

就在徐桂芬夫妇探索出一条适合企业农业产业化发展之路后，夫妻俩不约而同地又把目光瞄向江西绿色品牌——“茶百年”。谈到“茶百年”，还要从 2008 年开始讲起。

2008 年的春天，国家林业局编制《全国油茶产业发展规划（2009—2020 年）》中提出：2020 年我国油茶种植面积要达到 7000 万亩，茶油产量要达到 250 万吨。新当选为十一届全国人大代表的徐桂芬，对这个战略目标满怀沉甸甸的责任感。

“生态居于全国前列的红土地江西，无论是油茶种植条件还是油茶品质，都具有发展油茶产业的独特优势，何不利用江西省丰富的油茶资源，用足用好国家政策，紧紧依托科研机构，建设茶油基地、积极对接江西油茶产业‘1155’工程呢？”徐桂芬为这一构想振奋不已。

也就是在这一年。江西省委、省政府鉴于发展油茶产业得天独厚的优势，积极响应国家油茶产业发展规划，把大力发展油茶产业列为全省重大产业，确立为江西省山区及老区群众脱贫致富的重要产业。为此，江西专门出台了大力发展油茶产业的“1155”工程：培育年产值亿元油茶龙头企业10个；带动1万个油茶种植专业大户；建成油茶丰产林500万亩；力争到2010年全省油茶产业总产值达到50亿元以上。

2008年11月，煌上煌集团公司子公司——江西“茶百年”油脂有限公司成立。

煌上煌按照“公司+基地+农户”发展模式，第一步规划在江西省建立10个总面积达1万亩的示范基地，带动100个油茶专业户，5000户林农参与种植油茶，新增油茶种植面积10万亩。

转眼到了2014年3月6日，又是一年的北京“两会”。

这一天上午，习近平总书记来到十二届全国人大三次会议江西代表团参加审议。审议时，习近平总书记念了赣南兴国105岁老红军王承登写给他的一封信。总书记表示，看到这封信很感动。老人家在信中提出两个心愿，其中一个就是希望国家加大对赣南油茶等扶贫产业支持。

“当年，赣南苏区群众就是用茶油、钨砂，从白区换回食盐、药品等物资，支援红军，支持革命。油茶是个好东西，老人家在信中推荐我吃茶油。”总书记随后就江西油茶产业发展这一话题关切询问。作为十二届全国人大三次会议江西代表团的徐桂芬，倾听了总书记对江西油茶产业发展的深情关注与鼓励，既振奋、又感动。

她感动的是，油茶产业发展如此让习总书记牵挂。

她振奋的是，煌上煌油茶产业经过几年布局发展，在油茶基地培育、茶油产品研发与深加工等领域现已初显成效。“加快煌上煌油茶产业的快速发展！”内心满怀激情的徐桂芬，在全国“两会”结束回到南昌后，第二天就率领集团高管层前往江西奉新县，她此行的目的就是考察新的油茶基地项目建设。

在徐桂芬的推动下，江西省内成功实现5000余亩荒山流转后，一批新的高产、优质油茶林示范基地的建设同时启动……

到了2018年，“茶百年”已完成在南昌市小蓝工业园的近100百亩精深加工基地项目的征地，打造具有一流现代茶油2万多平方米厂房，正在建设一条年产8万吨精炼茶油加工项目，并引进多条现代化的茶油压榨、精炼、包装生产线。目前，“茶百年”油脂有限公司聚集了营销、技术、

"茶百年"油茶种植基地

研发等方面的高端人才管理团队，为煌上煌油茶产业发展提供了强有力的人才支撑。

未来，"茶百年"茶油将形成集油茶林种植、油茶籽收购及压榨、茶油精炼，小包装茶油灌装及销售等全产业链模式。

从2008年到2018年，"茶百年"走过了十年的春华秋实。

2018年10月26日，以"合作·增值·共赢"为主题的"茶百年"茶油新品发布会在煌上煌集团报告厅举行，吸引了来自江西乃至全国区域的品牌经销商及业界人士以及新闻媒体等200人共同见证，现场发布会上经销商兴致盎然，短短一天就收到货款上千万元。

徐桂芬在发布会上表示，将举集团之力，依托煌上煌遍及全国的营销网络，致力于让"茶百年"走进千家万户，做大做强江西本土茶油品牌。她希望经销商与"茶百年"精诚合作，共同打开"财富之门"，把"茶百年"打造成国内油茶行业知名品牌。

“煌盛”地产，全新开盘

与此同时，2008 年 11 月，煌上煌集团公司子公司——江西“茶百年”油脂有限公司成立之后，2009 年初，“煌盛地产”就此诞生。

当时，由于种种原因，一直没有运作，直到 2012 年才委任褚剑运作，徐桂芬获悉南昌市政府将按世界级标准重点规划、倾力打造朝阳新城，把朝阳新城滨湖地区建设成一个中国少有、世界不多的滨水景观区——复合协作式的滨水新城的规划后，她以敏锐的眼光，卓越的远见与前瞻，看到了无穷的商机，立即着手部署参与朝阳新城开发建设的行动计划。

然而，谁来实施这个战略计划呢？徐桂芬把目光锁定在褚剑身上。

知子莫如母。褚剑十八岁就跟随徐桂芬创业，在生产第一线历经磨炼早已羽翼丰满，特别经历了“煌大”的禽流感和冰雪考验后，褚剑已经轻车熟路，他信心百倍地接受了母亲委以的重任，“煌盛地产”就此成立。褚剑认真研究了西湖区政府打造朝阳临江总部经济圈，发展总部经济，发展楼宇经济，建设沿江总部经济带，打造南昌新外滩的战略规划后，提出

煌盛地产中央公园楼盘

了“煌盛·外滩国际”建设项目。

该项目总占地面积 14856 平方米，总建筑面积 51996 平方米，拥有两幢甲级精装写字楼和一幢独栋兼顾大型商业与金融配套写字楼。两幢写字楼均为 22 层，国际标准精装修交付，傲立于朝阳新城繁华中央，360° 景观环绕无遮拦，坐拥得天独厚的稀缺一线江景资源，缔造无与伦比的商务价值。

2013 年 9 月 11 日，“煌盛·外滩国际”项目的竣工，标志着煌上煌集团在地产界全新起航。虽然项目规模不是很大，但对褚剑本人来说，是他从门外汉迈进房地产领域难得的历练机会，项目让他积累了很多丰富的经验，也是他事业迈向房地产领域的崭新一步。

煌上煌为适应南昌市政府打造新昌南的规划，几经奔波，终于成功地将煌上煌位于迎宾大道的 237.44 亩工业用地老厂房转变为商住用地。

褚剑带着母亲的嘱托，带着“煌上煌”的期望，在房地产这一新的领域开始了新的征程——积极打造煌盛中央公园。总规划 40 万平方米的楼盘，对褚剑本人而言又是一个新的挑战和考验，同时为煌上煌在房地产领域扬帆远航掀开了新的篇章。

董事长褚剑和总经理蔡骏扬有着精益求精的作风，一手抓项目进度质量，一手抓楼盘营销。“煌盛中央公园”由前身为美国 TONTSEN 建筑设计公司的上海方大精心设计，项目施工则是由荣获建筑业“鲁班奖”的江西中恒建设集团承担。

2015 年 11 月 22 日，“煌盛中央公园”举行首次开盘，现场客户达 1000 人，总推售 245 套，销售 220 套，创昌南 2015 年开盘人数最多、单日销售金额最高纪录，在区域内影响力、知名度、口碑各方面得到很大提升，真正成为区域标杆楼盘。2017 年，煌盛中央公园硕果累累，以 10 亿销量撼动昌南市场，稳居南昌 TOP15！褚剑乘胜追击，下决心把煌盛中央公园打造成集休闲、购物、娱乐、商务、金融、居住于一体的高端商务绿色住宅群。

褚剑没有辜负母亲的期望，把“煌盛地产”经营得风生水起，自 2012 年开始启动到 2018 年，每个楼盘开盘后销售都很红火。

如今,“煌盛”地产旗下的南昌县“悦佳广场”商业综合体已开始销售，在打造“昌南首座全家庭体验式 5N 商业体”的同时，位于朝阳南滨江区域的熙岸公园项目、南昌县象湖新城的春江天玺项目、东乡“煌盛中央公园”正如火如荼建设中。近期,“煌盛”又在南昌东站罗家集拍了一段地块，实现了“七盘耀南昌”的布局。

“一带一路”，跨出国门

江西茶油“茶百年”的打造、武功山温泉项目的开发、“合味原”的转型、“煌盛”地产的开盘……煌上煌“多元化”一路驰骋，迅猛发展。

2014 年，在国家“一带一路”倡议的实施推进下，江西作为农业大省，积极推进“一带一路”建设，为江西对外开放型农业发展新格局带来了重大机遇。这一年，徐桂芬夫妻敏锐地嗅到商机：江西在重点支持比较有优势的民营企业和农业产业化龙头企业，加速融入“一带一路”建设方面未雨绸缪，先行而发。

江西农业融入“一带一路”倡议，重点是要下好“走出去”、“卖出去”和“引进来”这三步棋，使江西成为“丝绸之路”经济带上的现代农业发展模式示范的重要中心、农业对外交流合作的重要平台、绿色有机农产品出口的重要基地，续写江西在“丝绸之路”的历史辉煌。

徐桂芬夫妻认为，煌上煌在国际市场的地位和形象还有较大提升空间。国家“一带一路”倡议不仅搭建了文化交流桥梁，也为企业开启了通往世界的大门。意识到抓住国家“一带一路”倡议机遇，充分利用国际国内“两个资源”和“两个市场”，为煌上煌品牌“走出去”带来了千载难逢的好机会。

所有的美好，都因恰逢其时。

2015 年初，徐桂芬和褚建庚两人的目光几乎不约而同都落在了新西兰。

新西兰，位于太平洋西南部，在“一带一路”版图中处在海上丝绸之路的南太平洋支点，被誉为“世界最后一块净土”。新西兰具有得天独厚的农业资源优势，现代农业的发展水平居于全球前列，也是世界上少数几个依靠农业立国并进入发达国家行列的国家之一。

因为女儿褚琳在新西兰留学期间，徐桂芬和褚建庚每年都要飞往新西兰看望女儿。而在每次前往新西兰的过程中，夫妻俩都要抽出时间考察新西兰农业发展各方面的情况，希望对煌上煌的经营发展能有所借鉴。因而，他们对新西兰的农业发展情况较为熟悉。也正因为如此，夫妻俩在选择煌上煌海外投资发展的国际市场时，自然也就首先想到了新西兰。

而让徐桂芬和褚建庚没有想到的是，新西兰此时也是江西省委、省政府引领企业顺应国家“一带一路”倡议积极拓展国际市场，重点关注的国家之一。

在这一过程中，江西商务厅等部门积极牵头，主动和“一带一路”主要沿线国家接洽，在这些国家为江西企业寻求优质投资项目。因为新西兰先进的农业发展水平和良好的农业资源禀赋，因此，在江西谋划农业企业“走出去”的过程中，新西兰被确定为江西农业项目“走出去”和对接资源的重点国家。

在新西兰的山坡、沿海地区、森林边缘，长着一种叫作麦卢卡的红茶树。每逢初夏，在这块南太平洋的净土之上，艳阳高照，气候宜人，雪白色的麦卢卡花朵迎风怒放。它盛开的花朵会引得成群的蜜蜂来采集花蜜。

蜜蜂采集这种茶树花酿制而成的蜜“麦卢卡蜂蜜”。“麦卢卡蜂蜜”浓醇蜜香，质滑芳甘，气蕴天成，风味迷人，且具有其他蜂蜜所没有的活性抗菌成分——UMF 独麦素，它的特殊治疗能力甚至超过很多传统的药品，

煌上煌新西兰公司农场

这使其优于其他蜂蜜，成为世界上最珍贵的蜂蜜之一。因此，麦卢卡蜂蜜也被称为“蜜中极品”。

新西兰也是世界上唯一有法律明文禁止对蜜蜂使用抗生素和其他药物的国家，其蜂蜜产品符合世界药物管理 GMP 标准。其独特的抗菌特性更是让新西兰麦卢卡蜂蜜名声大噪，成为进口蜂蜜高端市场中的代表性产品。

在与新西兰洽谈项目合作过程中，2015 年初，江西省商务厅将麦卢卡蜂蜜项目确定为引领江西农业项目“走出去”的重点项目之一。

随后，江西省商务厅向煌上煌重点推介了这一项目。经过半年多时间的项目考察和洽谈，徐桂芬和褚建庚十分看好这一项目。于是，徐桂芬夫妻俩就着手在新西兰收购了一座农场，主要用于蜂蜜原料基地种植麦卢卡树，以及利用火山土资源种植葡萄，酿制优质葡萄酒。

紧接着，煌上煌投入巨资收购了一家新西兰蜂蜜加工厂，以及一个蜂蜜销售公司。最终合并成为控股“新西兰新溪岛蜂蜜公司”。

“新溪岛蜂蜜公司”总部位于新西兰奥克兰市，生产工厂位于知名旅游胜地罗托罗瓦。经过快速发展，如今新溪岛已经形成了麦卢卡树种植、蜂蜜加工、产品销售在内完整的蜂蜜产业链，产品销往大洋洲、美洲、亚洲和欧洲各地，并已成为中国地区新西兰蜂蜜第三大销售商。值得一提的是，新西兰新溪岛蜂蜜公司还受邀请参加了在中国上海举办的 2018 年第一届进口博览会，产品在会上广受好评。新溪岛的蜂蜜均通过 UMF、RMP、新西兰生产、欧盟认证等权威认证，拥有独一无二的顶级品质。

煌上煌“新西兰新溪岛蜂蜜公司”在新西兰快速扩展，市场销售形势喜人。由此，煌上煌在海外拓展路程上迈出了坚实的第一步。

在成功投资新西兰麦卢卡蜂蜜项目，迈出煌上煌国际化发展步伐的同时，煌上煌国际化战略视野随之开阔。煌上煌抓住新西兰旅游业迅猛发展的契机，在新西兰南岛世界知名景区“皇后镇”投资建设酒店项目也即将启动。这也是进军海外地产的一个大胆尝试。

为打理好新西兰项目，除了合作股东之外，徐桂芬夫妇又引进了一批优秀管理团队，为项目健康发展提供了人才储备。

“一带一路”格局宏大，煌上煌将搭上这艘伟大的“诺亚方舟”，继续进军东南亚市场，为煌上煌走出国门试水远航。

“一带一路”可以说是徐桂芬夫妇共同的杰作，夫妻俩配合默契，不约而同地聚集到了煌上煌迈向国际化发展这一战略上，从当年徐桂芬刚创办煌上煌时，褚建庚用具有的前瞻目光的发展战略给企业定位，梦想成为像“麦当劳”、“肯德基”、“星巴克”那样全球连锁的世界名企开始，夫妻俩风雨同舟几十载，共同为这一宏伟的目标奋进。是褚建庚当年的这句话语，点燃了徐桂芬的创业激情，让无数的“煌上煌人”为这一目标而共同奋斗，用二十五年的风雨砥砺，共同书写了煌上煌的传奇故事。

徐桂芬一旦明确了目标，就会坚定不移朝着这个方向走下去。其实，早在煌上煌启动筹划上市之时她就开始为“百年老店”作准备，而“一带一路”的宏伟格局和构想，将为煌上煌未来打造“百年老店”做铺垫。

二、未来已来，将至已至

徐桂芬当初是靠一双勤劳的手、靠“商战”和拼搏精神打天下，而新一代的领导人褚浚则是靠智慧、靠资本运作去抢占市场。当企业在资本运作下发展顺风顺水的时候，徐桂芬看在眼里、喜在心上；当企业发展出现问题时，她就像个随时准备冲锋陷阵的战士，为企业“保驾护航”。

重拳整治，厚积薄发

当徐桂芬把上市公司董事长的位置交给了长子褚浚，在理顺了武功山温泉项目、整顿了“合味原”酒店，以及看到煌上煌上市公司在褚浚的领导下，一批批的“新生代”、“煌二代”等以锐不可当之势创造了煌上煌的一个又一个传奇时，徐桂芬对各分公司市场彻底放心了。但当她看到集团内部管理人心涣散，亟待整治时，她这个董事局主席又心急如焚、按捺不住……

徐桂芬明白，当今企业再靠过去的方法肯定是行不通的，时代不同、方式也不同，领导人和企业一样，都要与时俱进才能立于不败之地。褚浚作为上市公司新一代领导人，每天忙于上市公司日常工作包括资本运营等重大项目；丈夫褚建庚每天忙着做文化产业；小儿子褚剑忙着房地产事务和冷链物流项目的筹建，女儿褚琳则是忙着管理“合味原”酒店公司。整治集团的日常工作自然就落在徐桂芬身上了。

为什么徐桂芬这六年对集团管理会放松呢？以前她认为集团是个管理机构，只要把主业上市公司经营好，问题就不大，其他分公司都引进了总经理去正常运营。所以，她把更多的精力放在了“武功山”和“合味原”

的整治上。

随着企业上市后的知名度越来越大，旗下分公司的发展规模也不断扩大，特别是房地产发展如火如荼，“茶百年”经过十年的发展也势如破竹，并且还有很多的新项目有待开发。徐桂芬意识到，集团化的管理已经迫在眉睫，旗下的所属公司必须要在集团统一管理下运行，如果管理不到位、机构不完善，就会制约整个集团的发展。

于是，徐桂芬立马完善了集团几个部门的管理制度和考核标准，很快就理顺了行政人事中心、项目发展中心、监察审计中心、资产管理中心。这其中，最难啃的“硬骨头”就是财务管理中心。因为财务管理中心相当于整个集团的“命脉”，管理不好就会出现大问题。

早在“武功山”出纰漏的时候，徐桂芬就发现财务管理中心存在很大问题。当时，她果断地辞退了财务总监。后来又陆陆续续聘请了几任财务总监，结果都不尽如人意，以至于集团财务管理中心一直处在“病态”中开展工作。

记得在 2016 年的下半年，徐桂芬在清理账目时发现了一些“陈芝麻烂谷子”乱账，甚至还有二十年的老账都没有清理。徐桂芬认为，财务管理中心是一个企业“当家理财”的重要部门，就像一家企业的“命脉”，是重中之重！如果财务管理中心还停留在现有状况，那一旦出现像“武功山”那样的问题，那后果就不堪设想。

这个时候，徐桂芬理清思路，她心里很清楚，老板可以不会做账，但要懂财务管理知识，首先要自己加强学习，要学习财务管理知识。在过去的二十多年里，徐桂芬看财务报表只是看赚了多少钱，毛利率是多少，资产增长多少，她觉得一个女人没学过财务知识关系不大，只要能看懂报表上的几个数字就够了。

但是现在徐桂芬不这样认为，当企业老板不懂财务的时候，除非是运气特别好请到一个非常专业的财务总监，那老板可以完全放手。在这方面，徐桂芬觉得自己是失败的，因为她不懂财务知识，绕了很多弯路，换了几任财务总监。

为了处理集团一些没弄清楚的呆账、烂账，徐桂芬开始严补“短板”，学习财务知识，不懂就虚心向专业人士请教或上网查资料，拿出了当年创业的劲头："我觉得一个人是逼出来的，就跟创办煌上煌一样从'外行'变'内行'。学习财务知识道理也一样。"

徐桂芬从头开始学，每天晚上学习到十二点，理论结合实践，边学边针对集团的财务状况进行分析比较，从中找差距和不足。甚至在去年过年期间，她放弃了与全家人去珠海旅游，而是把公司有关财务资料搬回家里，一个人如饥似渴、废寝忘食地学习。想起那年在"武功山"与员工一起过年时，一位总监说希望明年春节徐桂芬能在家里度过。果不其然，这次的确是在家里过春节，但与之不同的是，这次是在家抱着一堆财务书本过年。

她拿出了当年学习算盘的劲头，每天早上五点就起来查资料，就像当年学算盘"走火入魔"一样。

徐桂芬在一年间系统学习和掌握了很多财务管理知识，包括对应聘的财务总监，徐桂芬提的问题很专业，把关非常到位，连财务部的专业人士都对她刮目相看，佩服徐桂芬超强的悟性和学习能力。过去，她总觉得自己年纪大了，作为老板没有精力去系统学习这些知识，但是现在她觉得过去那都是为自己找借口。如今的网络这么发达，任何学习内容在网上查阅很方便，很多优秀的企业家即便是到了七八十岁都还在不断充电。只有不断学习，才能更好地为企业把脉，在关键时候才能挺身而出，为企业做出更好的决策。

活到老、学到老，当一个人停止了学习的脚步，才是真正"变老"的开始。虽然徐桂芬年逾花甲，但是企业家的精神是永远改变不了的。

虽然徐桂芬六十多岁，但她精力充沛，只要为了企业，她浑身就有使不完的劲。在系统学习了财务知识后，如总监位置空缺时，她亲自当"总指挥"，对财务管理中心进行彻底"大洗牌"。此后再也没有人能在财务知识方面"忽悠"她了。

当然，财务部的"大洗牌"并没有预期的那么顺利，在从"猎头"那引进人才时，也会遇到经验不足的"人才"，对于不适合企业发展的人，在试用期未满六个月之前徐桂芬就毫不留情地辞退。同时，她安排人事制定对新入门的财务管理人员，不仅要签订职业承诺书，而且要求在六个月试用期间，每个月都要把必须完成的事项和要求列成一张清单。当应试人看到这张清单，有水平的没问题，没水平的知难而退，这样大大降低人事成本，还高效节约了时间，对财务人员把关也更精准了，这大大推进了财务工作的进展。

在重拳整治下，把财务部门的所有流程及管理都弄清楚后，徐桂芬根据自己所感悟和学到的财务管理经验，要求新来财务总监制定了财务管理部门的一套整体规划，把每年要做的事情都清清楚楚地形成了财务管理制度，并且制定了考核范围。

紧接着，徐桂芬要求审计部门要不定期审计，徐桂芬对财务管理中心的原则是：做实账、不偷税，因为违法的成本比守法成本更高，煌上煌要做诚信的企业。集团各部门在“总指挥”徐桂芬的亲自坐镇下都在改变工作作风，管理越来越规范，特别是财务管理中心成效显著。

在“集团管理整治”之后，徐桂芬总该缓缓气、歇歇脚了吧？很多人劝她安享晚年，但是徐桂芬自己却不是这样想的，她就像是一个随时准备冲锋陷阵的“战士”，永远保持着“战斗”的激情。紧接着，徐桂芬又斗志昂扬地开始协助丈夫和儿子打造企业文化，构建集团的“三馆一体”……

文化产业，“三馆一体”

◎“源”在酱卤文化博物馆

每个企业都有它的个性，有的豪放、有的雅致、有的温馨……企业就像一本打开的书，不同的人有不同的读法，自然也会读出千百种不同的韵味。用“气贯长虹”四个字来形容煌上煌一点也不为过，这个当年从绳金塔下走出的小作坊，已然成了江西一道靓丽的风景线，特别是煌上煌打造的“三馆一体”，无不让人叹为观止，感慨万分。

酱卤文化是中华饮食文化中的一朵奇葩。酱卤食品历史悠久，是我国传统餐饮食品，是中华饮食文化遗产的一部分，是中华饮食文化的精髓，是中华民族五千年饮食加工实践的结晶，是勤劳智慧的中国人民创造的饮食文化瑰宝。因此，传承中华酱卤文化，弘扬中华酱卤文化，推动中华酱卤文化“创造性转化、创新性发展”是煌上煌人的光荣使命和梦想。

走进“酱卤文化博物馆”，你可以了解中华酱卤文化的“源”，中华酱卤文化的“根”。那栩栩如生、笑容可掬的“店小二”，那窗口排队购买卤菜的“顾客”，那让人垂涎欲滴、酱香浓郁的各种卤菜，以及那沉淀了千年的酱卤文化全息投影屏……无不让人拍案叫绝，仿佛身临其境，仿佛让人瞬间穿越到了远古时代。

走进大门口，映入眼帘的是一尊浮雕。“香风缕缕馋无数，美味悠悠醉九州，酱香能招天下客，卤味能引洞中仙”，浮雕下面的这首诗，生动形象地阐释了酱卤悠久的历史与深厚的文化底蕴。馆内的一条宋代为时代背景的商贸古街，有绸缎庄、卤肉店、酒楼、茶坊、粮行、杂货铺、调料店等，古街内店铺兴旺发达，活灵活现地展现了宋代商贸往来的繁荣景象。

穿越长长的“酱卤文化博物馆”，从远古时代“穿越”到现代，那香味浓郁而又熟悉的创业初期“煌上煌烤禽社”再现眼前。窗口那背着条纹帆布挎包和穿着中山装套装的“顾客”，见证了一个企业从无小有、从小到大的传奇故事。

这就是煌上煌投资 3000 余万元，占地 6000 平方米、建筑面积 3000 平方米打造的“酱卤文化博物馆”。馆内的长廊仿佛让人“穿越千年”，向世人展开了一幅传承中国酱卤文化的壮丽画卷，让人感悟到徐桂芬反复强调的“我们卖的不是产品，我们卖的是一种文化，是一种煌上煌精神”的真谛。

煌上煌酱卤文化博物馆一角

◎ **“品”在民间文化收藏馆**

当你感受了那穿越千年、笑容可掬的“店小二”，感受了“酱卤溯源，魂魅天下”的南卤北酱，感受了川、粤、潮、客家等四大卤系，感受了“书中自有黄金屋，书中自有酱卤香”的酱卤飘香之后，再去感受那充满悠久历史气息、古香古色、琳琅满目……能触动你灵魂深处的“民间文化收藏馆”吧。

谈到煌上煌的“民间文化收藏馆”，要从三十年前褚建庚的一次庐山之旅开始讲起。

三十年前的一天，褚建庚去庐山旅游时看到一尊木质的“观音菩萨”，他很想把这尊菩萨“请”回来，但当年却因为价格太贵没舍得买。三年后，褚建庚再次与这尊“菩萨”偶然在九江重逢，欣喜之下，他毫不犹豫地把这尊“观音菩萨”请了回来。

从此，褚建庚一发不可收，对收藏产生了极大热情和兴趣。当然，这跟徐桂芬的支持是分不开的。现在，徐桂芬也完全支持褚建庚的收藏事业，逢人就要介绍褚建庚民间文化收藏的成果，宣传褚建庚发展文化产业的蓝图。

经过三十年如同“蚂蚁搬家”的积累收藏，馆内收藏的匾额、红木家具、奇异怪石等各类大大小小的古董几万件，成为名副其实的“民间文化精品收藏馆”。而褚建庚在外界的名气也因收藏愈来愈响，以至于在江西乃至全国有很多人慕名前来煌上煌参观鉴赏，甚至有位外国友人到煌上煌来参观时，在炎炎盛夏这位外国友人汗流浃背地待在馆内研究了大半天后，才满头大汗恋恋不舍地出来。

“民间文化收藏馆”内的几万件古董，每一件背后都有一段令人牵肠挂肚、鲜为人知的故事。如今，它们静静陈设在大厅，仿佛在向世人默默地诉说着那些悲欢离合……

◎ **“聚”在党群文化馆**

天下“煌亲”一家人。2017 年 10 月，在徐桂芬的拍板下，煌上煌投资 3 百万元将党员活动室扩建为 1600 多平方米的党群活动中心——“煌亲驿站”，为党员、员工、青年、妇女营造了一个现代、开放式的党群活动中心。

“煌亲驿站”包括议事区、展示区、学习区、健身区、服务区、教学区等六个区域，将党性教育与文化交流、运动健身融于一体，为企业党员、员工、青年、妇女营造一个温馨、现代、开放式的党群活动中心，成为集团党员和员工学习党章、党史、党纪、党建的主阵地。集团党委依托“煌亲驿站”，突出政治功能、服务功能，坚持开展“四心”推“四强”活动，即“凝聚爱心，企业回报社会强；守法诚心，员工回馈企业强；不忘初心，党员回归本色强；筑梦同心，组织引领发展强”。

徐桂芬坚持用党建文化引领企业文化的前进方向，用中国梦和社会主义核心价值观凝聚共识，汇聚力量。她带领企业整合企业文化资源，要求管理部门着力办好企业报纸、网站、宣传展板，做到企业网页、微信公众号、QQ 群、微信群及时发布企业新信息、新动态。

徐桂芬一直十分重视党建带工建、党建带团建、党建带妇建，积极推动群团工作的开展。在她的策划和支持下，集团先后于 1996 年成立工会、2003 年成立共青团、2004 年成立妇女联合会、2005 年成立武装部等群众组织。为推动群团活动有声有色地开展，徐桂芬在财力、物力、人力上给予大力支持。目前，煌上煌集团形成了“党工青妇”四位一体的群团工作新格局，推动企业精神文明深入持续开展。

煌上煌抓党建、促发展，抓发展、促党建的举措产生了显著的经济效益和社会效益，先后荣获全国“双强百佳先进党组织”，江西省“厂务公开民主管理先进单位”、“劳动关系和谐企业”以及南昌市“先进基层党组织”等殊荣。

2011 年 9 月 15 日，“全国非公有制企业党建强、发展强百佳党组织”评选结果发布仪式在北京人民大会堂隆重举行。煌上煌被授予“双强百佳党组织”光荣称号。集团总裁褚建庚参加了授牌仪式，受到时任党和国家领导人的亲切接见。集团党委书记褚建庚从北京载誉归来后，徐桂芬激动万分地在集团党委换届大会上深情地说：“作为企业投资者，我一定全力支持企业党建工作，为把煌上煌集团党组织建设成为学习型、服务型、创新型基层党组织，与全体党员心连心，手挽手，肩并肩，共发展，同奋进。”

2018 年 8 月，集团党委成立了“煌上煌新时代传习所”。徐桂芬主动安排自己担任新时代传习所所长。她下决心要把“新时代传习所”打造成传理论、传政策、传法律、传精神、传技术、传文化的综合性文化宣传主阵地；要把新理念、新思想、新举措落实到提高管理队伍、员工队伍素质上，落实到促进转型发展上，落实到提高企业经济效益上。

未来，“煌上煌”将斥巨资在南昌打造首个“文旅商生态圈”，将文化、旅游、商贸三个产业有机关联起来，形成一个在传统旅游的“吃、住、行、游、购、娱”六元素上注入“商、学、养、闲、情、奇”六个新元素的可持续发展的复合业态产业集群，以此促进江西文化产业、旅游产业和社会经济的发展，为打造“田园综合体”做文化积累。

冷链物流，城市商圈

二十五年后的今天，煌上煌再次乘风破浪、扬帆远航，“六大板块”并驾齐驱、“三馆一体”美名远扬。除了打造企业文化，徐桂芬还有一个尚未实现的梦想，那就是大力推动生鲜冷链，为煌上煌未来的“百年老店”作铺垫。

煌上煌在建设煌大年屠宰加工 2000 万羽肉鸭生产线的同时，徐桂芬也在思考冷链屠宰在满足煌上煌自己需求外，还要寻求更大的发展空间，探索构建煌上煌冷链生鲜物流体系。

徐桂芬经常出国，她喜欢关注国外的食品安全和销售模式，她发现西方国家根本就看不到活禽现场宰杀脏乱差的现象。无独有偶，早在 2013 年，我国许多省份爆发 H7N9 型禽流感疫情后，作为十二届全国人大代表的徐桂芬通过调研意识到，传统的农贸市场活禽宰杀已经难以适应社会发展，这种分散型的活禽宰杀存在很大的食品安全隐患。

徐桂芬认为，农贸市场活禽宰杀，其活禽来源不具备检疫把关，难免其中有易传播的疫情病毒，这也是人感染禽流感病毒 H7N9 的途径之一。农贸市场活禽宰杀场所的污水、污浊气体，也极易造成对城市环境的污染。

为规避这一风险，规范活禽宰杀，徐桂芬在 2014 年和 2017 年先后两次向全国人大提交了《关于取缔农贸市场活禽宰杀的建议》。她呼吁，国家将发展禽类工业化屠宰、取缔农贸市场宰杀活禽、减少活禽上市，作为一项既定的、重要的产业政策和防疫措施长期坚持下去，禁止在城市中心城区的农贸市场、餐饮饭店等进行活畜禽交易和宰杀，阻断疫源。同时，加大扶持力度，对家禽实施工厂化集中屠宰加工。这一建议，得到了省内外媒体的争先报道。

在徐桂芬看来，家禽实行工厂化集中屠宰、统一配送供应给市场，一是有利于集中检验检疫，防止病死禽肉流入市场；二是工厂化屠宰消毒严格，能有效防控 H7N9 的传播；三是工厂化屠宰加工能标准化生产，对胴体实行冷却排酸，提升禽肉产品的风味口感质量；四是工厂化集中屠宰便于食品安全监管机构的统一监管，有利于推进屠宰加工与养殖环节的对接互动，最大程度推进农产品的养殖环节以及安全品质责任的落实。

徐桂芬决定从自身企业做起，通过煌上煌“鸭”字产业来延伸产业链，充分利用环鄱阳湖地区生态麻鸭养殖优势，依托煌上煌 2000 万羽工厂化屠宰线优势，在满足供应煌上煌熟食自身所需原料的同时，重点推出麻鸭冷鲜制品，以“冷链物流”的方式进军商超卖场和农贸市场、生鲜农副产品批发市场等领域。通过这两大渠道让放心冷鲜肉制品进入千家万户，让消费者吃上放心食品。

为实施这一目标，煌上煌在 2018 年正式以褚剑为主组建生鲜业务管理团队，大力发展生鲜业务，做好生鲜市场销售网络布局，重点向这两大渠道的生鲜批发市场发展。通过企业屠宰加工的冰鲜鸭以及进口巴西等国家物美价廉的冰鲜牛羊肉分割加工，来加大“集中屠宰、冷链配送、生鲜上市”的步伐。

煌上煌未来的冷链物流就此开航。位于南昌小蓝经开区的冷链物流项目已经开工建设，未来 10 年将在全国的生产基地和市场布局：在肉鸭屠宰环节建设有速冻库、冷冻库、冷藏库、冷藏排酸库共计 10000 吨；在熟肉制品加工、预冷、贮存环节配套冷冻库 12000 吨、6 吨 / 小时熟食快速冷却隧道 5 条；熟食产品冷藏保鲜库 1000 吨；在配送环节添置冷藏车 120 多辆；在每个门店配齐配足功能不同的冷冻柜和冷藏柜。同时，冷冻生鲜批发市场配套设有吃、住、行“一条龙”服务。

配合冷链物流系统的建设，煌上煌制定精准订单预测、标准化品类管理、快速配送、快速库存的产品周转信息管理机制，制订出一套能做到覆盖采购、检测、仓储、运输、销售并符合冷链物流业态规范的企业内控标准体系。强大的设施设备、完备的标准体系、完善的服务保障，组成了冷链物流“三大支撑”体系，覆盖了生产加工、储存运输、门店销售、批发市场的全过程。

二十五年来，煌上煌在同行业中创造了六个率先。第一，率先在同行业采用蒸汽夹层锅烹煮产品，实现传统产品工业化生产。第二，率先在同行业发展连锁加盟，从而快速扩张市场连锁经营。第三，率先在同行业门店采用冷链岛柜销售，确保产品新鲜度。第四，率先在同行业内成功 A 股上市，从而走向资本市场。第五，率先开启了行业“智能零售”的先河。第六，率先开启了中华酱卤文化博物馆。未来，徐桂芬还将力争打造行业 N 个率先，做好行业的“领头羊”。

实现打造“百年老店”的目标，煌上煌将与时俱进、永远走在时代的前沿！

三、感恩社会，幸福是奋斗出来的

二十五年来，“煌上煌”一路劈波斩浪、砥砺奋进。是消费者的支持、是国家的好政策、是无数可敬可爱的“煌上煌人”，共同推动着企业的每一步发展，共同书写了煌上煌的传奇故事，共同演绎了煌上煌的昨天、今天和明天。

怀揣着一颗感恩的心和家国情怀，徐桂芬努力去回报社会。

家国情怀，感恩所有

人生走过了大半个世纪，徐桂芬更加珍惜、关心家人和身边的朋友，那些曾经为煌上煌立下汗马功劳的老同事、老员工，以及曾经一起下放的知青、老师和同学们。

2018 年 4 月 11 日这天，为了感谢当年那些和她一起下放的知青、老师和同学们，徐桂芬策划了“冶城共大三连一排”的五十周年聚会，本次的活动及费用全由煌上煌负责。为了当好东道主，为了纪念那段难忘苦涩的知青岁月，徐桂芬想把她的李老师请到聚会现场，只可惜活动当天，李老师身体抱恙，只委托妻子和女儿到场参加。

当“那些年，我们一起走过——南昌四中六九届、三连一排迁冶城共大 50 周年纪念”的视频在聚会现场播放时，已是花甲之年的老同学们忍不住潸然泪下，相拥而泣。

紧接着，2018 年 7 月，徐桂芬又组织了“南昌市食品公司肉食总店成立四十周年联谊会”，把自己曾经在肉食品公司一起工作的同事们请到煌上煌来欢聚一堂，共叙旧情。

煌上煌十周年的主题是请一些早年打拼的第一代“煌上煌人”回家看看。

为了报答已经退休的老员工，记得煌上煌十周年之际，徐桂芬把那些曾经创业时跟随自己一起打拼的老员工们都请了回来。请这些老员工常回“家”看看。不仅给这些老员工发放了精美礼品，而且亲自带领老员工们参观当年绳金塔下煌上煌的旧厂址。

时过境迁，看到如今已变成“夫子庙”的煌上煌旧址，老员工们摸摸这里，看看那里，禁不住老泪纵横。来“夫子庙”烧香的人大都道这里曾经是煌上煌生产厂房的一块“宝地”，当年煌上煌就是从这里发家致富，从集团成立到一路扩厂，再到海外建厂，所以来这里烧香的人特别多，这里的香火特别旺。

徐桂芬和老员工们相聚在绳金塔下，一起拍照留念，一起唱歌，一起欢笑，一起流泪。

岁月如歌，时光如水。人的生命是有限的，但与“煌上煌人”的那份真情却是无价的，每当和他们相聚在一起，徐桂芬的内心充满了感恩，是

10周年与创业老员工留影

他们曾经的付出让煌上煌一路跌跌撞撞地发展到今天，煌上煌永远都不会忘记他们。

在煌上煌十五周年之际，徐桂芬又特意请鸭农、鸭业协会等到煌上煌一起欢庆，为此还编排了一场丰富多彩的文艺晚会；二十周年时，煌上煌除了把原来的新老员工邀请过来欢聚一堂，还特别请了江西省委、省政府的领导一起共同见证煌上煌爱心基金会成立以及煌上煌上市一周年晚会活动；2018 年是煌上煌二十五周年庆典，届时将举行酱卤文化博物馆开馆仪式、新书发布会，期间将表彰“十大风云人物”。这也是煌上煌每五年开展评选的惯例。

等到煌上煌三十周年的时候，徐桂芬还要举办更有意义的活动，让“煌上煌精神”代代相传……

诺贝尔文学奖获得者马尔克斯说，生活不是我们活过的日子，而是我们记住的日子。生活如果没有纪念和回忆，就好像这一生从未活过。

今年是改革开放四十周年，每当回忆起曾经的那些酸甜苦辣，徐桂芬就觉得自己能拥有今天的幸福生活是很幸运的，虽然幸福的背后是用泪水浸泡出来的。但是她的内心却是充满了感谢：“如果没有改革开放，就没有煌上煌，也就没有我个人的辉煌和幸福。”

感谢上山下乡，磨炼了我的意志，造就了我吃苦耐劳的性格。

感谢改革开放，让煌上煌沐浴春风一步步成长，没有国家对农业企业的支持和帮助，煌上煌也走不到今天；

感谢父母和亲人，是父母和丈夫、姐弟与煌上煌的风雨同舟、患难与共，让煌上煌一步步发展壮大；

感谢贵人和朋友，是友情让煌上煌感受到温暖与快乐，让煌上煌走过最艰难的岁月；

感谢“煌上煌人”，是无数“煌上煌人”的无私奉献凝聚出智慧和力量，让煌上煌如凤凰涅槃般浴火重生；

感谢竞争对手，是对手们的一次次挑战，激发了煌上煌求胜的勇气和智慧，学会了在坚韧不拔中一次次战胜对手；

感谢忘恩负义的人，让煌上煌学会了宽容与忍耐，是他们让煌上煌更加奋发图强；

……

生在红旗下，长在新中国的徐桂芬最感谢的是这片热土——中国。

有国才有“家”。“曾经，你是那样的积贫积弱；曾经，你是国土饱受战火；曾经，你的人民受尽歧视欺凌；曾经，你家不像家国不成国；后来啊，一声巨响，你的山河变了颜色，五星红旗迎风飘扬；你从此开始了国家建设，你走进新时代愈来愈自信。”

有“家”才有企。大到一个国家，小到一个企业，再到一个人……煌上煌从弱小到强大，在改革开放中一路坎坎坷坷走到今天，践行了中国在推进改革开放的伟大进程中，一家民营企业在“摸着石头过河中”饱受磨难的发展历程。煌上煌不仅是中国民营企业的一个“缩影”，而且是一部波澜壮阔的时代史诗！

回报社会，热心公益

穷则独善其身，达则兼济天下。二十五年的大浪淘沙，殚精竭虑，二十五年来，徐桂芬抗洪抗震救灾、扶贫修桥修路、资助失学儿童，援建希望小学，解决下岗职工再就业……始终用感恩之心回报社会。

二十五年来，徐桂芬不仅圆梦煌上煌，而且投身公益事业为社会慈善尽一份力。

在扶贫济困、在抗洪救灾、抗击非典、九江地震、四川地震、铺桥修路、资助困难弱势群体、兴办希望小学等活动中，共计捐款捐物五千万元。向敬老院送温暖、向贫困家庭赠送过年物品、慰问留守儿童、资助贫困大学生、为下岗特困职工、南昌市福利院、宜黄孤寡老人送温暖，甚至她把慈善事业做到了柬埔寨等国外。希望工程、印度洋海啸、诊治白内障、解除劳教青年、扶助贫困母亲、帮扶百户脱贫、乡村公路修建等多次捐款捐物，无偿为养殖户援建鸭棚、开展精准扶贫帮扶……煌上煌的善举得到社会各界的赞誉。把退休的老人们接到企业来参观、聚餐；为洪水、地震等灾区捐款捐物不计其数；资助失学儿童，捐款一千多万元兴办希望学校。有报纸总结说“哪里有灾难，哪里就有煌上煌”、“哪里有困难，徐桂芬就向哪里伸出援助之手”。

作为一名成功的女企业家，徐桂芬热心投入到社会公益活动中，并参与妇联的活动，为妇联晚会捐款、捐建希望学校、春蕾学校、春蕾班，帮助那些需要帮助的人。担任女商会会长期间并带领江西女商会，让更多的女企业家投入到社会责任和慈善中。徐桂芬把做慈善融入自己生活的点点滴滴，力所能及地为社会做一些善事。

一次，徐桂芬无意中从报纸上看到一则消息，工农兵医院里有一位心脏病患者，动手术还差 16000 元，拖下去会有生命危险，她立即派人去医院为这个患者送去 16000 元医疗费，没有留下姓名。后来，徐桂芬又在《江南都市报》上看到一条简讯：一个不留名的好心人捐助了 16000 元，病人手术很成功。为了鼓励囚犯树立信心，重新走上新的生活，徐桂芬还义不容辞地到监狱去演讲，鼓励囚犯。一封封的“铁窗”来信飞到徐桂芬的手中，她又组织囚犯到企业来参观，去帮助那些囚犯好好改造。

1998 年抗洪，徐桂芬向蛟桥镇北山村灾民捐赠粮食 30000 公斤，向抗洪部队官兵及灾民捐赠慰问品二十多万元，而这一年，煌上煌的发展并非一帆风顺；2003 年，全国抗击“非典”，为南昌市西湖区、湾里区太平乡等地送去医疗器械、衣物及现金等物品，“非典”这年，煌上煌也正面临着惨淡经营的局面；2005 年，九江发生地震，徐桂芬闻讯后，立即给九江县委县政府送去 30 万元支持灾后重建。

每年的春节、元旦、中秋节，徐桂芬总不忘给下岗特困职工、敬老院的孤寡老人、SOS 村的孩子们送去温暖和关怀。

2002 年，听说偏僻的万安枫林学校正兴建的一幢不到五百平方米的教学楼可能成为烂尾楼时，煌上煌毅然投资使之完工；2004 年，徐桂芬携带书籍、体育器材、学习用品等亲临学校去看望师生；2005 年，投入数万元建设学生卫生间；2007 年，又投入十万元为学校建设体育运动场，这一年，煌上煌才刚从 6·22 事件中涅槃重生。

2008 年 5 月 12 日，四川汶川大地震发生后，正在上海参加商会会议的徐桂芬火急火燎地赶回南昌，出席南昌市政府组织的传递奥运圣火捐款仪式，为灾区捐出了 100 万元。随后的 5 月 27 日，在南昌市支援汶川地震灾区共建家园大型募捐活动上，她再次慷慨捐款 50 万元。

2012 年，南昌市举行南昌慈善日暨“慈善一日捐”活动，徐桂芬慷慨解囊，捐款五十万元，以实际行动大力支持慈善事业的发展。

煌上煌万安希望学校

这仅仅是一般的捐赠行为吗？不，不是的，这是一种艰苦奋斗、勤俭创业的精神传承，是一种知恩图报、回馈社会感恩精神的传承，是一种穷则奋勇创业、达则兼济天下仁爱精神的传承！

多年来，为了能让失学的孩子重返校园，徐桂芬先后慷慨捐资数百万元兴建了万安县煌上煌“枫林希望学校”、九江县煌上煌“港口街镇希望学校”、南昌县煌上煌“新洲希望学校”，新建县煌上煌下坊村“春蕾希望小学”。

心怀善心、博施济众。当徐桂芬得知有一位八十多岁的守林老太太，从小就在山林里，与树木风雨为伴，老太太有一个心愿：到省会南昌城里来看看。徐桂芬马上联系当地政府，派车去接老太太到南昌来，亲自安排吃住，还带着老太太游南昌，帮助老太太了却心愿。二十五年来，徐桂芬做过的善事不计其数。

被她救助过的人称她为“活菩萨”，而她对自己有时却很“吝啬”。对于金钱，徐桂芬一直有这样的观点：“赚钱不是为了自己挥霍享受，而是为了实现人生价值，做人要有爱心、有社会责任感，这个社会上有太多需要帮助的人，我也只是尽了自己的一分力量。”

还记得在煌上煌“爱心基金会启动仪式”暨成立二十周年庆典晚会上，当激昂雄壮的音乐声中“煌上煌爱心冠名基金启动3000万”缓缓地拉开了帷幕时，统战部长蔡晓明宣布开启“煌上煌爱心冠名基金”这一神圣的历史时刻，宣告煌上煌爱心冠名基金的正式启动。此时，心潮澎湃的徐桂芬走到台上郑重宣布：“今天，我们煌上煌爱心工程正式启动，这标志着我们将爱心工程坚持到底！借这个机会，我向在座的每位领导、朋友们，每位同仁、观众们承诺，只要煌上煌存在，我们煌上煌爱心工程就永远存在！我老了，儿子接班，儿子老了，孙子接班……煌上煌的‘爱心基金’一代一代相传下去发扬光大，为我们民营企业家真正体现人生价值，为我们社会公益慈善事业做出更大的贡献！”

徐桂芬的话音落下后，空气仿佛在这一秒凝固了，片刻的沉静之后，台下爆发出雷鸣般的掌声响彻整个大厅。

当一个企业发展到一定规模的时候，企业不是个人的，赚钱也不是用来个人享受的，而是国家的，是社会的，是人民的！

在徐桂芬的身上，处处闪现出中国民营企业家的时代烙印，如同她的慈善之行，于润物细无声中汇聚着星火燎原的希望之势。

履行职责，筹建商会

当了十年的全国人大代表，徐桂芬的思路和眼界完全打开了，通过不断学习，她慢慢地得到了社会更多的认可和责任，并当选为全国工商联的执委。从委员到执委，她从中又学到了更多东西。每年，徐桂芬和全国大企业家们在一起畅谈创新，参加中央统战部组织举办的一些活动，和企业家们共同出国考察学习。全国工商联最高活动“中国光彩事业建设者”及“三十周年优秀人物”等活动的举办，激励着一批批的企业家发奋图强。

每当跟这些榜样企业家们在一起交流的时候，徐桂芬虽然感觉自己和他们有差距，但是也觉得很有成就感，能和这些企业家们共同学习让她受益匪浅。在参加这些活动中，徐桂芬认识了很多优秀的女企业家，她虚心地向那些优秀的女企业家们学习，把那些成功的案例和一套套好方法用到自己的企业之中，“江西女企业家商会”的筹建就来源于此前的一次参观学习经历。

那是在 2007 年，时任全国女企业家商会副会长的徐桂芬应邀参加了全国女商会的活动，这次活动组织了全国的女企业家代表去参加澳门女商会成立大会。在这次大会中，徐桂芬认识了被誉为“香江女杰”的全国女企业家商会会长翟美卿，这位国内首创仓储式家居连锁经营模式的女强人在创新理念方面的见解让徐桂芬耳目一新。徐桂芬第一次感到在她面前自己很渺小，尤其是翟美卿已经投入了几亿元做慈善，更让徐桂芬从心底里钦佩。

这次学习彻底打开了徐桂芬的思路，点燃了她建立江西省女企业家商会的信心。徐桂芬心想，同样作为女企业家，自己做事业不仅仅是为了赚钱，而且要有奉献精神。如果能把江西的女企业家们都倡导起来，创立一个属于女企业家展示风采和学习交流的平台，不是更有意义吗？！

之前，江西省工商联也希望由徐桂芬牵头成立一个“江西省女商会”，但当时她担心自己精力不够，怕自己力不从心。当看到翟美卿的大爱无私，也就是那么一刻，徐桂芬想通了：“为什么我不能牺牲个人呢？”这样不仅为省工商联减担子，又给自己一个锻炼的平台。

于是，从澳门回来以后，徐桂芬就把自己的愿望向江西省工商联做了汇报，她的提议很快就得到了工商联的支持。这之后，徐桂芬多次跟相关政府部门沟通，积极奔走，终于到了 2007 年 10 月 10 日，经她一手组织筹建的江西省“女企业家商会”在南昌市红谷滩会展中心召开了成立大会。同时，全国知名女企业家南昌经贸合作恳谈会也在此隆重开幕。

当天，全国女企业家商会会长翟美卿带领全国十二家女商会成员共二百五十多人从全国各地赶来为徐桂芬捧场祝贺，会场里不仅聚集了企业界的女精英们，而且有不少政界人士，包括时任江西省人大常委会副主任的蒋如铭、副省长孙刚、省政协副主席、省委统战部部长王林森，省政协副主席金异，全国工商联直属商会会长瞿怀明等。

政界、商界、名人大腕齐聚一堂，会场布置得流光溢彩，温馨祥和，等到主持人邀请徐桂芬上台致辞的时候，会场掌声雷动。这样的时刻，徐桂芬非常激动，她站在鲜花装点的演讲台前铿锵有力地说道：“桂花飘香，

徐桂芬与女商会姐妹到希腊考察

秋风报喜，江西省工商联女企业家商会隆重地成立了！”

尽管徐桂芬努力让自己的发言字正腔圆，但是在场的很多嘉宾还是听出了她声音中的沙哑。原来，为了筹建商会成立大会，让大会在有效利用资源的基础上办得有亮点，让大家耳目一新，徐桂芬想方设法做了很多努力，甚至在大会成立的前一天深夜还在修改大会方案。

会议举办得非常成功，给每个参会人员都留下了深刻印象，时任省人大常委会副主任蒋如铭在发言中说，会议办得很有影响力，并号召江西女企业家向徐桂芬会长学习。

得到肯定和赞扬是对徐桂芬莫大的鼓舞，接下来，她要做的是带领江西省的女企业家们打造“江西省工商联女商会”品牌，做更多对社会有意义的事。徐桂芬至今都不会忘记当时发言结束，翟美卿会长特意起身与她握手，并在全国多次商会活动中号召向江西女商会学习。

从当初成立的五十人到交班换届的三百多人，虽然碰到的问题和事情也挺多，但整个团队的凝聚力也愈来愈强，工作、学习和活动也愈来愈多。

比如香江集团总裁翟美卿、全国女商会会长刘亭等都是徐桂芬的榜样和力量，她从心底由衷地敬佩，并以此来提升自己。

原本徐桂芬只想做一届，没想到后来一当会长就是七年，她每年组织商会会员学习交流、参观旅游、出国考察。每年三月，徐桂芬组织女商会精英学习“两会”精神，到煌上煌来参观指导。现在虽然不当会长了，但还会一如既往地和女企业家在一起。

榜样的力量是无穷的。让真、善、美在江西女商会这个平台传播出去，让这个平台更多地为社会做善事、做好事。如今，徐桂芬不仅担任江西省女商会名誉会长，而且受邀担任萍乡市女商会名誉会长。在她内心，舍不得离开这些姐妹和组织。

不忘初心，牢记使命

忆往昔峥嵘岁月，看今朝迈向辉煌。“煌上煌人”二十五年的风雨兼程、高歌猛进，换来了前所未有的成功。徐桂芬永远忘不了 2007 年 4 月 21 日的这一天，这一天对煌上煌来说具有非凡的意义，时任国务院总理温家宝到煌上煌集团视察。

“总理来了！”位于南昌市小蓝的煌上煌总部，处处生机勃勃，所有“煌上煌人”都精神振奋心情激动。

徐桂芬却比以往任何领导来视察时都镇定，这种时刻，她容不得自己有半点紧张和激动，她要把自己这么多年拼搏奋斗的成果向总理汇报。她要告诉总理，煌上煌之所以能成功，能有今天的辉煌，离不开党和国家的政策，离不开各级政府的关心和支持，离不开全体员工的团结拼搏。作为一个曾经的下岗女工，能成为一个成功的女企业家，她有太多的话想对总理说……为了满足员工们的心愿，徐桂芬壮着胆子恳请总理和员工们拍了一张合影。

徐桂芬的努力得到了总理的肯定，话别时，总理语重心长地说：“你们做得不错，希望你们再接再厉，为农业产业化和再就业多作贡献，多创造一些就业岗位，多带动一些农民致富，增加农民收入。”

徐桂芬郑重地点点头。带着总理的嘱托，煌上煌“企业 + 合作社 + 农户”的绿色养鸭模式，带动了几万户农民走向致富道路。在江西省九届三次会上和南昌市十二届人大六次会上，徐桂芬一口气提出了三个有关《发展三农，带动农民致富》的提案。二十多年来，煌上煌履行着当初的承诺，共带动全国养殖农民达几十万户，帮助农户增收超过三亿元，带出了一批农民富翁。

穷则独善其身，达则兼济天下。关注返乡农民工、关心农村打工妹、关爱下岗女工……二十多年来，煌上煌安排解决下岗职工几万人。

看今朝，煌上煌已涉足食品加工、油脂加工、酒店餐饮、温泉开发及旅游度假、房地产开发、海外投资、工业旅游等众多产业链，冷链物流批发市场也即将启动，但唱好“农”字经，做足“鸭”文章依然是煌上煌的立身之本。强势推进农产品精深加工，强力带动农户增收致富是煌上煌人永远的追求。作为中国肉类食品行业龙头企业，煌上煌一头挑着农民的小康梦，一头挑着百姓对绿色放心食品的企盼，这份沉甸甸的责任正是煌上煌的“初心”和不竭动力。

不忘初心，方得始终。

从一个喜欢“做梦”的穷孩子到成为一个上市公司董事长，徐桂芬用二十五年的时间上演了一部真实版“中国阿信”的奋斗故事。

不要埋怨生活有多么的糟糕，只要你肯为梦想去奋斗，没有什么可以阻挡你成功，这就是梦想的力量！煌上煌从二十五年前的一个小作坊到中国酱卤第一股的诞生，徐桂芬从一个下岗女工到如今的上市公司掌门人，我们还有什么理由不相信梦想的力量呢？！

徐桂芬从一个为了生计摆地摊、卖菜、卖猪肉、卖香肠、卖烤鸡、开自选商场、卖风味小吃、烘焙蛋糕的下岗女工，到从一个炉子，一口铁锅、一辆三轮车起家，发展到多元化集团化公司和拥有一家上市公司，让煌上煌成了家喻户晓、响彻大江南北的全国知名品牌。而她本人，也在这二十五年间，犹如脱胎换骨般地凤凰涅槃、浴火重生。

沧海桑田，岁月如歌。

还记得1996年曾经当选为“第八次全国妇女代表”，徐桂芬作为江西民营女企业家到北京参加大会那一年的情景，那是她创业以来第一次到人民大会堂参加全国性的大会。

作为妇女代表，到北京后的第二天先到人民大会堂去开预备会，那天的情景至今让她感到难忘。从宾馆到人民大会堂的路上，前面有警车开道，后面紧跟着几十辆排成一字形的代表们乘坐的车。一路上，妇女代表们激动得眼泪不住地流淌，作为全国妇女代表的徐桂芬感到非常骄傲，非常自豪。下车后，一千多名来自全国各地的妇女代表陆续排队进入人民大会堂，身旁是穿着盛装的少年儿童。孩子们手拿鲜花夹道迎接，齐声高呼“欢迎欢迎，热烈欢迎”。

开幕式后，孩子们向全体妇女代表敬献花束，当时徐桂芬坐的位置比较靠前，她激动地接过孩子们敬献的花束，紧紧地握在手中。会议结束后，她把这束塑料花带回了南昌，因为这是她人生中第一次荣获的最高荣誉。开会期间，她认真学习，参加讨论，那时的徐桂芬还不善于言辞，在演讲发言时也没有事先准备发言稿，对着话筒紧张地不知道从何说起，她介绍自己的经历：“我是一名下岗女工……”

那一年，徐桂芬在电视上才能看到的场景，竟然能切切实实地发生在了自己的身上，她真的有些不敢相信。在金碧辉煌的人民大会堂，徐桂芬禁不住心情澎湃：“人民大会堂，我来了！”她在心底一遍遍地默念。在人民大会堂，徐桂芬受到了党和国家领导人的亲切接见，那一刻，她感到一切都像演电影一般。恍惚中，一切又仿佛是梦境。

在徐桂芬的家里，至今仍珍藏着第一次在北京参加会议时带回来的塑料花。会议结束后，她把孩子们献的这束塑料花从遥远的北京带回南昌，珍藏了起来。这不是一束普通的花，这是她的汗水，是她的荣誉。那时，煌上煌才刚刚起步，徐桂芬的经验并不像现在这样丰富，但是通过那次会议交流与讨论，使她开阔了眼界，得到了提升和锻炼。在妇联她也学到了很多东西，明白了一个道理：男同志能做成的事，女同志同样能做成，所以女人要自信、自尊、自立、自强，发挥半边天作用！

随着徐桂芬的创业经历得到社会各界的广泛传播，同时也得到中央电视台的关注。

还记得 2004 年 3 月 25 日，央视七套栏目《致富经》特意邀请徐桂芬做客栏目，对徐桂芬的奋斗经历和事业历程以“卤出来的亿万家产”为题进行了专题报道，并在全国播放。节目在播出后，徐桂芬收到了很多来信，都是对她的称赞和高度评价。为此，徐桂芬也感觉特别自豪和有成就感，因为她的经历给那些尚在创业路上的下岗工人们指出了一条“康庄大道”。

徐桂芬清楚地记得，2011 年那年被评为“全国劳动模范”，在北京受到了党和国家领导人的接见，还登上了天安门；当年 9 月 16 日，第七届全国城市运动会“城市幸福的交响”火炬传递活动点火起跑仪式在南昌八一广场举行。她作为劳模代表被选为火炬手，参加火炬接力传递，感到十分自豪。

在这之后，徐桂芬得到的荣誉也愈来愈多，在人民大会堂参加过数不清的全国大会。比如第十一届、第十二届全国人大代表、全国工商联、全国总工会、全国妇联等各种全国性的会议。对徐桂芬来说，当选为全国人大代表更加来之不易，在当全国人大代表的十年间，她以百分百的认真去履行代表的责任：“当人大代表，对我来讲是一种光荣，一份责任。人家操一份心，我要操十份心。”

到底是徐桂芬造就了煌上煌？还是煌上煌造就了徐桂芬？不如说是改革开放造就了徐桂芬。

二十五年的流金岁月，二十五年的大浪淘沙，徐桂芬从 1992 年邓小平南方谈话后创办煌上煌，到 2018 年煌上煌跨出国门、开拓海外市场，徐桂芬用二十五年的征途演绎了煌上煌从无到有，从小到大，从弱到强，从一个人到一群人的辉煌。

煌上煌的发展史，就是徐桂芬的一部人生奋斗史。精彩人生是靠自己的双手创造出来的，人生就是奋斗的过程，而人生中最美好的风景，就是“在路上”……

奋斗人生，不负芳华

煌上煌倾注了徐桂芬毕生的心血，就像是她的生命一样重要。“煌上煌”三个字的寓意：从辉煌走向辉煌。在煌上煌每一步艰辛历程的背后，都洒下了从辉煌走向辉煌的汗水和泪水。

二十五年与煌上煌的患难与共，如今回忆起来，徐桂芬仿佛做了一个短暂的“梦”。

二十五年前，她在绳金塔踏上了开创煌上煌艰苦卓绝的圆梦之旅，二十五年的披荆斩棘、奋勇向前，在这不平凡的二十五年征途中，煌上煌不仅为社会创造了物质财富，为百姓创造了中国味道，而且贡献了弥足珍贵的精神财富，那就是自强不息、振奋人心、弥足珍贵的煌上煌精神。

在煌上煌创业初期，徐桂芬的父母、姐弟起早贪黑付出了很多艰辛和委屈；徐桂芬的丈夫在企业连锁加盟时，在家庭矛盾中忍辱负重、坚定前行；创业早年那些吃苦耐劳、兢兢业业的老员工，现今仍留在煌上煌的寥寥无几，他们为了企业付出了心血，奉献了青春；有几千个专卖店的加盟商伙伴们，他们放弃了与家人欢聚团圆、坚守在各自岗位上；那些农村养殖社的农民朋友，是他们精心喂养的鸭子才让煌上煌食品走进了千家万户……煌上煌不会忘记他们。

作为煌上煌的创始人，徐桂芬百折不挠、奋勇拼搏的精神也激奋着很多人不断向前，为梦想而奋斗！

让我们回顾一下煌上煌发展史上的三次重大变革。第一个重大抉择是徐桂芬家族管理变革，使煌上煌从一个小作坊式的家族企业走上了集团化管理；第二个重大抉择是“6·22”事件，经历了“冰与火”的考验后，煌上煌重新搬厂，在涅槃中重生。第三个重大抉择是企业上市，成功交班给长子褚浚。

“昨天还没有走远，一切仿佛在眼前，感慨涌动今天，往事并不如烟；跌跌撞撞来时路，几番风雨几度秋，酸甜苦辣不知，忍住泪水不哭；千双手万双手，风雨之中一起走，千分情万般爱，同甘共苦绑在一块；情也不改，爱也永在，幸福大门向我打开，不回头，不言败，活出人生新精彩；光阴映照沧桑荣，鲜花展开笑脸欢，掌声如潮涌起，感动流淌心间……”

这曲《往事并不如烟》唱出了徐桂芬的心声。对于那些为煌上煌开疆拓土、立下汗马功劳的将士们，他们的名字将永远载入煌上煌的史册！

在中国餐桌上摆放着西方快餐的同时，让东方的中国酱卤食品走上西方的餐桌！这是徐桂芬和“煌上煌人”的未来梦想。

一个有志于长远发展的企业就要有放眼世界的胸怀，中国企业要形成国际竞争力，走国际化是必由之路。徐桂芬认为，历史上所有的伟大成就，都是由于战胜了看似“不可能”的事情而取得的。要让煌上煌走向国际市场，要成为“百年老店”，要成为像“星巴克”那样的国际型、世界级的中国名企！

徐桂芬希望把煌上煌的“辉煌之梦”继续做下去。她至今还清楚地记得丈夫在二十五年前说过的话语："我们要做像麦当劳、肯德基那样的企业。"

正是当年褚建庚的这句话，如星星之火般地点燃了徐桂芬的辉煌梦想，让她翻越了千山万水、克服了重重困难，书写了一部荡气回肠的煌上煌传奇，造就了自己的拼搏人生。煌上煌在刚起步时，她梦想能生存下去；煌上煌加盟连锁时，她梦想让煌上煌走出南昌；煌上煌在江西遍地开花时，她梦想走向全国；煌上煌成功上市走向全国的时候，她又把目光瞄向了海外市场……

正是因为一个又一个的梦想，才让她在百转千回、顽强拼搏中一步步走到今天。

如今，六十七岁的徐桂芬仍然在"追梦"的路上，开启了煌上煌下一个"百年老店"的新梦想。生命不息、奋斗不止，煌上煌的"未来之梦"，她还要继续做下去！这个辉煌之梦她要做五十年，一百年……

梦想之路只有起点、没有终点，徐桂芬与煌上煌的故事仍在继续。

为煌上煌的明天，许下承诺

我出生在共和国成立之初，从小家境贫寒。在我人生的成长路上，经历了土改运动、自然灾害、“文化大革命”、上山下乡、回城待业、下岗工人……直到改革开放赶上了国家的好政策，才给了我一个施展拳脚的大好机会，让我能在下岗以后沐浴着党的阳光雨露，踏上了开创煌上煌之路。

虽然历经苦难，但我内心深处更多的是感谢，正因为出生在这样贫寒的家庭，才让我后来敢于向命运挑战。

往事历历在目。知青下放对我们这一代人来说是一种伤害，但我还是充满了感谢，因为这些经历磨炼和造就了我坚韧不拔、吃苦耐劳的个性。我从一个下岗女工走到今天，从一个曾经被人歧视的个体户到慢慢地被人们接受、被社会认可和受人尊重，其间的酸甜苦辣一言难尽。可以说，我和煌上煌风风雨雨二十五年一路走来，每向前走一步、每爬上一个台阶、每付出一滴汗水，都是在趟过一道道的沟沟坎坎。

直到现在和谐社会对创业者的大力支持和帮助，使我切身体会到一个企业成长的艰辛不易，见证了我们国家改革开放的伟大进程。煌上煌是我带领大家脚踏实地、一步一个坎闯关过来的，就像我精心培养了二十五年的孩子，和我的生命同样重要，已经根深蒂固地扎根在了我的生命里，伴着我的人生道路一起成长。

2009年徐桂芬被评为中国扶贫开发典型人物

我的人生虽然不是轰轰烈烈，但我还是尽最大的能力去努力实现煌上煌的每一个目标，煌上煌今天能上市，仅凭我一个人的能力是根本不可能完成的。在内心深处，最感谢的还是我的丈夫以及早年为煌上煌立下汗马功劳的父母、兄弟姐妹和老员工们、加盟商、供应商以及社会各界关心支持，是他们的不离不弃、艰辛付出，才成就了煌上煌和我今天的创业人生。

我虽然最终还是没有达到设定的理想目标，但我仍然在不断地攀登着一个又一个的高峰，即便到了现在六十七岁这个年纪，我创业的激情仍未泯灭，也从未退缩和放弃！同时，也会摆正位置，协助“煌二代”接班人，为煌上煌明天保驾护航。

在外界人的眼里，我被别人认为是成功者，是榜样，是女中豪杰，但我明白，我称不上什么英雄，煌上煌现在处于一个什么样的状态，我心里很清楚。虽然在江西我还算得上是名声在外，但是站在全国企业家的角度去看，我离真正成功的距离还有很大的差距，前面还有很长的路要走。

煌上煌虽然上市了，但犹如一个刚刚走出襁褓的新生婴儿，更需要大家一如既往的悉心呵护，是你们这二十五年来的一路相随，才成就了煌上煌今天的辉煌。

二十五年的创业之路我如履薄冰，因为每一个决策都事关煌上煌的下一步发展。

按我个人的想法，确实觉得现在还不是出书的时候，在煌上煌刚爬坡过坎转型升级的关键时期，我对煌上煌的未来充满信心，在我身边朋友的鼓励下，认为企业今天能走到上市，我从一个下岗女工成为上市公司的董事长，也是一个成功的闪光点。企业上市不是偶然，我年少时书读得并不多，后来在创业发展的过程中，我个人的素质与企业共同成长，先后拿到了本科学历以及北大、清华等高级经济师的职称和证书。

这本书我本来在五年前要出版，但是五年前我的人生故事还不是很精彩，我觉得很欠缺，不够资格出版这本书。五年后，我又拼命去努力完善自己的人生，从武功山到合味原，再到开拓海外市场，直到今年我才又把作者请过来，我觉得自己如今可以勉强出版这本书了。今年出这本书，一是为了改革开放四十年的一个献礼；二是为了我们企业二十五周年庆典。所以，我想在二十五周年以我个人传记的形式来作为献礼。

我把毕生的精力都倾注在了煌上煌，这也值得作为我人生旅途中的一段记录。之所以出版这本书，也是对煌上煌二十五年发展历程进行的一个"梳理"，希望外界对煌上煌有所了解，还希望以我个人的真实经历，给那些渴望创业和怀揣梦想的人一些启示，把我谈不上很成功的故事和经验与大家分享。

在煌上煌二十五年风雨砥砺、磕磕绊绊的发展中，社会各界也给予了我很多的荣誉和认可。

记得 2009 年，我当选为中国"扶贫开发典型人物"。当时，表彰大会在全国政协礼堂隆重召开，大会在嘹亮的歌曲《歌唱祖国》中拉开帷幕，中国扶贫开发协会对来自全国七十三位"扶贫开发典型人物"进行了表彰，并铸成铜像摆放在大厅，作为庆祝新中国成立六十周年的一份献礼。

在看到自己铜像的那一刻，我的眼睛湿润了，我觉得所有流过的泪水、汗水都是值得的，煌上煌承载着沉甸甸的社会责任。

会议结束后，主办方将我们的铜像 73 尊摆在王府井的大街上摆了一个月，让来自全国各地的游客们观望学习。这时，我也接到了很多朋友的电话，纷纷向我表示祝贺，这对我来说是一种莫大的鼓舞。

为了煌上煌的明天，我虽然如今在"幕后"，但我希望以本书为新起点，鞭策和激励自己不断向前，同时，更期待广大消费者和社会各界给予煌上煌更多的关注、指导和建议。因为煌上煌的明天和你们息息相关，离不开你们一如既往的呵护与陪伴。

为了煌上煌的明天，我希望煌上煌成为中国酱卤食品行业的第一品牌，让豫章“褚氏卤鸭”改良到今天的“煌上煌酱鸭”代代相传，成为百姓餐桌、旅游休闲的高端产品，让股权激励着更多人加盟到煌上煌。对我来说，家庭事业的双丰收是我的初衷和目标，如今，与丈夫同甘共苦、相濡以沫四十五载，三个子女已经培养成煌上煌的优秀接班人。同时，两个儿媳妇都是贤妻良母，女婿也非常优秀，六个孙辈聪明伶俐、活泼可爱，这一切都让我倍感欣慰，对煌上煌的未来和下一代接班人充满希望。

我现在最大期望是煌上煌集团在今后十年内实现销售额达到千亿目标。企业能走到今天实属不易，从无到有、从小到大、到现在为社会创造了微薄的价值。对我个人来说，这应该是个比较完满的结局。

为了煌上煌的明天，我要做到劳逸结合、把健康放在重中之重。

我的心愿是：

第一，做丈夫的贤内助。把过去我是“红花”他是“绿叶”调整为“他是红花”“我是绿叶”，我要为丈夫开拓海外市场、文化产业甘当“绿叶”；

第二，做新一代接班人的坚强后盾，当企业顺风顺水，我会静静地在幕后分享；当企业碰到困难的时候，我依旧会和煌上煌人众志成城、奋斗到底。

第三，煌上煌是我生命的全部，我的心自始至终与煌上煌人心连着心、永不分离。

第四，我希望《燃烧的火凤凰》拍成电视剧，让更多人了解我的奋斗史和煌上煌的今生今世。

我的人生迄今为止，受过许多人的帮助，也正因为许多人的出现，才成就了一个下岗女工的梦想和希望，在这里，我许下承诺：“我将以剩余的人生继续去走好煌上煌的未来之路，去继续完成明天的未了心愿，去努力回报社会、造福桑梓。”

这将是我往后必须用一辈子来完成的夙愿，也是我坚定的信念及一生的追求和使命！

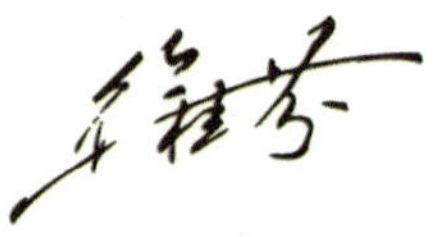

后记

燃烧的火凤凰

2018 年 1 月 15 日，笔者收到了徐桂芬从桐乡发来的几条微信语音：“小赵，我现在刚下高铁，此时此刻我的心情特别激动，看到我们煌上煌的员工穿着统一服装拉着条幅在车站迎接，不禁想起了创业初期的艰辛时光。这说明什么？说明我们煌上煌现在强大了。这次乌镇大会举办得太成功、太感动、太突然、太振奋……作为第一代创始人，我相信新一代接班人以及‘煌上煌人’一定会永攀高峰，在新的一年一定取得骄人业绩！加油吧！煌亲们！”

虽然相隔千里，笔者都能从她的微信语音里感受到那掩饰不住的激动和欣喜。她那炽热如火、铿锵有力的声音仿佛能穿越千里，顷刻间让人热血沸腾，这哪里像一个六十七岁上市公司的董事局主席？这分明是一个对未来充满强烈渴望和美好憧憬的“女孩”，充满梦想，充满信心，充满希望。

徐桂芬的微信名叫“九天凤凰”。凤凰浴火，非死不得重生，它朝若得涅槃，必能凤翔九天！

凤凰涅槃，浴火重生。徐桂芬和煌上煌犹如凤凰涅槃般经历了无数曲折、九死一生，这才演绎了一部荡气回肠神话般的传奇故事。在煌上煌二十五年的漫长岁月里，为了企业发展，徐桂芬无数次委曲求全，无数次在夜里掉泪，无数次“万箭穿心”，无数次置之死地而后生……在她盛誉在身、功成名就的辉煌背后，又有多少人能读懂她？包容她？理解她？

在笔者眼中，“火”是徐桂芬的象征，也是煌上煌三个字的寓意。性格火急火燎、做事风风火火、待人热情如火、爱憎分明……而江西人则把任何事情很好比喻成“跑火”，煌上煌也是“火”上加“火”。这“三把火”从绳金塔下以星火燎原之势燃烧到了整个江西，燃烧到了全国各地。

出生于五十年代的徐桂芬这一代企业家，在时代的烙印下艰难前行，多少有着壮士断腕般的悲壮和无奈，回顾她的人生，就是在不停地和命运作斗争，我们可以选择改变自己的命运，但却无法选择出生在哪个年代。经历了大跃进、“文化大革命”、上山下乡、老三届、改革开放……徐桂芬无法改变那个时代，但她却用百折不挠、坚韧不拔的精神改变了自己的命运！

所谓命运，命是上天赋予的；运则是靠自己造就的，是可以通过拼搏和努力改变的。

二十五年前，徐桂芬偶然看到风靡全中国的经典日本电视连续剧《阿信》，从女佣到老板，从地摊到连锁超市，从一无所有到身家显赫，成就了非凡的辉煌。这个传奇故事深深地打动了徐桂芬，她对阿信这个异国女子的曲折命运和所经历的苦难唏嘘不已，像阿信这样的女子最后能获得成功，这在那个年代是不可想象的。

从小就喜欢动脑筋并经常“做梦”的徐桂芬，深深地沉迷于阿信的故事中，她甚至觉得自己就是那个出身贫寒、历经艰难、逆来顺受的阿信。超负荷的劳动、穷苦的家境，父亲的严厉……那时候，劳累了一天后躺在床上的徐桂芬常常想：“假如我是阿信……”

刚创办煌上煌时，徐桂芬在绳金塔下艰难求生，在面对恼羞成怒的“皇太皇”拿着榔头、木棒，砖头等冲进煌上煌店内，将店内所有的玻璃橱窗等全都砸成碎片，看到满地被摧毁的玻璃碎渣和卤菜，徐桂芬欲哭无泪。第二天，一宿没睡的她照常出现在煌上煌门口，正常营业。有谁知晓，她在深夜找来装修师傅重新装修店面，忙了一个通宵，“皇太皇”愈是要把她赶出绳金塔，徐桂芬就愈是要和他们斗争到底！

“6·22”中毒事件发生后，煌上煌面对突如其来的“灭顶之灾”，在企业面临生死存亡的关键时刻，当全国各地的煌上煌专卖店一家家地关门整顿，当煌上煌食品从江西各地下架，当徐桂芬看到满满一卡车的卤菜食品将被拉去销毁时，她的泪水夺眶而出："煌上煌像我的生命一样重要，不能关门！"

"既然必须穿越地狱，那就走下去吧。"带着"我不入地狱，谁入地狱"的悲壮，徐桂芬在电视台面对镜头向广大消费者道歉，她用颤抖的双手握着话筒，声音几度哽咽……最终，煌上煌浴火重生！

在开拓宜春市场时，煌上煌内部发生的一场"政变"让徐桂芬瞬间从高峰跌入谷底。一夜间，煌上煌在宜春的专卖店全都摇身变成了"美味烤卤"的品牌，这仿佛一记重锤狠狠地砸在徐桂芬的心坎上。为了挽回煌上煌的损失，她不得不重整旗鼓、进军宜春，和"美味烤卤"展开了一场兵贵神速的战斗。为了煌上煌抢滩登陆，徐桂芬冒着风雪装修店面，虽然袜子被雨雪浸湿了，脚被冻麻木了，手被冻得像包子，但是她的内心犹如冬天里的一把火在熊熊燃烧："一定要战胜'美味烤卤'！"

后来，十几家煌上煌专卖店又在宜春相继开张，让对手望而生畏，徐桂芬最终夺回了阵地。

打虎亲兄弟，上阵"父子"兵。在"合味原"面临几次重创、九死一生的关键时刻，徐桂芬母女同心、其利断金，在"娘子兵团"力挽狂澜下，"合味原"终于东山再起！

就在煌上煌成功上市走上巅峰，成为"中国酱卤行业第一股"后，久经沙场的徐桂芬完全可以含饴弄孙、颐养天年，但是六十多岁的徐桂芬就像佘太君挂帅一般再赴疆场，出征武功山，而这场武功山的"大决战"迎来了她人生中的至暗时刻。

"刀山火海往前闯，万箭齐发孤身挡"，武功山的这场"远征战"除了与村霸进行"决战"没有捷径，徐桂芬只有战斗到底，她甚至在上山前把"后事"都跟家人交代了……正如丘吉尔在演讲《我们将战斗到底》中所说，我们将在海洋作战，我们将在空中作战，我们将在田野和山区作战……我们绝不投降！

狭路相逢，勇者胜！这种勇气往往会让人绝地逢生，哪怕只有一线希望也要争取胜利，灾难也往往意味着重生。在经历了武功山"冰与火"的洗礼后，徐桂芬忍辱负重，泪洒萍乡……

商场如战场。徐桂芬把毕生的精力都倾注在了煌上煌，为了煌上煌，她一直在不停地战斗，除了跟外界斗争、还要跟内部斗争、跟自己斗争。过去，徐桂芬信奉企业风平浪静，现在，她明白了一个道理，如果企业单纯只追求风平浪静，那早就被杀得“片甲不留”了。

企业要发展，要进步，就不要畏惧市场竞争，一个企业，总有人去劈波斩浪、征战沙场。战斗，是成就伟大和英雄的竞技场！当停止战斗的时候，也是企业走向衰败和落寞的时候，也是一个人开始走下坡的时候，很多伟大的企业，就是在市场竞争中逐步强大、走向光明。

《约翰·克利斯朵夫》中有段话：“真正的光明绝不是没有黑暗的时间，只是永不被黑暗所掩蔽罢了。真正的英雄绝不是没有卑下的情操，只是永不被卑下的情操所屈服罢了。”

就像骁勇善战的战将，只有一路披荆斩棘、勇往直前，才能所向披靡、走向胜利！一个人所谓的成功，其实不是她到达了什么高度，而是看她从顶峰跌落之后，还有没有信心和勇气反弹。

如今，身经百战的徐桂芬，即便到了六十七岁仍然意气风发、宝刀未老。为了煌上煌的未来，她一如既往地继续“做梦”。每天清晨醒来，她的内心总有很多希望和梦想在第一缕阳光的照射下闪现。

也有人劝徐桂芬说，你都快七十了，何必操那么多心呢？但是，当徐桂芬的生活充满阳光、充满激情和挑战的时候，她的干劲就又来了，把所有“顺耳忠言”统统抛到九霄云外，她在有生之年要用实际行动去影响家人、影响员工，她要做一个好妻子、老母亲、好老板。

徐桂芬是个黑白分明、铮铮铁骨、古道热肠的人，戎马一生的她从不去占别人的便宜。了解她的人，说她是好人；不了解她的人，则说她很难打交道。在煌上煌，徐桂芬是个最没架子的老板，无论是保洁的阿姨，还是大门口的保安，或是烧饭的阿姨、卖菜的大妈……她都能跟他们交朋友，开会时发的丝巾、自己的衣服鞋包、公司发的礼品、节假日发的月饼……徐桂芬经常会兴高采烈地送给他们。

徐桂芬还是个性情中人，特别是在“经营人”方面，她能够游刃有余、运筹帷幄。

在未来，徐桂芬希望去帮助丈夫开拓海外市场，实现生鲜冷链定点供应以及打造田园文化综合体。总之，她的想法太多太多了，变化莫测。但最终，她还要做一个慈善家，只有投身公益事业，才是一个懂得感恩的企业，才是一个负责任的企业，企业品牌才会随着对社会的贡献愈来愈“跑火”。

徐桂芬明白，按她现在的年龄不可能做一辈子，但是只要她活着一天，就要在“战场”一天，只要她还有一息尚存，就要为煌上煌的明天去奋斗，她要让煌上煌这把燎原烈火像奥运圣火那样永不熄灭……生命就是淋漓尽致地燃烧自己，她要把自己燃烧透了！

为了煌上煌的明天，徐桂芬哪怕被千锤百炼、烈火焚身，也要为煌上煌凤舞九天！

她的人生就是在不停地燃烧自己，就像是一只“火凤凰”，在尝遍人间百味、历经的一次次劫数中，终于浴火重生、在高空翱翔。即便如今到了花甲之年，千帆过尽，归来仍是当年那个充满“梦想”的女孩。

赵天云

2018 年 11 月 26 日于深圳前海

图书在版编目（CIP）数据

徐桂芬：燃烧的火凤凰：从下岗女工到煌上煌掌门人的传奇之路 / 赵天云著. -- 南昌：江西人民出版社，2018.12

ISBN 978-7-210-10988-4

Ⅰ. ①徐… Ⅱ. ①赵… Ⅲ. ①徐桂芬－传记 Ⅳ. ① K825.38

中国版本图书馆 CIP 数据核字 (2018) 第 271704 号

徐桂芬：燃烧的火凤凰——从下岗女工到煌上煌掌门人的传奇之路

赵天云 著

责任编辑：邓丽红

封面设计：新触点文化

出 版：江西人民出版社

发 行：各地新华书店

地 址：江西省南昌市三经路 47 号附 1 号

编辑部电话：0791-86898702

发行部电话：0791-86898815

邮 编：330006

网 址：www.jxpph.com

E-mail:jxpph@tom.com web@jxpph.com

2018 年 12 月第 1 版 2018 年 12 月第 1 次印刷

开 本：787 毫米 ×1092 毫米 1/16

印 张：25

字 数：280 千字

ISBN 978-7-210-10988-4

赣版权登字—01—2018-934

定 价：86.00 元

承印厂：南昌市红星印刷有限公司